기술시대 위기와
대한민국
5.0

| 차 례 |

기술시대 위기와 **대한민국**

Ⅰ. 서론

Ⅰ. 서론

1995년도를 시작으로 정치권에 발을 들인지 올해로 정확히 30년이 되었다. 지금의 지역구인 서울 양천구에서 1995년과 1996년에 지방선거와 총선을 각각 경험한 나는, 1997년 대선부터는 당시 제1야당이었던 새정치국민회의 중앙당 대선캠프(사무총장실)에서 본격적인 제도 정치권 내 정당 활동을 시작하였다.

그때부터 정당과 국회, 그리고 정부와 청와대 등에서 보낸 세월이 올해로 30년째를 맞이하는 것이다.

특히 3선째 국회의원 의정활동과 1년 5개월간의 국무위원(문화체육관광부 장관) 경험은 이 책을 쓰게 된 결정적 계기가 되었다.

세계는 크고 빠르게 변화하는 '대전환의 시대'를 맞이하고 있다. 4차산업혁명의 미래기술은 생산성 대도약의 시대를 견인하고, 국가 간 기술 경쟁이 본격화되면서 세계 패권 질서의 변화와 재구성을 목전(目前)에 두고 있다.

3년간의 코로나 후유증과 함께, 지구촌 곳곳에서 벌어지는 위험과 갈등의 위기 상황은 우리의 미래를 더욱더 불안하게 하고, 국제사회는 갈수록 날카롭고 예민한 분위기가 고조되는 현실이다.

인류는 지속적인 성장과 번영에도 불구하고, 더 많은 전쟁과 폭력에 시달리며, 각종 차별과 격차는 더 큰 차이를 보이고 있다. 날로 심각해지는 환경오염과 기후변화는 인류의 생존을 위협하고, 각자도생(各自圖生)의 국제정세 속에서 위기의 민주주의는 새로운 도전에 직면하고 있다.

기술이 발전하고 매체가 다양화되면서 무분별한 가짜뉴스가 양산되고, 정치 편향성과 양극화는 사실과 전문성보다는 직관과 정서에 의존하는 '탈진실(脫眞實, Post-Truth)'의 시대를 만들고 있다.

풍요로워질수록 더 많은 갈등과 대립이 있었던 인류의 역사를 되돌아보면, 4차산업혁명이라는 눈앞에 다가온 인류 초유의 성장과 도약의 시대가 왠지 모르게 불안한 것도 사실이다.

대전환의 시대에 세계는 위험과 기회의 갈림길에 서 있다. 도약과 성장을 상징하는 미래 문명의 빛과 함께, 그 성과를 차지하기 위한 경쟁과 갈등의 그림자 또한 짙게 드리워져 있는 것이다.

풍요와 번영 앞에 인류는, 거세지는 대립과 갈등을 어떻게 줄여갈 수 있을까?
온갖 고난과 역경을 딛고 선도국 반열에 올라선 대한민국이 미래 시대를 주도하며 앞으로 더 전진할 수 있을 것인가?
이 책을 쓰게 된 고민의 출발점이기도 하다.

갖고 싶은 것이 더 많고 클수록, 그것을 차지하고 소유하고 싶은 욕망과 경쟁은 더 치열해질 것이다. 그러나 공존과 공생의 방식도 있는 법이다. 악(惡)으로 인해 넘어지고 좌절하는 것이 인류의 역사라지만, 선(善)으로 다시 일어서고 희망을 찾게 되는 것도 인류의 역사였다.

본서(本書)는 인류사회가 거대변화를 통해, 한 차원 높은 대전환의 시대에 진입하고 있음을 이야기한다. 기술 도약은 큰 성장을 예고하고, 그런 도약과 성장이 세계를 공동운명체, 단일공동체로 만들어 가고 있다. 이것은 세계가 처해있는 공통의 위험인 동시에 공통의 기회가 될 수 있는 '위기'의 시간임을 의미한다.
변화와 갈등 그리고 기회의 시대에, 우리는 세상을 바꿔야 한다. 거센 변화의 흐름 속에서 모두가 공존하고 생존하는 공존공생(共存共生)의 방향과 대안을 제시해야 할 것이다.

성장을 통해 인류가 번영하고 행복하기만 하면 좋을 텐데, 역사를 통해 우리는 그렇지 못한 경우가 더 많았다는 것을 기억해야 한다.

그래서 이 책에서는 대안으로 인류의 문화적 교류를 제안한다.
본서(本書)는 기술로 인한 성장과 풍요, 그리고 그로 인한 갈등과 분열의 고조를 전제한다. 동시에 대안으로는 문화와 예술이 인간의 긴장과 갈등을 완화 시키고, 서로 공감하고 연대하게 하는 평화적 매개체(媒介體)임을 입증하는데 주력할 것이다.

문화가 갈등을 해소한다는 뇌과학적 지식을 토대로, 다양한 실험과 연구결과 등을 통해 실증적 근거를 제시할 것이다. 실증된 결과를 보다 효과적으로 적용하고 실현하기 위해 문화올림픽 등을 제안하고, 신흥문화 강국 대한민국만이 주도적 역할을 할 수 있음을 주장한다. 그리고 그런 역할을 해낼 대한민국의 당면한 문제점을 지적하고 변화를 촉구할 것이다.

거대한 세상의 변화가 이제껏 보지 못한 성장을 가져올 수도, 이제껏 경험하지 못한 재앙을 가져올 수도 있는 갈림길에 서 있다면, 대한민국의 변화와 개혁이 세상의 변화를 안정된 성장으로 견인하는 솔루션이 될 것을 확인하고 싶다.

대한민국의 역량은 모든 분야에서 그 어느 때 보다 높은 평가를 받고 있다. 우리의 국격과 위상도 몰라보게 높아졌다. 새로운 세계질서가 구축되고 있는 현실 앞에, 우리는 우리의 어떤 부분을 고치고 개선해야 할지 고민해야 한다.

난세(亂世)의 영웅(英雄)처럼, 어렵고 복잡한 위기 속에서 더 큰 기회를 잡아야 한다. 대반전(大反轉)의 역사를 써나가야 한다. 지난 수십 년간 변화하지 못한 우리 사회의 낡고 적체된 모든 부분을 걷어내고 개선해야 할 것이다.

필리핀, 아르헨티나 등 경제적 상승세를 구가하던 국가들이 하루아침에 몰락한 사례를 우리는 보았다. 이탈리아, 영국, 스페인, 포르투갈, 몽골 등 세계를 호령하던 초강대국의 2선 후퇴도 우리는 역사를 통해 알고 있다. 잘나가던 일본은 1인당 GDP 4만 불의 벽을 넘지 못하고 잃어버린 30년의 세월을 보내고 있다. 급기야 그들이 36년간 국권을 짓밟았던 한국보다 1인당 GDP가 뒤처지는 수모를 겪고 있다.

이런 국제사회의 유행성 패턴에 갇혀서도 안 될 것이고 유사한 전철(前轍)을 밟아서도 안 될 것이다.

그리고 이 책에서는 국회의원과 국무위원 경험을 통해 가장 우선적으로 개혁이 요구되는 우리 사회의 과제들에 대해, 문제점을 지적하고 대안을 제시해 봤다. 비록 전반적이고 체계적이지는 않을 수 있더라도, 오랜 기간 적체되어온 낡은 구조를 철거하는데, 선도적 역할을 수행하는 키워드 정도의 역할은 할 수 있을 것이라 생각한다.

결론적으로 지금까지 대한민국은 잘해왔다고 평가하고 싶다. 그러나 향후 빠르게 급변하는 시대에 늦지도 뒤처지지도 않도록 변화에 적응해야 한다.
기존의 모든 규칙과 질서, 환경이 바뀌는 상황에서 세계는 성장과 안정 모두를 거머쥘 수 있을 것인가?
대한민국은 더 모범적인 선도국가, 더 유능한 주도국가로 성장할 수 있을 것인가에 대한 문제의식을 던지고 싶다.
그런 의미에서 우리는 세상을 바꿔가야 한다. 이 책을 통해 이런 위기의식과 문제 제기에 많은 이들이 공감하기를 기대한다.

이 책은 특정 정치세력이나 특정 정부에 대해 흠집 내고 비난하기 위함은 결코 아니다. 행여나 그렇게 비추어졌다면 그것은 분명히 나의 형편없는 글솜씨에 문제가 있을 것이다. 누구의 잘못을 탓하기보다, 낡고 오래되어 적체된 정부 시스템과 문화 등에 대한 지적이다. 잘못이 있다면 이런 폐단을 고치지 못한 우리 모두에게 책임이 있을 것이다.

내가 경험한 공직사회 공무원 개개인은 실력도 우수하고 매우 성실했다. 무엇보다 국가와 국민을 대하는 태도가 감동적일 정도로 진정성이 느껴졌다.
그러나 그들이 속한 정부의 조직체계와 운영체계 그리고 평가 기준과 일하는 방식 등은 시스템부터가 낡고 후진적이라는 느낌이었다. 가장 똑똑한 인재들을 불러 모아 놓고 하향 평준화를 시키고 있는 것이다. 이른 시기에 퇴직하는 젊은 공직자들이 과거에 비해 늘어나는 것도 이런 이유를 벗어나지 않을 것이다.

누가, 어떻게, 언제 고칠 것인가? 이 나라에서 가장 권한이 크다는, 인수위원회 2개월, 5년 단임의 대통령 권력은 불가하다는 것이 필자의 결론이다. 당선 직후부터는 곧바로 쉴 새 없이 국정운영의 수레바퀴가 굴러가기 때문이다.

더군다나, 대한민국은 대통령이 두 번이나 탄핵당하는 수모를 겪었다. 주권자로부터 탄핵된 대통령 개인의 탓을 넘어 우리 사회 전반을 개혁해야 한다.
변화하는 세상, 높아진 민도(民度)에 맞추어 새로운 대한민국의 시스템을 재구성해야 한다. 개헌이 우선적 답이다.

통상, 개헌은 국회의원 재적인원의 과반수 이상 또는 대통령 발의로 추진하게 된다.
대선이 끝난 이후 집행 권력인 행정부가 제 살을 도려내기란, 그럴만한 시간도 없을 뿐 아니라 의지도 약해지기 마련이다. 여기에 의회에서 여당이 정부 편을 들기 시작하면 방법은 더더욱 없어진다.

차라리 대선전에 의견을 수렴하고 연구가 모아져, 토론과 숙의를 통해 성안(成案)을 하고, 선거 공약으로 내걸어 국민의 최종 의사를 묻는 편이 나을 수 있겠다.

책 제목인 '대한민국 5.0'은 필자 나름대로 시대적 흐름과 역사적 주요 사건, 시민민주주의 성숙도와 정부의 거버넌스 체계 등을 반영하여 모두 다섯 단계로 나누어 보았다. 이 분류 자체는 매우 주관적이고 자의적인 구분과 표현임을 전제로 한다.

왕정(王政)의 시대가 마감되고, 일제강점기에 수립된 임시정부를 시작으로 해방 직전까지의 기간을 '대한민국 1.0'의 시대로 구분했다.

우리 근현대사 정치 거버넌스의 출발점이었고, 국권을 강탈당하면서 왕정 시대를 마감한 이 시기에, 시민민주주의는 태동조차 하지 못했었다.

일본 제국주의의 강제적이고 일방적인 국권 강탈에 맞서, 임시로 우리의 정부를 수립하고, 대한민국이 독립된 국가임을 세계만방에 선포했던 시기이다.

'대한민국 2.0'은 해방 직후, 대한민국의 정부 수립 시기부터 박정희 대통령의 5·16쿠데타 전후까지의 기간이다. 대한민국 제1공화국을 개막했던 이승만 대통령의 취임과 하야(下野), 4·19 시민혁명과 제2공화국 출발을 시작으로 새로운 정치 거버넌스(의원내각제)의 출현과 몰락이 이어지면서, 민주주의와 시민의 권리를 요구하는 목소리를 처음으로 내 볼 수 있었으나, 이내 좌절로 마감된 시기이기도 하다.

제3공화국의 출현으로 박정희 군사독재가 본격화되면서 3단계를 구분하는데 살짝 고민이 있었다. 박정희부터 전두환, 노태우 정부까지 군인이 정치하는 시기를 하나로 묶어 구분할 것인지, 아니면 '87년 체제' 출발을 시민혁명이 일궈낸 새로운 대한민국의 의미 있는 흐름으로 구분해야 하는지에 대한 복잡한 심경이었다.
그래도 우리 사회의 변화를 크게 나누는 기준점이 1987년 전국적 시민민주화운동과 87체제의 제도적 변화의 성과인 제6공화국의 출발일 것이다. 아울러, 직접민주주의의 첫 시발점이기도 하다. 그래서 박정희 군사정권부터 87체제 출범 전까지를 '대한민국 3.0'의 시기로 구분했다.
이 시기는 산업적 성과가 있었다고는 하나, 민주주의가 가장 심각하게 손상된 시기이기도 하다. 제대로 시작조차 하지 못했던 시민민주주의는 후퇴에 후퇴를 거듭하며 어둡고 긴 터널을 지나는 악몽의 시간으로 채워졌었다.

'대한민국 4.0'단계는 87년 체제를 개막한 노태우 정부를 시작으로 김영삼, 김대중, 노무현, 이명박, 박근혜, 문재인, 그리고 윤석열 정부까지로 구분한다. 각 정권마다의 민주주의 평가 등에 대한 다양한 해석과 시비가 있을 수는 있지만, 시민민주주의 성장과 성숙 등을 감안하면 민주주의의 일진일퇴(一進一退)가 다소 존재했다 하더라도, 특별히 비상계엄을 선포하고 대통령이 탄핵된 윤석열 정부를 제외하고는 전체를 포괄하여 민주화 이후의 민주주의 시대라고 통칭할 수 있겠다.

이렇게 임시정부를 시작으로 한, 우리 근현대사는 모두 네 번의 시대적 변화와 흐름이 있었고, 그러한 흐름 속에서 우리의 시민민주주의와 정부 운영체계는 크고 작은 변화를 겪으며 성장해 왔다고 볼 수 있다.

임시정부부터 87년 체제까지 근 80여 년간 시작조차 제대로 해보지 못한 대한민국의 민주주의는, 1987년 직후 제6공화국을 기점으로 어느 정도 자리를 잡는다고 생각했는데, 윤석열 정부 들어와 한순간의 몰락을 경험하게 된다.

최근 윤석열 대통령의 불법적 계엄령 선포를 시작으로 대통령에 대한 탄핵과 구속이 이어지면서, 한국 사회는 찬반양론의 극심한 정치 양극화와 상대 진영에 대한 혐오정치가 최악의 갈등 상황으로 치닫고 있다.

36년의 일제강점기를 비호(庇護)하는 친일적 언(言)과 행(行)의 당당함이 그 도를 넘어섰고, 불법 계엄의 반민주주의와 반국가적 행태를 옹호하는 뻔뻔함이 이미 선을 넘었다.
우리 사회의 원칙과 정의는 테크니컬(Technical)한 법리논쟁과 협상의 대상이 되었고, 최선(最善)을 향하던 시선도 차악(次惡)을 선택할 수밖에 없는 현실 앞에서 꺾이고 안주한다.
극단의 포퓰리즘(Populism)은 극단적 전체주의와 파시즘(Fascism)을 생산하며, 옳음과 그름, 선과 악, 양심과 비양심의 경계를 허물고 있다.

윤석열 정부의 실패가 대한민국에 큰 좌절감도 안겨주고 갈등도 양산했지만, 향후 대한민국 민주주의 발전에 대한 좌표와 과제도 선명히 남겼다.

이제 다시 민주주의를 고민해야 한다.

해방 이후 군사독재를 지나, '87년 체제'를 기점으로 시작된 우리의 민주주의가 과연 진정한 민주주의였는지 되돌아봐야 한다.
민주주의(民主主義, Democratic System)의 의미는 사상과 이념보다는 통치체제에 가깝다.

"민주주의는 국가의 주권이 국가에 속한 모든 국민에게 있고, 국민의 권력을 기반으로 현실정치를 구현하는 사상 또는 체제이다."〈나무위키〉

"대한민국은 민주공화국이다."〈헌법 제1조 제1항〉
"대한민국의 주권은 국민에게 있고, 모든 권력은 국민으로부터 나온다."
〈헌법 제1조 제2항〉

우리 헌법에는 대한민국이 민주주의의 방식으로 운영되는 국가임을 명시하는 조항으로 그 첫 줄을 시작한다. 우리 헌법에서 가장 본질적이고, 중요하다는 의미일 것이다.

민주주의에 대한 본질과 원칙을 생각해야 한다.

[소통] - 주권자인 국민의 의사를 수렴하여 반영하고, 다시 국민에게 설명하고 동의를 구하는 국가와 국민 간 소통구조는 민주주의의 가장 본질이 되어야 한다.

[공정] - 국민의 의사를 대리하여 결정하고 집행하는 국가 권력이, 편중되지 않고 견제와 균형을 이룰 때, 국민 모두에게 공평무사(公平無私)한 민주주의의 원칙이 지켜질 것이다.

[법치] - 법(法)은 복잡·다양한 이해(利害)가 공존하는 우리 사회가 원만한 질서유지를 위해 합의한 약속과 규칙이다. 그래서 법치(法治)는 모두의 합의된 민주주의이다.

민주주의의 원리와 원칙이 대한민국에서는 진정성 있게 작동하고 있는지 세심하게 살펴봐야 한다.
국정을 운영하는 과정에서 주권자와 소통을 잘하고 있는지?, 주권자를 대리하는 국가기관이 견제와 균형을 이루며 공정함을 견지하고 있는지?, 주권자가 합의한 원칙대로 우리 사회의 법치가 잘 지켜지고 있는지? 등… 우리의 민주주의를 다시 한번 되돌아봐야 한다.

이제 우리는 '대한민국 5.0'의 시대를 준비한다.
위기(危機)는 위험(危險)과 기회(機會)의 합성어이다. 지금 세계는 갈등과 대립의 위험과 성장과 번영의 기회가 공존하는 변화와 혼란의 '대전환의 시대'이다.

높은 성장은 거센 갈등을 동반한다. 코로나-19 팬데믹 시기에 우리 모두가 각성한 문화적 가치의 힘과 '문화강국' 대한민국의 면모, 국정농단과 국헌문란의 두 대통령을 탄핵하며 민주주의의 빠른 회복력을 보여준 '민주주의 강국' 대한민국의 모습들에서, 세계 모두가 안고 있는 걱정과 우려의 해법을 찾고자 한다.

'대한민국 5.0'은 현재의 대한민국 체계로 도약과 성장 그리고 위기의 미래 시대에 주도국가, 선도국가로 존립할 수 있는가에 대한 질문과 해답을 의미한다.

대통령이 탄핵 되고 새로운 정부가 들어섰다. 광장에서 만난 시민들을 통해, 지금까지와는 전혀 다른 새로운 세상이 오고 있음을 직감하게 되었다. 권력을 바라보는 시선도, 시민으로서 태도와 자세도 전에 없이 다른 분위기와 환경이다. 이제껏 경험하지 못한 더 깊은 민주주의에 대한 요구와 갈망이 분명하게 있음을 실감한다.

새 정부가 대한민국 5.0의 시대를 개막하는 새 시대의 첫차가 될지, 아니면 구시대의 막차로 결론 날지는 더 지켜봐야 할 일지만, 시민의 태도와 요구는 분명하다.
불법 계엄을 선포하고 위헌·위법한 대통령을 탄핵한 광장에 모인 시민들의 빛의 혁명, 그리고 그런 시민의 요구로 탄생한 신임 이재명 정부의 대한민국 5.0 시대 개막을 기대해 본다.

「2023년도에 초판을 출간한 대한민국 5.0을 수정·보완하여 증보판을 출간하려 했으나, 책의 90% 이상 분량의 글을 다시 쓰다 보니, 증보판 성격보다는 새로운 책이라고 보면 되겠다. 다만, 대한민국 5.0 초판의 의도와 방향을 좀 더 충실하게 보완하여 새롭게 쓰고 재구성한 글로, 대한민국 5.0의 방향성은 유지하되, 글로벌 현황과 한국의 역할이라는 의미부여 차원에서 책의 제목은 '대전환의 시대'라는 글로벌 환경과 '대한민국 5.0'이라는 국내 과제를 조합하여 붙였음을 미리부터 일러둔다.」

1997년 김대중 총재님과

노무현 대통령 비서실 행정관 시절

2008년 노무현 대통령님과

2017년 문재인 대통령님과

2021년 2월 문화체육관광부 장관 임명장을 받고 ©연합뉴스

2025년 8월
이재명 대통령님과

기술시대 위기와 **대한민국**

Ⅱ. 거대변화, 대전환의 시대

II. 거대변화, 대전환의 시대

세계가 크게 변화되고 있다. 세계는 기술과 문화를 두 축으로 크게 도약하고 성장할 것이며, '거대변화(Great Transformation)'의 시대, 대전환의 시대를 맞이하게 될 것이다.

인류의 기술적 진보는 그 속도와 내용 측면에서 매우 급진적인 변화를 보이며 성장해 오고 있다. 인류문명의 발전은 고대부터 내려온 사회과학적 측면에서 철학과 사유의 진보도 있었지만, 기술의 시대를 맞이하며 문명발달의 급진전을 이루게 되었다.
인류가 처음 출현하고, 석기시대와 철기시대를 거쳐 농경사회로 정착하는데 수백 만년이 소요되었다면, 산업혁명의 급성장을 통해 지금의 현대문명권으로 자리 잡는데 인류사회는 불과 3백여 년 남짓의 시간밖에 걸리지 않았다.

갈수록 기술 성장의 시간은 단축되고, 성장한 기술의 성과는 상상을 초월하는 수준이 될 것이다.

거대변화의 시대는 미래기술 발달로 인한 생산성의 비약적 성장과 함께, 기술로 인한 교통체계와 소통체계의 발전과 성장이 우리 삶의 변화 속도를 더욱 가속화 시키고 있다.

본 장에서는 최근의 기술 발전 현황을 대략적으로 설명하고, 미래기술의 성장세와 확산세가 동시에 그리고 속도감 있게 진행되고 있음에 주목한다. 더 큰 성과를 얻기 위해 기술이 고도화되면서, 그 성과를 공유하고 확산시키는 기술환경도 함께 성장하고 있는 것이다. 성장과 확산 모두가 기술 도약의 성과물들로, 기술의 성장과 확산이 상호 시너지(Synergy)를 일으키며, 또 다른 성장과 확산을 창조하고 있는 것이다.

물리학의 기본 원리 중에 F(힘)=m(질량)×a(가속도)가 있다. 힘의 본질이 양(量)과 속도의 결합임을 의미하는 것이다.
성과가 많아지고 그 성과에 속도가 붙을수록 힘은 커지게 마련이다. 기술의 양적 성장에 생산과 확산의 속도가 가중되면서, 성장과 확산으로 인한 기술의 성과를 힘의 논리와 공식으로 비교하여 설명해 볼 수 있다.

이렇게 커지는 힘의 논리가 양적으로 팽창하고, 그 왕래와 소통의 통로가 대폭 열려있는 상황에서, 좋은 것이 빨리 퍼져 많아지는 것은 바람직하겠지만, 반대로 나쁜 것이 순식간에 확산되는 불행한 상황에 직면할 수도 있을 것이다.

인류에게 편리하고 도움이 되는 성장과 확산도 있지만, 인류에게 재앙이 되는 성장과 확산도 있는 것이다.
병들고 굶주린 어린아이를 살려야 한다는 소식이 통신매체를 타고 순식간에 지구 반대편에도 전달되어 구호의 손길이 즉각적이고 폭발적으로 쏟아지기도 하지만, 지구 한구석에서 발생한 코로나19 전염병이 삽시간에 지구 전역에 퍼져, 지구촌 전체가 이동이 제한되고 기능이 마비되기도 했다.

미래기술로 인한 성장과 확산이 큰 폭으로 동시에 진행되고 그로 인한 성과의 힘은 날로 커지고 있는 가운데, 그 커지는 힘이 어떻게 작용하게 될지에 대해서는 기대도 크지만, 우려도 적지 않다.
기술이 그 자체로도 고도화되며 성장하지만, 그런 고도화된 기술을 활용하는 주체들의 소통이 원활해지면서, 주체들 간 상호작용을 통한 시너지 효과 또한 가늠하기 어려울 정도로 막대할 것이다.

기술로 인한 더하기 개념을 넘어, 확산으로 인한 곱하기 승수효과의 개념이 되는 것이다. 이렇게 배가하는 성장과 성과를 과연 인류가 감당해

낼 수가 있을까에 대한 우려가 깊어진다.
어마어마한 성장의 시대를 앞두고, 이러한 성장의 과정과 결과가 인류에게 풍요와 번영, 그리고 행복감만을 안겨줄 것인가? 아니면 더 고통스럽고 힘겨운 상황을 맞이하게 될 것인가에 대한 우려이다.

기술의 발전과 생산성의 증대는 인류의 삶에 지대한 영향을 미치고 있다. 생산성을 향한 인류의 경쟁이 끊임없이 과열되면서, 생산물의 소유와 분배의 방법적 견해는 철학과 이념의 구도가 되고 대립과 갈등으로 이어졌다.

인류의 대립과 갈등의 역사는 끊임없이 지속되어 왔다. 패권을 위한 명분인지 명분을 위한 패권인지는 알 수 없지만, 인종과 민족, 종교와 이념 등 저마다가 추구하는 가치와 신념을 지키기 위해 경쟁하고 투쟁해온 역사의 한 부분이다.

인류사는 성장의 성장을 거듭해 왔고, 성장하는 가운데 그 성과를 차지하고 더 큰 힘을 얻기 위한 다양한 형태의 침략과 약탈이 뒤를 이었다. 성장과 확산은 더 큰 힘을 의미하였고, 그 힘을 얻기 위한 갈등의 시간은 어김없이 인류의 역사로 또 채워졌다.

종교, 문명, 인종, 민족, 그리고 이념의 차이 등이 국가 간 갈등의 원인과 수단으로 작용 되었고, 최근 들어서는 환경적 가치가 국가 간 새로운 대립의 균열점으로 등장하고 있다.
환경오염과 기후변화는 인류 생존을 위한 인류 공통의 절박한 협력과제임에도 불구하고, 불행하게도 국가 간 경쟁의 기재(器材)로까지 활용되고 있다.

거대변화의 시기는 새로운 세계질서 재구성을 위한 본격적이고 치열한 패권 경쟁을 예고한다. 국제사회에서의 패권 경쟁은 생산성이 증대되면서 점차 더 치열해진 전투적 양상을 보여 왔다.
미·중 간의 기술 전쟁에서 중국 시진핑 주석의 AI로 돌파하겠다는 의지와 메시지는 미중 패권 경쟁의 본질이 기술 패권에 있음을 다시 한번 상기시켜주는 대목이다. 이 경쟁은 AI와 자율주행차, 드론, IoT, 빅데이터, 디지털 트윈과 메타버스까지, 매우 다양하고 고도화된 미래기술과 그로 인한 생산성 및 부가가치를 누가 먼저 선점하고 표준을 장악하느냐가 문제의 본질이 될 것이다.
아울러, 글로벌 공급망의 힘겨루기나 환경적 가치의 무역 장벽화 과정들은 누군가 기술 패권의 승기를 완전하게 거머쥐는 그날까지, 당분간은 지속될 수밖에 없게 될 것이다.

18세기~19세기까지 영국에서 시작된 1차 산업혁명은 이전의 봉건적 사회구조의 농경사회 문명을 자본주의 제조시대 구조의 근현대 산업사회

문명으로 완전히 바꾸어 놓았다.
농경문명 사회에서는 대체로 농수산물 분야에서 기존의 수렵이나 채집보다 더 전문화되고 집적화된 방식으로 생산량을 늘려 갈 수 있게 되었고, 증가한 생산물에 대한 분배와 그 생산수단에 대한 소유 등을 중심으로 한, 지배구조가 사회구조 형성의 기반이 되었다.

이미, 단순히 먹고사는 수준을 넘어선 생산량의 규모는 생산수단과 생산물의 소유지배 구조를 통해 정치, 경제, 문화, 교육 등 다양한 사회적 형태와 질서를 갖추며 사회구성체의 모습을 띠게 되었다.

주로 토지를 매개로 발전하던 봉건적 형태의 농경사회를 지나, 기계가 발명되고 그 기계를 움직이는 석탄, 석유, 전기 등의 동력 에너지가 개발되면서 인류는 이제껏 경험해 보지 못한 대량생산의 시대를 맞이하게 된다.
'산업혁명'이라는 의미 그대로 산업을 통한 혁명적 성과는 세상을 크게 변화시켰고, 농경사회에서 산업사회로의 이행과정은 인류의 거대한 전환점이 되었다.

그런 산업혁명의 시작으로 2차, 3차 산업혁명을 지나 4차 산업혁명기를 목전에 둔 인류가 또다시 거대변화를 통한 전환적 시기에 놓인 것이다.
1, 2, 3차 산업혁명이 중화학공업에 기반한 제조산업의 시대였다면, 4차

산업혁명기는 디지털에 기반한 신기술산업(New Technology Industry)의 시대가 될 것이다. 1, 2, 3차 산업혁명을 이끌어온 에너지 동력이 제한적이고 한계가 있다면, 쾌속으로 확장되는 도시화와 비약적으로 증가하는 생산량을 감당하게 될 4차산업혁명 시대의 에너지 동력은 한계가 없는 무제한 적이다. 이점이 미래기술의 고도성장을 더욱더 지속가능하게 만들 것이다.

원시공동체사회, 농경사회, 산업사회를 지나온 인류가, 세상을 또 한번 크게 변화시킬 '거대변화(Great Transformation)'의 순간을 마주하고 있는 것이다.

거대변화를 일으키는 대전환의 시대는 기술의 도약적 진보와 그 기술로 인해 확대되는 소통구조라 했다. 확장된 소통구조는 인류의 거대한 단일 공동체 형성을 의미하며, 인류 공동체는 대립과 갈등의 절망적 위기에서 공감과 연대의 희망적 기회를 만들 수 있을 것이다.

거대변화, 대전환의 시대는 기술이 발전하고, 그로 인한 생산성의 폭증과 소통의 원활함을 의미한다.
생산성의 증대는 갈등의 원인이 될 것이고, 소통의 원활함은 연대의 기회가 될 수 있을 것이다. 번영과 갈등의 단초를 기술이 제공하지만, 갈등 완화의 기회를 문화교류와 가치관의 공감이 가져다줄 수 있음을 제안한다.

본 장에서는 기술의 현황과 변화의 정도 등을 통해 지금이 거대변화의 시기임을 설명하고, 이 대전환의 격변기가 인류를 극한적 갈등과 위험에 빠지게 할 수도, 공감과 연대의 회복력을 통한 번영을 이룰 수도 있음을 시사할 것이다.

1. 기술 도약의 시대

신이 신의 모습 그대로 인간을 창조한 것처럼, 인간은 인간의 기능과 모양 그대로 인간 이상의 기술적 결과물을 얻기 위해 도전할 것이다.
인간처럼 생각하고 지식을 축적하며, 반응하고 행동하는 완벽한 창조물의 탄생이 최종적인 미래기술의 종착점이 될 것이다.

인간처럼 사고하고, 인간처럼 동작하는 그 무엇을 우리는 상상한다. 뇌 기능은 인공지능(AI)으로, 신체기능은 로봇(Robot)이나 자율주행차, 드론 등의 이동체(移動體)가 될 것이다.

인간 뇌 기능에 해당되는 분야는 인공지능(AI) 기술을 중심으로 머신러닝(Machine Learning), 딥러닝(Deep Learning)과 챗GPT(Chat GPT) 등의 성과를 보이고 있다.
이미 인간의 뇌 기능을 훨씬 초과하고 대체하는 기술들은 다양한 형태로 응용되며 발전해오고 있다.

국내 어느 대학에서는 인간의 뇌와 로봇을 무선(Wireless)으로 연결하고, 로봇에게 방향을 지시하여 미로를 통과하는 실험을 했다고 한다.
로봇에 달린 카메라가 보여주는 미로를 빠져나가는 영상을 컴퓨터 스크린을 통해 보면서, 실험자는 로봇에게 가야 할 방향을 무선(Wireless)으로 지시하고, 로봇은 실험자의 지시를 수행하며 미로를 빠져나가는 실험이었다.

이 실험에서 로봇은 단 3차례를 제외하고는 벽도 스치지 않으면서 미로를 통과했다고 한다. 인간과 기계의 무선교감(Wireless Interaction) 사례를 보여준 놀라운 실험이다.

인간의 기억과 지식을 컴퓨터에 다운로드(Down Load) 할 수가 있고, 기계가 인간과 소통하거나 자기 학습을 통해 짧은 시간에 많은 양의 지식을 축적할 수도 있다. 이러한 기술들은 양자컴퓨터의 등장으로 상상을 초월할 정도의 결과물을 보일 것으로 기대한다. 인간의 뇌가 기억하고 지식을 축적하는 과정과 동일한 원리이다. 심지어 인간의 기억 능력과 비교하면, 기계의 기억장치는 완벽하다고 할 정도로 뛰어난 저장과 기억 능력을 보여준다.

인간이 죽은 뒤에도, 살아 생전 다운로딩(Down-Loading)한 사자(死者)의 기억과 지식을 기반으로, 여전히 살아있는 다른 사람과 소통을 이어간다면, 이것을 영생(永生)의 개념으로 봐야 하는지 혼란스러울 따름이다.
인간이 스스로 자각하고 인지하며, 내가 '나'라는 자아(自我)를 느끼는 영역이, 기억과 지식을 기반으로 하는 것인지, 물리적 상태 그 이상의 영혼 차원의 영역인지는 알 수가 없다.

최근 헐리우드 영화 '미키17(Mickey17)'은 인간의 뇌(腦)뿐 아니라, 인간의 신체 모든 부분을 프린팅(Printing)하면서 영생(永生)을 이어간다는 내용이다. 미래 시대를 상상하는 SF영화의 내용들이 세월이 지나 상당 부분 현실이 되는 것을 경험할 때, 영화 '미키17'도 단순히 영화 속 상상으로만 볼 문제는 아니다.

이렇게 진짜와 가짜, 현실과 가상, 삶과 죽음을 경계로 인류를 혼란에 빠트리고, 위협할 수도 있는 AI 기술과 관련하여, 인공지능 그 자체의 도덕성과 위험성 등을 고려한 제도적 장치를 마련해야 할 정도로 미래기술의 현실화는 앞당겨지고 있다.

얼마 전 내가 발의한 「인공지능책임법안」은 인공지능 개발 및 이용의 기본원칙이 인류의 발전과 편의 도모를 위함임을 명시하고, 인공지능기술의 개발, 기술기준의 마련, 표준화 및 실용화 등 인공지능 산업의 진흥을 위한 정부의 역할과 규칙, 원칙을 정하고 있다. 아울러, 고위험 인공지능으로부터 이용자를 보호하기 위한 정부 및 사업자의 역할과 책무, 그리고 이용자의 권리를 규정하고 있다.

최근에는 논문 수준의 전문적 분야는 물론이고, 작곡과 미술 등 창작의 영역까지 인공지능의 능력이 대체하고 있다. 거대한 양의 데이터와 알고리즘 기능, 그리고 뛰어난 연산 능력을 지닌 양자컴퓨터의 등장은 향후 인공지능(AI)의 능력과 잠재력을 가늠하기 불가능할 정도이다.

국내 유명 K-Pop 작곡가가 인공지능에 몇 가지 주문을 전제로 작곡을 의뢰한 결과, 인기 작곡가인 자신이 들어도 대중의 히트가 예상되는 곡이 만들어졌다고 한다. 곡의 소유권은 작곡을 의뢰한 사람의 것이라고 한다. 심지어 작곡을 배우지 않은 사람도 챗-GPT(Chat-GPT)에게 묻고 답을 얻어내는 프롬프터(Prompter) 능력만 뛰어나다면 유명한 노래의 작곡 소유자가 될 수 있다는 말이 된다.

인간은 태어나서 불과 수십 차례의 남녀의 얼굴을 보고 기억하며 성별을 구별한다고 하는데, 컴퓨터는 수천, 수만 개의 남녀 얼굴을 기억하고 판별하며 인간만큼 성별을 구별하는 능력에 접근할 수 있다고 한다.

엄청난 양의 데이터인 빅데이터(Big Data)와 빠른 연산 처리 능력으로 기계가 인간의 창작영역까지 접근하는 상황에 이르고 있다.

인간과 기계가 무선으로 교감을 하고, 인간이 학습과 경험을 통해 지식을 축적하듯, 기계 스스로가 엄청난 자기 학습의 반복을 통해 지식의 양을 비약적으로 확장 시키고 있다.
메타버스(Metaverse)의 가상세계가 현실을 대체하고, 디지털트윈(Digital Twin)을 통해 현실 세계를 가상의 공간에서 관리한다.

제공된 정보를 들여다보는 웹(Web)1.0과 사용자가 콘텐츠를 생산하고 소셜미디어를 통해 공유하는 참여형 웹(Web)2.0의 시대를 지나, 탈중앙화된 서버 구조에서 개인정보가 보호되고 데이터 소유권이 사용자에게 주어지는 웹(Web)3.0의 시대를 맞고 있다.

미래 시대의 기술은 AI를 중심으로, 챗-GPT(Chat-GPT), 자율주행차(Autonomous Vehicle), 도심항공 모빌리티(UAM-Urban Air Mobility), 드론(Drone) 등의 지식축적 플랫폼과 이동 수단의 기술범주, 메타버스와 디지털 트윈을 응용한 가상현실 세계의 기술범주, 2차전지와 재생에너지 등 요소 기술의 지속가능성 확보를 위한 동력 에너지의 기술범주, 그리고 데이터(DATA)의 설계, 수집, 분석 등을 통한 빅데이터(Big Data)와 알고리즘 기능 등 분류와 분석의 기술범주 등으로 크게 분류될 것이다.
매우 다양하고 전격적으로 인류 생활의 변화를 가져올 기술문명의 핵심적 카테고리(Category)들이다.

우리나라의 미래기술에 대한 준비와 진행은 민간기업을 중심으로 다양한 기술 관련 연구 및 개발의 추진과 함께, 스마트시티 국가 시범도시 프로젝트에도 다양한 스마트 요소 기술의 실험적 추진과정에도 담겨져 있다. 우리나라는 미래기술의 본체라고도 할 수 있는 스마트시티 분야와 관련하여 '챔피언(Champion)'이라는 주변 국가들의 평가까지 받고 있다.

대부분의 국가에서는 기성 도시를 중심으로 미래기술을 적용하다 보니, 신속하고 과감한 실험적 환경은 다소 미흡한 상황이다.
우리의 경우, 문재인 정부 시절 대통령 직속 위원회인 4차산업혁명위원회 산하에 스마트시티특별위원회를 구성하고, 학계와 기업, 정부의 전문가 그룹을 중심으로 미래기술에 대한 민관정(民官政) 국가전략 프로젝트를 추진하였다.

각각 80여만 평 규모의 세종과 부산 두 도시를 스마트시티 국가 시범도시로 지정하고, 시범도시 입주민과 함께 다양한 미래기술들이 현실화 시킬 수 있는 환경을 구축하고 실험을 추진 중에 있다.
시범도시는 입주한 기업들에 대한 다양한 혜택은 물론이고, 기업들이 개발한 미래기술 제품들이 우리 실생활에 활용될 수 있도록 제도적 뒷받침을 하고 있다.
스마트시티 국가 시범도시는 미래기술과 미래 문명을 위한 연구소이고, 제작소이며, 실험실이고 전시장이 될 전망이다. 시범도시에서 검증되고 실증된 기술들은 국내 기성 도시에 적용하며, 미래기술로 디자인되는 미래도시의 문명을 견인하고 선도할 것으로 기대를 모으고 있다.

(1) AI기술의 진행방향 - 인간의 뇌기능과 신체기능의 조합

AI(Artificial Intelligence, 인공지능)의 기술이 다양한 형태로 융·복합되며 진화하는 추세이다.
4차산업혁명으로 대두되는 미래기술의 그릇이라고 할 수 있는 스마트시티(Smart City)에서 스마트(Smart)의 의미는 '스스로, 자율적으로 알아서 잘하는 똑똑한'정도의 의미가 될 것이다. 그런 스마트시티의 가장 핵심적 미래기술이 AI(인공지능)이다. 스마트시대를 상징하는 인공지능 기술은 그래서 인간처럼 스스로 알아서 판단 잘하는 기술 수준을 의미한다.

인공지능(AI)의 기술 사례를 보면, 대체로 방대하게 축적된 데이터를 기반으로 자동으로 분석하여 처리되는 기술들이다. 여기서 '자동으로 처리된다'라는 의미는 데이터 입력을 통해 일정한 패턴이 만들어지고, 그러한 패턴을 기반으로 결과를 예측하고 결정하는 알고리즘이 형성되는 것을 의미한다. 그리고 입력된 데이터를 모수로 하는 통계적 결과를 보여주는 머신 러닝(Machine Learning)을 의미하기도 한다.

그런데 이러한 기술을 뛰어넘어, 사람의 뇌가 사물을 구분하는 것처럼 컴퓨터가 사물을 분류하고 판단하도록 훈련 시키는 학습 단계를 딥러닝(Deep Learning)이라고 한다. 빅데이터(Big Data)의 등장과 대량의 데이터를 처리, 분석할 수 있는 하드웨어, 반도체 등의 발달로 심층 신경 네트워크(Deep Neural Network)를 구성한 인공신경망을 활용하여 AI의 기능은 더욱 고도화되는 상황이다.

전에 이세돌 9단과 바둑 대결을 한 인공지능 프로그램 알파고(AlphaGo)는 엄청난 양의 실전 바둑 대결 데이터를 입력하여 패턴화한 머신러닝에서 출발하였다. 끊임없는 자기 학습의 반복과 인공신경망 기술의 등장으로 이제는 스스로 학습하고 데이터를 분류·분석하며 바둑 실력을 고도화시킨 딥러닝(Deep Learning) 단계에 이르게 된 대표적 사례라고 하겠다.

남자와 여자를 구분하는 데는 매우 다양한 요소와 그 요소를 근거로 판단하는 조건들이 작용할 것이다. 목소리, 외모, 태도, 행동 등의 패턴 입력을 통해 인간은 성별 판단의 기능을 획득한다. 인간은 태어나서 불과 수십여 차례만의 경험적 판단을 통해 남녀를 완벽하게 구분한다고 한다.
기계의 경우도, 수천에서 수만 장의 축적된 데이터 통계를 기반으로 한 얼굴인식 모델 딥페이스(Deep Face)는 인식률 97%를 돌파하며 인간의 성별 구분 능력에 근접하고 있다.

오픈 AI(Open AI)에서 개발한 대화형 인공지능인 챗-GPT(Chat-GPT) 기술은 딥러닝(Deep Learning) 기술을 활용하여, 주어진 질문의 취지와 요점을 인식하며 자체적으로 답을 구성하고 제시하는 능력을 보여줬다.
음성인식의 기술도 음성을 듣고 처리하는 능력은 물론이고 실제 장본인과의 싱크로(Synchro) 비율도 상당한 수준에 도달하고 있다.
이처럼 사물과 인간의 다양한 부분을 소화하고 대체하는 인공지능 기술의 발전은 빠르고 광범위하게 진행되고 있는 상황이다.

인간의 학습 과정은 경험과 지식의 습득을 기반으로 모집된 데이터가 축적되는 과정이다. 또 그것을 잊지 않기 위해 반복적 수행작업을 통해 지식화되고 패턴화되어 향후 업무처리 과정에 활용된다.
다만, 상상력, 창의성, 감정 등 인간 사고의 영역이 축적된 데이터 기록에 기반하는 것인지, 또 다른 인간의 뇌 기능에 근거하는 것인지에 대해서는 명확하게 규정하기 어렵다.

아무튼 이러한 인간의 뇌 기능에 최대한 근접하여 도달하는 것을 목표로, 인공지능의 기술은 발전하고 있는 것이다. 메모리 기능이 있는 기계의 경우, 상당 부분을 망각할 수밖에 없는 인간의 기억력과는 달리, 한번 축적된 데이터의 손실은 거의 없다고 볼 수 있다. 그래서 지식과 경험의 데이터를 습득하고 축적하여 분석하는 연산(演算) 능력과 메모리(Memory) 능력은 인간조차도 따라가기 어려울 것이다. 엄청난 연산 처리 능력의 양자컴퓨터가 등장하면서 이제 미래기술의 끝은 가늠조차 어려운 상황이 되어가고 있다.

이제 미래기술이 인간의 상상력과 창의력 분야까지 기술을 통해 접근이 가능할 것인지에 대한 문제만 남는다.
최근 인공지능의 작곡 능력과 미술 실력 등을 보면, 과정이야 어찌 되었든 결과만 놓고 보면 인간의 상상력이나 창의력에 비해 손색이 없을 정도이다.

인공지능 기술이 인간의 모든 능력을 상당 부분 상회하는 수준의 성과를 보이고 있는 가운데, 인간을 대체하거나 뛰어넘는 인공지능의 기술은 이제 도덕성에 대한 우려와 논란으로까지 확산되었다. 아울러, 각국은 AI기술로 인한 도덕성 논란을 대비하는 제도 정비 추진에도 골몰하는 현실이다.

미래기술의 정점(頂點)이라는 인공지능(AI) 기술은 과연 어디까지 진화할 것이며, 어떤 모습으로 완성될 것인가?

엄청난 폭발력을 지닌 탄두와 원거리 이동성 기술이 조합되어 만들어진 미사일처럼, 생각하고 학습하는 인간의 뇌 기능과 반응하고 이동하는 인간 신체기능은 유기적으로 융합될 것이다. AI 기능과 이동체의 융복합은 인간 의 존재를 초월하는 막강한 위력을 갖게 될 것이다.

미국 드라마, 휴먼스(Humans)에 등장하는 인공지능 로봇까지는 아니더라도, 자율주행차, 드론과 UAM 등 AI 기능의 탑재가 가능한 이동체 개발을 위한 다양한 상상력과 연구들이 진행되고 있다.
미래기술은 스스로 사고하고 학습하며 판단하게 되고, 스스로 반응하고 움직이며 이동하게 될 것이다.

시스템 반도체나 온 디바이스(On-Device) AI 반도체를 기반으로 한, 피지컬(Physical)-AI는 로봇, 자율주행차, 스마트 공간 등 자율적 시스템이 스스로 인지하고 판단하고 행동하는 생성형 AI 뒤를 잇는 차세대 인공지능 기술이다.

최종적으로 완성될 이동체 기술의 연구개발에 있어, 자율주행차도 해당 범주에 포함된다.
최근 내연기관 엔진 중심의 자동차 구조가 전기모터 중심의 전기차로 전환되면서 부품의 수가 급격하게 줄어들고 있다. 자동차의 성능과 수익구조가 바뀌는 과정이다.
어쩌면 미래의 자동차 산업은 현재 제작사 중심에서 전자통신사로 무게중심이 이전될 가능성도 있어 보인다.
컴퓨터의 본질이 외형을 이루는 박스(Box) 보다는 CPU, 메모리 등이 중심인 것처럼, 전기모터로 전환된 자동차의 경우도 반도체, ICT(Information and Communications Technology) 회사들의 배터리와 ICT 디스플레이(Display) 중심으로 자동차 기능과 구성의 개념이 전환될 수 있기 때문이다.

디지털카메라의 출현으로 필름 카메라가 사라진 것처럼, 기술의 발전은 가성비와 효율성이 제고되는 방향으로 산업재편은 이루어질 것이다.

요즘 나온 차량의 내비게이션을 보면 전방 카메라를 통해 나오는 실사화면 위에 기존 내비게이션에 나오는 가이드 화면이 얹혀 지며 구현된다.
자동차 후방거울(Rear View Mirror)도 이제 단순히 후방 시야를 확보하는 거울 기능을 넘어, 후방에 달린 카메라를 통해 촬영되는 실제 화면이 후방거울 스크린에 띄워진다.
전방 내비게이션 디스플레이(Display)의 경우 카메라를 통해 측면 사각지대까지 화면에 띄운다면 사방의 상황 모두를 차량 내 스크린에 올릴 수 있다. 전방 카메라에 고성능 적외선 렌즈를 부착할 경우, 밤에도 차량 전조등 없이 안전 운행이 가능하다. 심지어 운전자가 화면만 보고도 운전을 할 수 있을 것이다.
여기에 몇 가지 센서(Sensor) 기능과 AI 기능만 추가되면 훌륭한 자율주행차의 실현이 임박했음을 알 수 있다.

인간보다 훨씬 뛰어난 뇌 기능과 신체기능의 조합이 만들어 갈 '피지컬 AI'의 시대는 미래기술로 완성되는 미래 문명의 새로운 시대를 개막하고 있다. 인류가 진화하며 발전시켜온 인류의 찬란한 문명을, 한층 더 진보한 인간의 뇌와 신체가 더 큰 도약과 변화의 바람을 일으키게 될 것이다.

(2) 디지털트윈(Digital Twin)과 메타버스(Metaverse) - 가상과 현실

현실 세상을 가상의 세상에서 관리하는 디지털트윈(Digital Twin)이 있고, 현실 세상을 대체하는 가상의 세상, 메타버스(Metaverse)가 있다.
인간 능력을 복제한 인공지능(AI) 기술이 사람을 대체한다면, 인간이 살고 있는 세상을 대체하는 공간적 개념이 디지털트윈과 메타버스이다.

디지털트윈은 현실 세계에 존재하는 모든 데이터를 컴퓨터 웹(Web)에 업로드(Uploading)하여 웹(Web)상의 가상 세계에서 관리하는 개념이다.
공중의 모든 정보와 데이터(일조량, 강수량, 미세먼지, 천체정보, 구름의 양과 이동경로, 눈과 우박, 천둥과 번개, 비행경로, 철새 이동경로, 태풍 등), 지상에 존재하는 모든 정보와 데이터(각종 교통체계에 따른 교통수단과 교통량 그리고 교통로, 사람의 이동 동선과 이동량, 건축물 등 각종 시설물, 에너지, 하천, 식수량, 녹지, 도시 관련 정보 등), 지하에 존재하는 각종 정보와 데이터(전기선, 통신선, 상하수도 시설, 각종 지하 시설, 토질 상태, 지하수 등)를 가상의 공간에 그대로 옮겨놓고 관리하는 체계이다.

데이터 관리는 매우 중요하다. 얼마 전 화재로 훼손된 프랑스 노트르담 성당의 복구 작업이 5년간의 공사를 마치고 재개방되었다. 기존 성당의 사진 자료가 복구를 가능하게 하였다. 사진 자료도 일종의 데이터이다. 노트르담 성당의 외형과 구조, 재질 등 모든 데이터가 컴퓨터상에 관리

되었다면 복구가 지금보다 더 수월했을 것이다. 보존이 필수인 문화재도 데이터만 제대로 축적되어 있다면, 문화재가 손상되더라도 훼손 이전의 상태로 복구하는 것은 그렇게 어려운 작업이 아니다.

데이터의 양이 많으면 많을수록 예측과 결과는 정교해진다. 데이터를 설계하고, 모으고, 분석하는 것은 그만큼 가상 세계와 현실 세계의 간극을 좁히고 예측력을 제고(提高)하게 된다.
아울러, 디지털트윈 기술을 구현하기 위한 공중, 지상, 지하의 모든 정보를 지금의 기술로도 충분히 컴퓨터에 업로드가 가능한 세상이다.
지금도 자율주행 라이더 기술 등을 통해 지상의 모든 정보를 차량과 드론을 통해 스캔(Scan)하여 다양한 형태의 서비스를 제공하고 있다.

디지털트윈은 현실 세계의 정보를 복제하여 가상의 공간에서 높은 해상도와 3D 형태로 구현하는 기술과 현실 세계의 상태를 가상 세계에서 관리할 수 있도록 정보를 제공하는 센서(Sensor) 기술, 데이터 분석기술, 디지털트윈의 무거운 데이터들이 원활하게 작동하는 통신기술 등이 융·복합되어 구현되는 기술이다.

디지털트윈 기술은 도시 관리의 효율성을 극대화한다. 땅을 파보지 않고도 지하에 매설된 상하수도나 전기 및 통신선 등의 상태를 점검할 수 있고, 토질의 변화, 지진, 홍수 등의 재난에도 높은 예측력을 바탕으로 신속한 사전 대응을 가능케 한다.
재건축·재개발의 경우에도 건축물의 안전진단, 지구단위계획, 교통영향평가 등의 업무수행 과정에서 막대한 시간과 비용을 감당해야 하는데, 디지털트윈의 가상공간에서는 짧은 시간에 정확한 결과를 얻을 수가 있다.

도시의 교통량과 사람의 이동량 등의 데이터 분석을 통해 교통 부하 해소와 교통사고 위험성 등을 사전에 예측하고 개선점을 찾을 수 있다.
교통영향평가만 해도 1년이 넘는 기간이 소요되고, 그에 따른 비용 지출도 크다. 디지털트윈 기술의 보급으로 가상 세계에서 다양한 시뮬레이션을 통해 시간과 비용 등을 크게 절감할 수가 있을 것이다.

메타버스(Metaverse) 기술은 현실 세계 일상에서 일어나는 모든 상호작용을 가상의 공간에서도 그대로 구현하여 실행할 수 있는 다양한 형태의 콘텐츠를 의미한다.
웹(Web)상의 가상 세계에서 공연을 관람하고, 여행을 다니고, 미술관과 도서관을 방문할 수 있다. 가상공간에서 현실 세계처럼 사람을 만나 대화를 나누고, 쇼핑을 하며 일상적 생활을 향유 할 수도 있다. 구현되는 콘텐츠의 수준에 따라 학교 수업을 듣고, 운동을 배우고, 회의를 하고, 다양한 업무까지 수행할 수 있다. 심지어 사물을 집어 올리거나 내려놓고 옮기는 원거리 동작 업무도 수행하게 될 것이다.

5G, 6G 등 통신의 발달과 CG 기술을 기반으로 한 VR, XR, AR 등 다양한 기술의 발달은 메타버스의 가상공간을 마치 현실 세계를 그대로 복제한 것 같은 디스플레이 제공 단계까지 이르게 될 것이다.

메타버스와 디지털트윈은 가상의 세계가 현실 세계를 대체한다는 의미에서 유사한 맥락의 기술이다.
현실 세계를 복제한 가상의 공간에서 현실 세계에서처럼 인간이 활동하는 시점이 머지않아 곧 올 것이라는 의미이다.
현실 세계에서 감내해야 하는 위험과 비용, 시간 등을 줄일 수도 있고, 단기에 반복 수행을 통해 최적의 결과를 얻어 낼 수가 있을 것이다.

영화 '아바타'는 메타버스와 디지털트윈, 그리고 인공지능(AI) 기술이 융·복합된 사례이다. 아바타는 실제 현실 공간에서의 복제된 생물체와 현실의 인간이 무선으로 교감하지만, 메타버스와 디지털트윈, 인공지능이 융·복합된 기술이 구현되는 공간은 현실 세계를 그대로 복제한 가상의 공간이라는 차이가 있다.
영화 아바타는 머지않아 우리에게 유사한 현실로 다가오게 될지도 모른다.

지금도 우리 일상에서 구현되고 있는 원격진료, 가상여행(버추얼트래블, Virtual Travel), 온라인 공연, 원격회의, 원격수업, VR, AR, XR 기술들, 지능형 교통체계(Intelligent Transport System), 국립중앙박물관과 국립중앙도서관의 실감형 콘텐츠, 자율주행차 등의 기술은 향후 메타버스, 디지털트윈과 결합되어 더욱 고도화되고 완성도 높은 기술을 구현하게 될 것이다.

(3) 2차전지와 재생에너지 - 미래기술의 지속가능성

산업의 혁명적 발달에는 주동력인 에너지가 필수적으로 동반된다. 석탄과 석유 등 지구상에 존재하는 자원의 채취를 통해 에너지를 공급해오고 있지만, 자원 고갈의 한계가 있다. 원자력발전은 탄소배출이 없어, 운영되는 동안 환경의 훼손은 없지만, 단 한번의 사고로 돌이킬 수 없는 환경오염을 초래하기도 한다.

그래서 지속가능성과 비용, 환경보호 등을 고려한 태양광, 풍력, 수력, 조력 등의 재생에너지 개발이 큰 관심을 받고 있다.

미래기술이 발전한다는 것은, 문명이 발달하며 도시화가 확산됨을 의미한다. 도시는 경제산업, 행정, 문화, 교육, 복지, 의료보건, 건설교통, 물류, 서비스 등 인류가 살아가는 일상의 모든 기능이 포괄된 집합체이다.

국가 경제는 도시를 기반으로 성장한다. 국가 경제역량의 80%가 도시에서 만들어지기 때문에, 도시가 고도화되고 확장될수록 국가의 경제력은 상승하게 된다.

도시는 4차산업혁명의 미래기술과 그 가치가 구현되는 기반이다. 도시의 규모가 확장되면, 확장된 만큼의 에너지 수요가 늘어난다.

도시가 커진다는 것은 실례로 에어컨 사용하는 가구가 1만 세대에서 10만 세대로 증가한다는 의미이다. 에어컨 소비량의 증가는 에어컨을 사용하는 에너지 수요가 늘었다는 뜻일 것이다.

기술이 발전하고 도시화가 확산되면서 도시 생활에 필요한 에너지 소비량도 증가하게 된다. 환경오염으로 인한 기후변화에 대응하는 것도 중요하지만, 폭증하는 에너지 소비량도 감당해야 할 것이다. 기후변화 대비 탄소중립 실천과 폭증하는 에너지 소비 수요 대응의 공통해법으로 재생에너지를 생각한다. 무한한 청정 에너지원의 개발은 에너지의 지속가능성과 환경보존을 의미한다.

재생에너지를 통해 환경적 가치를 보존하고, 무한 리필의 지속적 에너지를 확보한다면, 2차전지는 충전을 통한 재사용과 에너지의 자유로운 이동성, 그리고 휴대성 등을 보장한다.

전지의 용량과 전압을 결정하는 리튬, 양극재와 전지의 수명을 결정하는 흑연과 실리콘, 음극재, 전해질과 분리막, 그리고 이를 둘러싼 동막(銅膜) 등으로 구성된 2차전지 또한 충전 기능을 통해 반복 재사용되는 지속가능성을 담고 있다.
2차전지의 충전 기능, 이동 및 휴대 기능 등은 향후 인공지능이 탑재된 이동기재(移動器材)의 활동성을 높여주는데 주된 역할과 기능을 할 것이다.

환경적 가치와 지속가능성, 휴대 및 충전 기능 등의 미래 에너지원 재생에너지와 2차전지의 기술은 미래기술의 주동력이고, 미래 문명의 원천이 될 것이다.

(4) 빅데이터(Big Data)의 시대 - 예측력 제고

관리와 계획, 분석과 예측, 보존과 복원 등을 위한 분야에 데이터 기반의 미래기술이 대세를 이룰 전망이다.

데이터의 분석은 데이터의 디자인(Design), 수집(Collection), 그리고 분석(Analysis) 과정을 통해 결과를 예측하게 된다.
데이터 하나하나에 담겨있는 개별 정보가 모여서 일정한 패턴을 형성하고 경향을 나타내기 때문이다. 데이터는 생물학에서 유전정보를 담고 있는 일종의 DNA같은 존재로 개별 DNA가 모여 유기적 생명체를 이루는 것처럼 개별 데이터가 모여 생성된 빅데이터가 일정한 경향성을 보이고, 그 패턴을 기반으로 원하는 결과를 예측하는 것이다.

데이터를 활용하는데 가장 큰 걸림돌 중 하나가 개인정보의 보호이다. 이를 극복하기 위해 미국은 데이터 민주주의(Data Democracy)의 개념까지 등장했다.
기술 발전의 속도가 전에 없이 빨라지고 있는 가운데, 기술을 개발하는 것 보다 기술을 사는 것이 효과적이라고 할 정도이다. 기술이 완성되어도 이 기술을 구현할 수 있는 제도적, 법률적 뒷받침이 없이는 그 기술을 실증하기도, 상용화하기도, 생활에 적용하기도 어렵기 때문이다.

개인정보의 경우는 개인정보를 보호할 수 있는 기술적 해법도 있어야 하지만, 그 기술을 사용할 수 있는 논리적 근거도 설득력이 있어야 한다. 개인정보의 데이터와 관련해서는 블록체인이나 비식별화 처리 등 기술 개발을 통한 정보 보호 방안도 있겠지만, 개인의 정보가 공동체 전체에 매우 유용한 가치로 활용될 수 있다면 개인정보 보호를 전제로 데이터 공유를 생각해 볼 수도 있을 것이다.

데이터 민주주의에 대한 개념은 다양하게 해석할 수 있다. 특히 개인정보와 관련해서는 개인 데이터의 권리 측면에서의 데이터 주권과 데이터의 사회적 공헌과 기여 등의 공적(公的) 측면에서의 데이터 활용의 논리를 해석해 볼 수 있다.
민주주의에서 개인의 권리가 존중받고 보호되어야 하는 것처럼, 개인 데이터의 권리 또한 존중되고 보호받아야 한다.
권리가 존중되어야 하는 개인의 의견들이 모여 공론이 되고, 모여진 공론은 민주주의의 근간을 이루며 공동체에 기여한다. 개별 데이터가 모여서 보이는 경향성은 그 자체로 시민 다수의 의사이고, 공론이다. 동시에 모아진 데이터의 활용은 개인의 행복과 공공의 이익을 지향해야 할 것이다.

코로나 기간 국내 의료연구진이 코로나 확진자의 병세가 어디까지 진행될 지에 대한 알고리즘을 개발하여 큰 화제가 되었다. 코로나에 감염된 환자의 병세가 경미(輕微)한 증세로 끝날지, 위중 증세로 발전할지, 아니면 사망할지에 대한 예측 프로그램이다.
이 예측 프로그램은 데이터의 양(量)이 크면 클수록 더 정교한 예측이 가능해진다. 그런데 문제는 국내 코로나 환자들의 의료데이터 확보가 어렵다는 현실이었다. 개인정보 보호로 인해 개인 의료데이터를 내주지 못하기 때문이다.
당시 세계적으로 코로나 환자의 위중증 진행률 및 사망률이 높았을 때였다. 개인 의료정보의 빅데이터를 통해 코로나 감염 환자에 대한 예측 및 예방 가능성을 높였더라면, 수많은 코로나 환자의 위중증 진행과 사망을 사전에 예방할 수도 있었을 텐데, 그렇지 못해 매우 안타까운 상황이었다.

한국관광공사에서는 하이패스 통행량과 신용카드 사용에 따른 카드단말기 정보, 내비게이션 정보, 인터넷 여행지 검색정보 등의 데이터를 토대로 어느 여행지에 여행객이 많이 가는지에 대한 빅데이터를 분석했다. 이 분석 결과를 통해 붐비는 여행지를 회피하고 여행객을 분산시키는 서비스를 제공했다.
기업에서도 빅데이터 분석은 개인별 소비패턴 데이터 축적 등을 통해 개별 소비자들의 소비성향과 앞으로의 수요를 분석·예측하여 마케팅에 활용하고 있다.

이처럼 빅데이터는 공공기여 측면에서, 기업 마케팅 측면에서 다양한 형태로 활용되며, 앞서도 언급한 바 있지만 데이터는 인공지능(AI) 기술에 소스(Source)로 적용되어 지식, 교통, 기후, 재난, 의료건강, 국방, 교육, 산업 및 각종 다양한 사회적 서비스 분야에서 성과를 보이고 있다.

나는 개인정보의 공적 활성화를 위해 '데이터협동조합'의 설립을 위한 법안을 발의하여 추진하고 있다.

데이터협동조합은 조합원의 보건의료, 교육, 교통, 소비 등의 개인정보를 활용하여 조합원에게 혜택이 돌아가는 데이터의 설계와 분석 자료로 사용할 계획이다.

아울러, 조합원들의 개인정보뿐 아니라, 조합원의 다양한 경험 및 지식의 축적과 공유를 통해, 조합원의 혜택과 이익을 높여가는 플랫폼 구축도 구상하고 있다.

세종시 5-1구역에 추진 중인 국가 스마트시티 시범도시의 경우, 약 3만 세대가 입주할 예정이다. 3만 세대의 개인정보 및 데이터는 빅데이터 분석을 통해 시범도시 내 주민들에게 그 혜택이 돌아가는 방식으로 운영될 계획이다.

데이터협동조합을 운영하고자 하는 이유는, 스마트시티 국가 시범도시가 미래기술을 테스트하고 실증하여 기성 도시에 적용하는 것처럼, 개인정보 유출의 우려를 불식시키고 개인의 데이터로 이루어진 빅데이터가 공익 차원에서 인류에게 얼마나 크게 도움이 되는지를 실증하기 위함이다.

데이터협동조합의 실험적 운용을 통해 개인정보가 안전하게 관리될 수 있고, 작은 데이터가 모인 큰 정보가 조합원 모두에게 특별하고 커다란 혜택으로 돌아갈 수 있는지에 대한 실험이 될 것이다.

데이터로 인한 보존과 기록 그리고 지식의 축적과 공유, 빅데이터를 통한 미래 예측과 다양한 예방 솔루션들이 다양한 미래기술과 융복합되어 인류 미래 문명의 큰 동력과 구심으로 작동될 것을 확신하고 있다.

2. 글로벌 동시성(Global Synchronized) 시대 - 유통혁명과 시장 통합

기술의 발전으로 세계는 통합적 단일 생활권 시대에 들어섰다. 교통수단과 교통체계의 발전은 자유롭고 신속하고 원활한 이동성을 보장하고 있다. 통신과 장비의 발달로 시간과 거리를 초월하며 개인과 개인이 직접 소통하고, 공급자와 수요자 간 직거래하는 환경이 마련되었다. 바야흐로 인류는 대면과 비대면 모두에서 자유롭고 원활한 '소통(疏通)의 시대'를 개막한 것이다.

교통혁명의 시대는 음속을 넘어서는 비행기와 300km/h를 달리는 기차부터 자율주행차, UAM(Urban Air Mobility)까지 인류의 이동 수단이 더욱 빠르고 다양한 형태로 진화하고 있다. 킥보드 같은 개인이동수단(Personal Mobility)까지 교통체계에 포함되어, 더욱 촘촘한 이동성 체계를 갖춰나가고도 있다.

인류가 얼마나 자유롭고 빠르게 이동하는지는, 얼마전 전 지구촌을 강타한 코로나-19 전염병의 확산에서 직접 경험할 수 있었다.

1968년 찰턴 헤스턴 주연의 영화 혹성탈출이 처음 개봉되었을 때, 원숭이에게 인류가 지배당한다는, 줄거리 소재 자체만으로도 매우 큰 충격이었다. 영화 마지막 부분, 주인공이 탈출에 성공하면서 바닷가 백사장에 파묻혀 머리만 내밀고 있는 자유의 여신상을 보고 좌절하던 장면이 아직도 기억에 생생히 남는다. 우주비행사였던 주인공은 줄곧 다른 행성에 불시착한 줄 알았었는데, 자신이 불시착한 그곳이 바로 미래의 지구였음을 암시하는 영화의 엔딩(Ending) 장면이었다.

하지만, 영화 보는 내내 여전히 머릿속에 맴도는 의구심은, 어떻게 고도의 과학기술을 지닌 인간이, 인간보다 열등한 유인원들의 지배를 받게 되었나? 였다.

그 의구심은 40여 년이 지나 다시 시리즈로 제작된 2011년 혹성탈출 영화에서 풀리게 된다.

해답은 전염병이었다. 구체적으로는 인간만 사망하는 전염병이다. 교통이 발달하여 인류의 왕래와 교류가 용이했던 시기에, 인간만 사망하게 하는 전염병은 순식간에 전 세계로 확산되었고, 전염병에 감염된 인간 대부분은 사망하게 된다. 같은 시기에, 용케도 인간처럼 언어소통이 가능한 원숭이가 출현하게 되고 겨우 생존한 소수의 인간은 그런 유인원들의 지배를 받게 된다는 줄거리였다.

그런데 영화 혹성탈출의 일부가 실제 우리 일상에서 현실이 되어버린 것이다. 세계를 단일 생활권으로 만든 교통혁명 시대에, 설마 설마 하면서 전염병으로 全세계가 멈춰버린 지난 몇 년의 코로나 기간이, 어려서 본 영화 혹성탈출이 그렇게 과장된 스토리가 아니었음을 절감하게 만드는 시간이었다.
과학기술의 발전이 오히려 인류멸망의 촉진제로 작용된 것이다. 아이러니하게도 빠르고 자유로운 인류의 이동성이, 전염병을 지구촌 전체로 빠르게 확산시키는 매개가 된 것이다.

아울러, 핸드폰(Mobile Phone)과 핸드폰 플랫폼에서 구동되는 어플리케이션(Application)의 등장은 세계 시민들 간의 직접 소통을 가능하게 하였고, 직접 소통으로 기존 장벽이 허물어진 글로벌 유통구조는 공급자와 수요자 간 직거래 시장구조를 만들었다.

세계를 단일 생활권으로 만든 교통혁명과 함께, 통신과 핸드폰의 발달, 빅데이터를 통한 플랫폼과 어플리케이션의 출현 등은 보다 큰 시장에서 보다 활발하고 적극적인 직거래가 이루어지는 구조로 시장의 환경을 변화시키고 있다.
이제 온-오프(On-Off) 환경에서 동시에 반응하고 상호작용하는 '글로벌 동시성'의 시대가 본격 개막된 것이다.

가수 싸이(PSY)의 '강남스타일'은 30여 개국 이상에서 인기 차트 1위를 차지하고, 유튜브 조회 수 47억 회라는 경이적인 기록을 갱신하며, 대중가요계 변방이었던 아시아의 한국 가수를 단숨에 월드 스타 반열에 오르게 하였다.

국가 간 국경은 물론이고, 남녀노소, 인종, 계층을 넘어 전 세계인은 싸이의 강남스타일 노래에 맞춰 '말춤'을 추었고, 강남스타일은 90년대 미국 애틀랜타 올림픽 열기를 타고 전 세계로 확산되었던 마카레나 열풍의 인기를 훨씬 상회하며 통신과 디바이스(Device) 매체의 기술적 발전과 그 성과물의 사례를 단적으로 보여 주었다.

가수 싸이(PSY)의 강남스타일은 어떻게 그렇게 짧은 시간에 전 세계로 퍼져나갈 수 있었을까?
애틀랜타 올림픽의 마카레나 열풍은 기존의 전통적인 유통구조하에서 확산된 경우라고 볼 수 있다. 군중 속에 마카레나 춤이 올림픽 경기장 내 카메라의 주목을 받게 되면서, TV 매체라는 전통적 경로를 통해 운 좋게 전 세계로 확산된 사례이다.

그러나 싸이(PSY)의 강남스타일은 좀 경우가 다르다.
과거 우리나라 가수가 해외에 진출하여 세계적인 스타가 되기 위해서는 매우 복잡하고 넘기 어려운 허들(Hurdle)들이 존재했다. 소위 가요계 큰물인 미국 시장의 문을 두드려 본다는 것 자체도 어려웠을뿐더러, 설사 미국 시장의 힘겨운 오디션 등을 통과하여 전문가들에게 인정받거나, 다양한 연출을 통해 유명 쇼프로그램에 출연 기회를 얻었다 하더라도, 그 뒤에 넘어야 할 산이 또 험난했다. 엄청난 제작비 투입을 시작으로, 유명 세션이나 작곡가, 피처링(Featuring) 가수들의 도움을 받기란 단순히 돈만 있다고 되는 일도 아니었기 때문이다.

그러나, 싸이(PSY)는 국내에서 앨범을 제작하고 발표하던 방식 그대로, 특수효과도 없이 자기 스텝들을 활용하여 국내 평범한 장소를 섭외하고, 뮤직비디오를 촬영하였다. 그리고 제작된 영상을 유튜브(Youtube)에 올린 것이 전 세계 유튜브 팬들의 공감과 호응을 얻게 되었고, 이것이 하루아침에 가수 싸이(PSY)를 월드 스타 반열로 오르게 한 경로가 된 것이다.

권위 있는 오디션 프로그램이나 쇼 프로그램 출연도 없었고, 유명 음반사와의 계약도, 막대한 제작비 투입도 없었다. 글로벌 유명 작곡가와 세션의 도움도 강남스타일에는 존재하지 않는다. 흔히 미국이나 유럽 등의 큰 시장을 통해 월드 스타로 성장하는 통상적인 업계의 유통구조가 무너진 특별 사례였던 것이다. 전 세계인의 필수품, 핸드폰에 깔린 유튜브(Youtube)와 틱톡(TikTok) 등의 어플(Application)을 통해, 중간 유통과정이 생략되고 공급자와 수요자 간 직거래 시장의 혜택을 톡톡히 본 사례이다(물론 강남스타일이라는 곡 자체가 세계인들의 공감을 받는 훌륭한 곡이었다는 사실은 기본이다).

디지털 시대에는 다양한 디바이스와 어플(Application) 매체 등을 활용하여, 누구나 손쉽게 콘텐츠를 제작하고, 소비자에게 직배(직접배달)가 가능한 세상이 되었다. 그간 막대한 영향력을 발휘해 오던 공중파 TV나 라디오 등의 전통 매체에는 치명적인 위협요인으로 디지털 기반이 작동되고 있는 것이다.

기술의 변화는 지구 전체를 하나의 거대시장으로 통합시키는 역할을 하였다. 시간과 거리, 돈과 인맥 등의 기존의 기득권 장벽이 허물어지고, 공급자와 수요자가 하나의 커뮤니티 공간에서 직접 마주하게 되었다. 세계는 이제 거대한 단일공동체로 동기화되고 일체화되고 동시화되고 있다. 지구촌 전체를 연계하는 연결성과 확산성이 날이 갈수록 높아지고 있다.

글로벌 연계성 제고는 코로나19처럼 과학기술의 발전으로 높아진 이동성 환경이 전염병 확산에 도움이 되었거나, 통신기술의 발전 등으로 무명 가수 싸이가 월드 스타 반열에 오를 수 있었다는 구조적 환경을 의미한다.

지구 반대편에 있는 사람이, 마치 옆집 사는 이웃처럼 소통하기도 하고, 질병마저도 그렇게 빠르게 전염된다. 나의 말과 행동이 세계 어디에도 영향을 미칠 수 있는 거대한 단일공동체, 하나의 초거대 커뮤니티의 출현이다.

2017년 5월 워싱턴으로 향하는 문재인정부 미국 특사단

미국 특사단 방문 중 존 매케인 상원 군사위원장과

미국 특사단 방문 중 콜린 파월 美국무장관과

2017년 11월 도널드 트럼프 대통령 대한민국 국회 연설 직후

2021년 4월 하젬 모스타파 이브라힘 파미 주한 이집트 대사와, 고 아흐메드 모하메드 풀리 체육훈장 전수식에서

2021년 6월 마리아 레예스 마로토 스페인 산업통상관광부 장관과, 한·스페인 상호방문의 해 1년 연장 양해각서 체결식에서

2021년 8월 한국-콜롬비아 문화예술 창의산업 협력 양해각서 체결식 ©연합뉴스

문화올림픽을 제안했던 2021년 11월, 로즐린 바슐로 프랑스 문화부장관과

2021년 12월 응우옌 반 훙 베트남 문화체육관광부 장관과, 수교 30주년 계기 한·베트남 문화교류프로그램 체결식에서

2022년 3월 이브라힘 모하메드 아왈 가나 관광예술문화부 장관과

2022년 4월 다니엘라 마뚜라나 아구엘로 콜롬비아 체육부 차관과 콜롬비아 체육분야 양해각서 체결식에서

2022년 4월 앙헬리카 마리아 마욜로 오브레곤 콜롬비아 문화부 장관과, 콜롬비아 국립박물관에서

기술시대 위기와 **대한민국**

Ⅲ. 글로벌 위기의 시대

Ⅲ. 글로벌 위기의 시대

1. 풍요와 갈등, 공존의 반비례

인류는 원시사회와 농경사회를 거쳐 1차, 2차, 3차 산업혁명 시기에 이르러서는 눈부신 과학기술의 발전과 비약적인 생산성 증대를 기반으로 더 높은 차원의 문명사회로 성장과 함께, 풍요로움과 편리함, 건강과 지식의 확장성을 가져왔다.

반면에, 더 많은 전쟁과 테러, 마약과 자살, 폭력 등의 공포에 시달리고, 빈부격차와 환경오염 등 각종 국가적, 사회적 대립과 갈등이 더욱 거세지고 있는 것도 사실이다.

인류가 풍요로워질수록 생산물과 생산수단을 더 차지하기 위한 욕망은 더욱더 폭발적일 수 있을 것이다. 생산성은 곧 지배적 수단이고 권력이다. 그 권력은 더 큰 권한을 확보하기 위한 패권의 도구가 될 것이다.

다가올 4차산업혁명의 시대, 지금까지 인류의 경험대로라면 더 커진 풍요속에, 더 커진 반목의 서막이 오를 조짐일 수도 있겠다.

이미 세계 각국은 4차산업혁명의 미래기술 시대를 앞두고 새로운 패권 질서 재구성을 위한 경쟁에 돌입하였다.

미·중 간 기술 전쟁이 그럴 것이다. 세계 1위와 2위 간 서열 다툼이 치열해진 지 이미 오래다. 경제 권력의 다툼은 물리적 전쟁상황을 압도한다. 지금까지 세계사는 더 많은 생산능력을 점유하기 위한 투쟁과 경쟁의 역사라 해도 과언은 아니다. 생산성과 생산수단의 확보는 미래기술 선점을 통해 실현될 것이고, 그런 의미에서 미중(美中) 간 기술 패권 경쟁은 갈수록 치열해질 전망이다.

과거 문명 간 충돌과 종교 간 이해충돌을 지나 유럽과 러시아, 일본 등의 식민지 전쟁의 이면을 보면, 농경사회에서 산업사회로 이행하는 과정에서 더 많은 생산물과 생산수단 확보를 위한 약탈적 형태의 극단적인 갈등 양상이었다.

기술과 산업의 진보적 성과가 패권 수단의 역량으로 축적되고 이러한 역량들이 모여, 다른 나라를 침략하고 점령하는 수단과 도구의 역할을 하게 되는 것이 반복되면서, 더 커다란 생산성의 확보와 풍요를 기반으로 권력을 행사할 수 있는, 소위 패권(霸權)이 형성되는 것이다.

스페인의 대항해 시대와 남미 침략사, 해가 지지 않을 정도의 영토를 확장한 영국 제국주의, 전범 국가 독일과 일본의 대외 침략전쟁사 등을 통해 아시아, 아프리카, 남미 등 침략전쟁으로 희생된 국가들의 고통과 수난을 우리는 기억한다.
침략과 점령 이후, 포식자들에 의해 행해지는 다음 과정은 점령국의 생산능력을 최대한 수탈(收奪)하는 것이다. 침략과 생산성 확장을 통한 더 큰 권력의 생성, 이것이 약육강식, 패권 생태계의 본질인 것이다.

정치, 경제, 문화, 군사적 측면에서 다른 나라에 비해 압도적인 힘과 영향력을 행사하면서 주도권을 가지는 것이 패권의 의미라면, 그 패권을 지속적으로 유지하는 본질은 패권 주도국의 포괄적인 경제력에 전적으로 달려있다고 보면 될 것이다.
통상적으로 경제력은 매우 다양한 형태와 지표로 표출되지만, 기본적으로는 생산수단과 생산을 위한 원자재와 에너지원이 되는 자원확보 능력 등을 통해 생산성은 결정되고 좌우된다.

실제로 2차 세계대전의 승리국인 미국이나 실패한 독일, 일본의 사례를 보면, 전쟁에 가용(可用) 가능한 원자재의 수급 능력과 생산시설의 확보 능력이 승패의 주요한 요인으로 작용했다는 견해다.
최근 들어 미국이 중국에 대해 긴장하는 이유 중 하나로 지목되는 지점은, 미국이 자급할 수 있는 자원의 개체 수 확보가 중국과 비교하여 현실적으로 밀리고 있다는 보고이다.

「실제, 2021년 기준, 미국의 산업과 무기 생산에 중요한 투입 요소였던 대부분의 핵심 광물자원의 자급자족 능력이 2차 세계대전 직전(1935~39년) 시점과 비교하여 크게 하락했다.
예를 들어 2차 세계대전 직전 전 세계 60%를 차지하던 미국의 석유생산량은 2023년 20%로 하락하였다. 2007~2016년 자료 기준, 미국 경제활동에 매우 중요한 코발트, 마그네슘, 희토류, 텅스텐을 포함한 23개 핵심 광물이 가장 큰 공급위험에 처해있고, 이들 광물의 대부분은 중국이 가장 큰 생산국이다.」(서울대 국가미래전략원 경제안보클러스터 정치외교학부 박종희 교수 발제문-세계화의 시대에서 경제안보 시대로)

석유와 달러를 통해 세계 경제 주도권을 장악하고 있는 미국의 입장에서, 재생에너지와 코인 등 새로운 에너지원과 화폐의 등장은 향후 미국의 지속적인 글로벌 패권 유지에 적신호를 보이며 불확실성을 가중시킬 수 있다.

언제 어디서든 쉽게 자원화가 가능한 재생에너지는 미국 중심 석유 에너지 주도권의 상실을 의미하고, 탈중앙적(脫中央的) 구조의 코인은 달러를 통한 미국의 패권 주도성에 걸림돌로 작용할 것이다.

4차산업혁명 시기 새로운 미래기술의 경쟁적 구도에서 여전히 미완으로 진행 중인 미래기술의 선점 주도성이 불안정하고 불분명한 가운데, 기존 패권의 주요 고리였던 이념적 구도도, 석유와 달러를 통한 패권적 수단의 유지도 점차 불확실해지고 있다. 이런 부분들이 선명해지고 노골화되면, 지금껏 그래왔듯이 갈등과 대립의 골은 매우 깊어질 가능성이 높다.

그러면, 모든 것이 불확실한 지금, 갈등의 고리는 없는 것인가? 그렇지 않다. 강대국을 중심으로 매우 무책임한 갈등적 쟁점이 형성되고 있다. 바로 환경적 가치와 자원 공급망을 통한 경제 무기화이다.

각자도생의 글로벌 상황에서 끊임없는 패권 주도권 쟁탈을 향한 갈등적 양상이 과정화 되고 있는 것이다.

공급망 경쟁과 자원 및 밸류체인(Value Chain)의 독과점, 환경적 가치의 무역 장벽화 등 각국의 다양한 경제 무기화 전략들이 시장 전면에 등장하고 있다.

특히 환경적 가치의 경우, 기후변화와 탄소 중립이라는 지극히 당연하고 숭고한 문답(問答)을 명분으로 강대국의 지위를 더욱더 공고하게 만드는 무역장벽의 결론을 만들어 내고 있다.

그동안 탄소배출로 인한 지구환경 훼손의 책임을 더 크고 강하게 느껴야 할 국가들은 산업과 문명을 성장시킨 선진 강대국들이 주를 이룰 것이다. 그런데, 그들이 주도하는 탄소 중립과 무역 장벽화는 국가 간 부익부빈익빈 현상을 초래할 수 밖에 없는 구조가 될 것이다.

미국의 IRA(Inflation Reduction Act 인플레이션감축법안), 유럽의 RE100(Renewable Energy 100), CBAM(Carbon Border Adjustment Mechanism, 탄소국경조정제도) 등 환경적 가치 중심의 정책은 기후변화를 대비하여 지구촌 전체가 지켜내야 할 매우 당연하고 명분 있는 공통의 가치이다. 일부 선진 강대국들이 기획하는 무역 장벽화 라는 경쟁적이고 배타적인 솔루션보다는, 강대국들이 중심이 되어 비용을 더 지출하고 솔선수범한 이행을 선도해야 할 정책에 해당된다.

물론 일각에서 돈 있는 국가들을 중심으로 지구환경의 보호를 위한 펀드를 조성하는 노력도 눈에 띄긴 하지만, 큰 틀에서는 여전히 경쟁적인 적자생존의 도구로 활용된다는 것이 현실적 우려이다.

사실 기후변화는 인류 생존의 가장 절박한 문제이다. 인류 모두에게 절실한 공통의 아젠다는 각국의 배려와 협력 속에 더 신속하고 효과적인 해법에 접근하는 것이 정도(正道)일 것이다.
지구환경에 책임이 큰 선진 국가들이 그보다 못한 국가들을 위해 더 많은 비용을 지출하고, 더 모범적 노력을 기울여야 할 텐데, 오히려 선진국들과 개도국 간의 더 많은 격차를 벌리기 위한 패권의 수단으로 기후변화 대응 아젠다가 활용된다면, 그 진정성과 성과를 장담하기 어려울 수 있다.
재생에너지의 출발은 기후변화에 대한 솔루션 차원도 있겠지만, 미래기술 발전에 따른 에너지 사용량 과다 요구에 대한 지속가능성 차원의 의미가 더 크다고 하겠다.
4차산업혁명의 미래기술 선점이 미완인 상황에서 미래기술의 니드(Need)인 재생에너지가 지속성 측면보다는 탄소 중립 측면에서 작동되고 있는 현실인 것이다. 더 솔직하게는 미래기술 선점(先占)이라는 메인 타이틀매치를 앞두고, 재생에너지를 고리로 한 환경적 가치, 탄소 중립 정책이 사전경기 양상으로 패권 경쟁의 도구가 된 것일지도 모른다.

세계는 그동안 문명, 종교, 인종, 민족, 이념 등을 명분으로 편을 가르고 패권 경쟁의 구도를 만들어 왔다.
현재 우리는 지금까지 인류의 변화 및 성장과는 전혀 다른 차원의 도약적 상황을 목전에 두고 있다. 4차산업혁명이 인류에게 미칠 도약적 성장과 변화의 파장은 가늠조차 하기 어려울 정도로 크고 거대할 것으로 예측되고 있다.

지난 수 십년 간 세계를 반목하고 갈등하게 만들었던 이념경쟁은 이제는 흘러간 유행가가 되었다. 대표적인 사회주의 국가인 중국과 러시아가 시장경제에 편입되어 국제사회의 일원이 된 지도 오래전 일이기 때문이다.
사회주의 국가 중국이 우리의 수출의존도 1위 국가가 되었고, 우리 기업 상당수의 생산기지는 사회주의 국가 베트남에 집중되어 있다. 중국과 베트남에 여행 가기는 아무런 조건도 제약도 없고, 이념적 대립 구도를 시비하는 것은 이제 억측이 되었다.

철 지난 종교갈등이 가끔 개별 국가 간 분쟁으로 이어지고는 있으나, 세계를 편 가를 만큼 주요한 변수는 못 된다.
최근 들어 기후변화의 원인이 되었던 환경적 가치가 국제사회에서 무역장벽으로 작동되고는 있으나, 편을 먹고 진영을 나누는 패권 대립의 수단으로는 아직 활용되지 못하고 있다.
다만, 앞서 언급한 바와 같이, 지금 치열하게 경쟁을 하고 있는 미래기술의 주도권이 결론 나는 그날까지는, 당분간 세계는 환경적 가치와 글로벌 공급망을 토대로 각자도생을 위한 단기적 경쟁 구도가 전개될 수는 있다는 전망이다.

최근 영화 '오펜하이머'가 상영되고 있다. 천재 물리학자 오펜하이머는 아이러니하게도 인류의 안전을 위해 원자폭탄을 개발했다고 했다. 독일 나치보다 더 먼저 개발해야 히틀러의 야망으로부터 인류의 안전을 보장받을 수 있다는 이유이다. 그러나 일본에 투하된 원자폭탄으로 오펜하이머는 끊임없는 죄책감에 시달리게 되고, 이후 평생을 핵확산 방지 노력을 위해 헌신하였다고 한다.

기술의 발전이 어디까지 성장하고 전개될지 누구도 알 수도, 장담할 수도 없는 시대이다. 진짜와 가짜가 구분이 안되고, 인공지능(AI)의 도덕성을 걱정해야 할 정도의 기술 수준에 도달했다. 인간이 만든 기술을 제어하지 못하면, 인간이 가장 크게 고통받고 피해 볼 수 있다는 상상과 예측은 이제 평범한 상식이 되었다.

기술의 급속한 발전으로, 우리가 살고 있는 세상의 규칙과 질서들은 짧은 시간 내에 파괴되고 붕괴될 가능성마저 있다. 우리가 일상에서 접하는 모든 분야에 미래기술들이 융복합 과정이 있을 것이고, 이것은 우리 세계 원칙의 변화와 질서파괴로 이어질 개연성이 있기 때문이다.

지금까지는 기술의 점진적 발전으로 우리 사회의 질서도 변화에 적응하며, 자리를 잡아 오고 있었지만, 극도로 짧은 시간에 과도한 기술적 진보와 폭증하는 생산성의 도약은 우리 일상의 질서가 일순간 무너져내리는 대혼란으로 이어질 수도 있을 것이다. 과연 인류가, 또 우리 사회가 이러한 혼란을 감당할 수 있을 것인가에 대한 고민과 우려가 앞서기도 한다.

4차산업혁명의 미래기술 시대와 각국의 치열한 패권 경쟁을 앞두고 있는 지금, 우리는 또다시 오펜하이머의 후회를 반복해서는 안 될 것이다. 미래문명은 빛과 그림자가 동시에 공존한다. 밝고 찬란한 비전과 함께, 그 뒤에 드리워진 어두운 그림자에 대한 두려움과 대응책도 병행하여 고민할 필요가 있을 것이다.

2. 위협받는 세계의 민주주의

민주주의가 세계 곳곳에서 위협을 받고 있다. 민주주의 체계가 한계상황에 도달한 것일까?

민주주의는 사람이 살아가는 일상의 원칙에서 어찌 보면 가장 근본적이고 본질적인 부분이라고 할 수 있다. 사람이 모여서 살아가는데, 모여 사는 사람들의 의견과 결정이 당연히 가장 중요하고 의미 있기 때문이다. 또 그렇게 되어야만 인류사회의 공정성도 지켜지고 지속가능성도 확보된다.

그런 차원에서 보면, 민주주의 자체로서의 한계라기보다는 상황과 인식의 변화에 따른 방법적 차원의 한계라고 볼 수도 있겠다.

1인 미디어가 발달하면서, 정제되지 않은 콘텐츠들이 대중에게 직접 전달되고 있다. 정제되지 않았다는 뜻은 다수의 공감을 얻지 못하거나 검증되지 않은, 그리고 특별한 규칙이나 원칙에 규제받지 아니한 내용들이 여과 없이 미디어 소비자에게 직접 전달되는 것을 의미한다.

의견을 내는 사람의 견해도 검증되지 않았고, 듣는 시청자(視聽者)도 특별한 교육이나 지식을 갖고 듣는 것이 아니다. 그러다 보니 검증되지 않은 내용을 분별없이 접하게 되는 경우가 있다.

수많은 콘텐츠와 정보 속에서 자신이 듣고 싶은 이야기만 듣게 되고, 이런 부분들이 장기화되면, 결국 양극단 있는 사람들 간의 간극과 격차는 점점 더 커지게 될 것이다. 서로 다른 나라 사람을 넘어, 적대적 사고방식에까지 천착(穿鑿)하게 될 것이다.

특히 기술이 발전하면서 알고리즘의 개발은 인간의 관심사와 취사선택 등의 편견을 고착화시키는 구조로 왜곡하여, 개인의 시각과 사고를 편협하고 극단화하는데 일조할 가능성도 높다.
통상적으로 인간은 다양한 것을 보고, 듣고, 경험하는 과정에서 최선과 최적을 선택하게 되고, 다양함이 융복합되면서 제3의 결론에 도달하는 것이 보편화되어 있다. 그런데, 한두 차례 또는 서너 차례의 취사와 선택을 알고리즘은 특정화하고 일반화하여, 제공하는 정보를 마음대로 편집하고 재단하면서 일방적 공급을 하게 된다. 이런 패턴이 개인의 관심과 취향을 특정적으로 규정하여 제공된다면 균형감을 잃고 극단적이고 편협한 정보를 지속적으로 습득하게 될 것이다.

양극화를 부채질하는 1인 미디어 시대와 기술 의존성의 제고와 함께, 탈진실(Post-Truth)은 양극화의 부정성(否定性)을 더욱더 가속화시키며 극단적 상황으로 치닫게 만들고 있다.

홍수같이 쏟아지는 수많은 정보 속에서 진실과 거짓의 경계가 모호해지고, 전문가의 전문적 지식보다는 개인의 정서와 감정 그리고 개인의 경험을 통해 얻어진 사실이 신념이 되는 최근을 우리는 탈진실의 시대라고 한다.

지구가 네모의 형태를 갖추고 있다고 믿는 사람이 미국 인구의 2%나 된다고 하고, 영국의 이익과는 배치되는 조작된 뉴스의 감성적 어필인 EU 탈퇴, '브렉시트(Brexit)'를 주장하는 영국민이 과반을 넘어선 사실도 탈진실의 대표적 사례이다.

미국 대선에서 등장한 가짜뉴스는 탈진실의 일반적인 사례가 되었다. 사람들은 사실 자체보다는 자신이 믿고 싶은 내용이 설사 조작된 사실일지라도 공감하고 신뢰하게 된다는 것이다.

정치권에서의 탈진실과 1인 미디어를 통한 팬덤(Fandom) 현상의 고착화는 상식과 원칙의 틀을 벗어나서, 엉뚱하고 집단적인 선동이 신념이 되고, 거짓과 반칙이 지속적으로 자리잡는 영역을 제공한다.

기존의 우리 상식에서 한참 벗어나서, 환영받거나 공감받지 못하는 이슈와 논리들이 세를 형성하면서 생명력을 이어가는 진기한 풍경들이 세계 곳곳에서 연출되고 있다.

민주주의 시스템이 가장 우수하다던 미국에서조차, 의회 의사당 내에 트럼프 대통령의 폭력적 지지자들이 난입하면서 민주주의가 종말을 맞는 듯하기도 하였다. 유럽 각국에서 극우 정권이 속속 탄생하고, 미얀마 내전과 러시아-우크라이나 전쟁, 중동 갈등 등 세계의 갈등과 전쟁은 선악

(善惡)의 명분조차 모호한 채 각자도생의 이전투구(泥田鬪狗) 양상이 되고 있다.

지난해(2024년) 연말에 발생한 윤석열 대통령의 비상계엄 선포는 세계를 충격 속에 빠트렸다.
평소, 자유민주주의를 입에 달고 살았던 대통령이 가장 반민주적이고 반헌법적 위법 사건을 저지르고도, 당당하게 민주주의를 수호하기 위해 그랬다며 뻔뻔함의 도를 넘고 있다. 문제는 그런 그의 말을 믿고 옹호하는 국민도 적지 않다는 것이다.

경제산업, 문화, 교육, 국방, 보건의료, 과학기술 등의 모든 분야에서 탄탄한 글로벌 경쟁력을 갖추었고, 코로나 극복 과정조차 세계의 모범을 보였던 대한민국의 민주주의가 - 코로나 기간 중, 세계가 주목하고 인정했던 대한민국의 모범적 팬데믹 극복의 핵심 포인트는 신속하고 질서있는 극복 과정에서 보여준 민주주의의 가치였다 - 하루아침에 야만적 수준으로까지 몰락하는 순간이었다.
'K-OO'의 국가, 대한민국의 순간적 붕괴와 몰락에 세계는 한국의 비상계엄 선포 뉴스를 앞다퉈 전하며 큰 충격에 휩싸였다.

일제강점기 36년을 지나 다시 세운 대한민국, 6.25 전쟁의 폐허에서 다시 일으켜 세운 대한민국이었다. 시민의 땀으로 일구어낸 눈부신 경제성장과 시민의 피로 채워진 한국 민주주의가 대한민국을 선진 국가의 반열에 올려놓았다.
IMF와 코로나를 극복한 한국의 경제가, 군사독재와 국정농단까지 극복한 한국의 민주주의가 한순간에 수렁에 빠졌고, 국민들은 다시없는 공포와 수모를 겪어야만 했다.
한 사람의 무능과 독선이 나라를 그야말로 하루아침에 만신창이로 만들어 버린 것이다.

노벨문학상 수상 작가 한강의 5.18 광주를 배경으로 한 소설 '소년이 온다'의 독후(讀後) 감정이 채 가시기도 전에, 윤석열의 비상계엄 선포는 또다시 전 국민의 등골을 오싹하게 하였고, 국격을 한없이 추락시켰다.

어쩌면 이런 불행을 계기로 더 진보한 민주주의를 향한 이정표와 과제를 남기는 것일까? 이 불행을 계기로 우리의 민주주의가 밑바닥부터 구조적으로 좀 더 촘촘하고 합리적인 완제품으로 진일보(進一步)하게 되는 것일까?

2024년 12월 3일 밤, 대한민국 전역에 반헌법적이고 불법적인 비상계엄이 선포되고, 세계는 한국의 불행과 참담함을 목도 하면서도, 비상계엄이라는 비현실적이고 비극적인 사건 자체보다는, 과연 한국민들이 저 어려운 상황을 어떻게 극복하고 회복하는지에 더 관심이 많았다고 한다.

87년 민주항쟁, IMF, 코로나, 박근혜 탄핵 등 과거 국난극복을 위한 한국 사회와 한국인들의 모범적이고 성숙한 극복과정은, 어쩌면 세계 곳곳의 현장에서 발생하는 민주주의에 대한 심각한 도전과 위협을 가장 완벽하게 해소할 수 있는 솔루션이 될지 모른다는 기대감이었을 것이다.

참여정부 시절, 민도가 높아지고 사회적 갈등이 본격화되면서 우리 사회 내의 심판과 중재자의 역할이 절실했었다. 이제는 시간이 지나 사회적 갈등을 넘어 공공영역에서의 국가기관 간 이해충돌과 갈등이 있을 때는 누가 판정할 것인가에 대한 답안지를 만들 때가 되었다. 각각의 국가기관은 나름의 설립 취지와 법률을 근거로 운영될 것이다. 그런 법률적 근거들이 정면 충돌하는 경우, 누가 올바른 정답을 알려줄 것인가? 그리고 그 정답을 우리 모두는 인정할 것인가? 의 문제가 될 것이다.
헌법재판소가 만들어진 87년 체제를 넘어서 이제는 우리 사회가 법치를 더 합리적이고 구체적으로 운영해야 할 원칙들을 재설계해야 하는 시점에 온 것이다.

45년 만의 불법적인 전국 비상계엄령 선포로 민주주의가 후퇴하고, 또다시 대통령이 탄핵된 이후에, 우리 사회에 필연적으로 등장하는 수많은 질문과 해답들을 위한 원칙과 기준 그리고 그 집행을 위한 우리 사회의 권위가 절실한 시간의 과정들을 보내고 있다.

정부가 총선에서 2/3에 가까운 의석을 얻은 야당을 인정하지 않으면서 빚어지는 갈등과정에서 발생한 국회의 일방적 의결과 대통령의 거부권 행사 등의 상황은 누가, 어떤 기준으로 평가하고 판단할 것인가?

민주적이고 합법적인 권력 구조하에서 이루어진 양극단의 비난은 시스템 자체의 결함인 것인가? 시스템 운영의 실패인 것인가?

시민이 직접 선택한 대통령과 의회의 두 권력이 정면충돌하는 극단적인 상황에서 법과 제도의 문제인가? 상식과 관행의 문제인가?

예산의 편성과 집행권, 입법권과 시행령 제정권, 감사원을 비롯한 검찰과 경찰, 국정원, 국세청 등 5대 권력기관과 국군 통수권까지 장악한 제왕적 대통령 권력이, 더 막강한 권력을 구축하고 휘두르기 위해 비상계엄을 선포하면 누가 견제할 것이며, 시비가 발생하면 누가 판정해야 하는가?

대통령이 탄핵되어 궐위된 상황에서, 탄핵된 대통령이 임명한 선출되지 않은 국무위원 20명이 권력승계를 대기하고 있는 권력 구조가 과연 민주적이라고 할 수 있는 것인가?
선출된 권력으로만 부재한 대통령 권력의 승계 구조를 이루는, 다른 모든 나라는 이런 대한민국의 거버넌스를 민주적이라고 평가해줄 수 있을 것인가?

대통령중심제 권력 구조에서 입법부에 있어야 할 국무총리와 국무위원이 행정부 대통령 권력에 소속되어 발생하는, 모든 모순적 구조는 과연 민주주의 시스템에 합당한 것인가?

삼권분립의 원칙에 따라 입법부, 사법부, 행정부가 3인씩 추천하는 헌법재판관의 임명을 대통령직을 승계한 임명직 권한대행이 거부하는 것이 맞는 것인가? 이런 경우 누가 옳고 그름을 판단해줄 것인가? 그리고 누가 어떤 조치를 내릴 수 있는 것인가?

법원도 인정한 내란혐의를 받고 있는 대통령이 법원의 체포영장 발부를 거부하고 버티는 경우, 누가 잘잘못을 판단해줄 것인가?
대통령 경호처가 위법, 위헌 혐의가 있는 대통령 체포를 거부하는 것이 법치 원칙에 맞는 것인가? 기관마다 법치의 근거와 정당성을 주장하는 경계에서 누가 선명한 정답을 말해줄 것인가?

추경 포함, 한해 700조에 가까운 예산을 편성·집행하고, 수많은 법안이 제·개정되는 과정에서 주권자인 우리 국민들은 얼마나 의견을 개진하고, 정부의 설명을 듣고, 또 체감하고 있는지? 혹여 국정의 중요한 의사결정 과정에서 정작 국가의 주인인 주권자가 소외되고 있는 것은 아닌지?

우리의 모든 국정운영 시스템은 주권자를 중심으로 사고하고 작동하는 원리에 기반하고 있는 것인지?
민주화 이후, 민간을 넘어 공공의 영역에서까지도 이견과 갈등이 표출되었을 때, 누군가 원칙과 기준을 설명하고, 법률을 해석하며 결론을 맺어줄 역할과 단위가 필요해졌다.

세계의 민주주의가 곳곳에서 도전과 위협을 받고 있는 작금의 현실에서, 대한민국의 다수 대중이 참여하는 광장의 민주주의가 주목을 받고 있다. 두 번의 대통령 탄핵 과정에서 시민들이 보여준 촛불혁명과 빛의 혁명, 사소한 폭력도, 단 한 개의 쓰레기도 존재하지 않는 집회 현장의 질서와 가족과 주변 지인들이 함께 참여하며 마치 콘서트 공연장을 방불케 하는 시위문화는 세계에서도 그 사례를 찾기 힘들 정도의 가장 성숙하고 모범적인 K-민주주의의 현주소이다.

세계의 역사는 다시 기록되고 있다. 국가 공동체의 운명이 하루아침에 바닥으로 내동댕이쳐진 참담한 현실 속에서, 대한민국의 주권자들은 용기를 내어 계엄군의 총칼에 맞섰고, 비폭력의 인내와 믿기 어려운 질서의식, 그리고 한국인들만의 새롭고 다양한 시위문화로 결속하며, 불법 계엄을 선포하고 헌법을 위반한 대통령을 탄핵시키는데 성공하였다.

세계에 불어닥치고 있는 위험과 절망을 대한민국이 기회와 희망으로 만들 수 있다는 역량을 다시 한번 세계에 보여주고 각인시켰다.

3. 세계 패권 질서의 향배

인류의 역사는 경쟁과 투쟁 그리고 갈등의 기록들이다. 더 부유해야 더 큰 힘을 쓸 수가 있다. 힘이 더 커지면 더 많이 뺏을 수 있어, 그만큼 더 부유해진다.

세계가 급변하고 있다. 4차 산업혁명의 카테고리 안에서 발전하고 있는 미래기술의 완성된 모습과 그 성과를 예측하기조차 어려운 상황이다. 모든 것이 불확실하기만 하다. 어떤 가치가 시대정신이 될 것이고, 어떤 가치로 뭉쳐야 명분과 실리를 모두 챙길 수 있을지 가늠하기 어렵다.

기독교와 이슬람 간 종교적 가치의 차이, 가치가 서로 다른 문명 간 또는 이민족(異民族) 간의 경쟁, 민주진영과 사회진영 간 이념과 노선의 차이 등... 그동안 인류사회의 가치에 대한 논쟁은 각자의 신념이 되었고, 그런 신념을 명분으로 편이 갈리고 패권의 질서가 구축되었다.

가치는 명분일 뿐이고, 명분을 현실화시키는 것이 부(富)의 축적 과정이었다. 부의 축적을 위해서는 가장 효율적인 생산수단의 확보와 생산성 제고(提高)에 주력해야 한다. 지금의 기술개발이 그것에 해당될 것이다. 기술의 개발이 완료되는 시점에 패권의 새 질서도 구축될 것이다.

학창시절, 수십 명의 학생들이 원을 그리며 빙글빙글 돌고 있으면 사회자가 특정한 숫자를 외친다. 원을 그리던 사람들은 사회자가 호명한 특정 숫자만큼 사람을 모아 짝을 이루면 게임에서 살아남게 된다. 짝을 이루지 못한 낙오자들은 탈락이다. 얼마 전 넷플릭스에서 방영한 '오징어게임2'에서도 등장한 게임이다.

지금 세계는 아직 사회자가 특정 숫자를 호명하기 전의 상황과도 같다고 보면 되겠다. 사회자가 숫자를 호명할 때까지 초긴장의 상태로 각자가 원을 돌고 있는, 각자도생의 지금이, 세계 각국 모습이다.

기술이 완성되면 사회자가 호명한 숫자처럼 어떤 명분으로라도 세계는 짝을 이루고 패권을 형성하게 될 것이다.
그 어떤 명분이 탄소 중립을 위한 환경문제가 될지, 종교 간 차이가 될지, 계층 간의 차이가 될는지 모르는 일이다. 그러나 명분을 앞세운 패권의 핵심은 결국 미래기술이 될 것이다. 기술이 돈이 되고 힘이 되는 원천이기 때문이다.

패권의 형성은 갈등의 균열이 되고, 균열의 작은 틈은 되돌릴 수 없는 큰 차이로 벌어질 것이다.
사전 예방 차원에서 조금이라도 완화하고 극복해 보자는 것이, 이 책을 쓰는 이유이기도 하다.

2017년 6월 교통 빅데이터 서비스 국제세미나

2017년 6월 4차산업혁명과 스마트시티 조성 정책 토론회

2019년 11월 서울시 도시재생 10년 심포지엄

2021년 9월 메타버스 구현 및 청년 간담회

2023년 11월 지속가능한 상속·증여 및 부동산과세 개선방안 정책토론회

2024년 2월 노원구 도시정비 정책 방향 특강

2025년 5월 과학기술·지식재산 정책제언

2025년 5월 새로운 문화예술의 시대

기술시대 위기와 **대한민국**

Ⅳ. 대한민국 위기의 시대

Ⅳ. 대한민국 위기의 시대

앞 장에서는 4차산업혁명으로 시작된 미래기술 도약의 시대에, 세계는 전례 없는 성장의 기회와 갈등의 위험이 뒤엉킨 대전환의 시대를 맞이하고 있다고 했다.

인류가 연대와 협력 속에 도약할 것이라는 기대와 희망보다는, 대립과 갈등의 패권 경쟁의 나락으로 빠질 것이라는 우려와 걱정이 어쩌면 더 현실적이다.

다가올 기회를 모두의 성장판으로 만들기 위해, 위기를 완화하며 연대하고 협력하는 방안들에 대해서 본서(本書)에서 지속적으로 강조할 것이다.

그러면, 이 같은 걱정과 우려의 대전환기에 누구의 어떤 역할이 필요한 것인가의 문제이다. 필자는 대한민국의 문화 역량이 그 역할을 해낼 수 있다고 평가하고 있다.

그러기 위해서는 대한민국이 역할을 제대로 수행할 수 있도록 문제점을 개선하고, 역량을 갖출 수 있는 환경을 마련해야 할 것이다.

대한민국은 짧은 시간에 꾸준히 성장해왔다.

주로 세계의 패권 국가들에게만 해당 되어왔던 '3050클럽'(1인당 GDP 3만 불 이상과 인구 5천만 명 이상 국가)에 미국, 영국, 프랑스, 독일, 일본, 이탈리아에 이어 7번째 가입국이 되었다.
US뉴스·월드 리포트가 뽑은 2022년 '세계에서 가장 강력한 국가(the planet's most powerful countries)'순위에서는 미국, 중국, 러시아, 독일, 영국에 이어 6위에 선정되기도 하였다(가장 강력한 국가 기준은 경제, 문화, 국방 분야 등에서의 국가 총역량을 의미한다).

K-컬처(Culture)는 전 세계 곳곳에 영향을 미치며 다양한 분야에서 역대급 한류 열풍을 일으키고 있다. 이제 1인당 GDP는 일본과 대만을 앞서며 아시아 1위에 등극하였고, 4차산업혁명의 대표적 기술집약 플랫폼인 스마트시티 분야에선 챔피언(Champion)이라는 칭호도 받고 있다.

기술 도약을 통한 미래 문명사회를 준비하고 있는 대전환기 시점에, 대한민국은 가장 높은 경쟁력과 잠재력을 갖춘 나라 중 하나로 평가받고 있다.

이 기회를 살려, 다가올 미래 사회에 가장 선도적이고 주도적인 역할을 할 수 있는 리더 국가로서의 자리를 굳혀가야 한다.

최근 비상계엄 선포라는 대한민국 민주주의 최악의 위협 앞에서, 우리는 국가를 운영하는 민주적인 원칙을 재설계하고 상식화시키는 과정들을 갖춰가야 할 것이다.

나는 학교를 졸업하고 단 한 시간도 일반 기업이나 단체에 속해서 일해 본 경험은 없다. 1995년을 시작으로 지난 30년간 정당과 국회 그리고 청와대와 행정부(문화체육관광부) 등 공공분야(Public Sector)에서만 일 해 왔다. 실무자부터 국무위원까지 직분과 역할도 다양하게 경험했다.

1년 반 정도의 국무위원직 업무를 마치고, 다시 국회로 복귀했을 때 정신적으로 매우 방황했음을 고백한다. 물론 당시 연이은 대선과 지방선거의 패배 이유도 있었을 것이다. 20대와 21대 국회의원을 지내면서 대통령, 광역단체장, 기초단체장 등의 행정부 집행 권력이 모두 민주당 몫이었던 것을 감안하면 그 충격이 작지는 않았다. 높은 위치에서 떨어질수록 그 충격과 상처가 더 큰 법이다. 그러나 단지 그런 이유만은 아니었다.

나는 20대 후반, 정치권에 입문했다. 당시 월급이 더 많았던 국회의원 보좌관을 마다하고 급여 개념조차 없었던 야당의 정당 사무처(새정치국민회의 창당 이전의 민주당)를 선택한 이유는, 정치를 돈벌이 수단이라고 생각하지 않았기 때문이다. 그래서 어느 개별 정치인 밑에서 일하는 것보다 좀 더 수평적 조건에서 내 목소리를 낼 수 있는 정당의 조직원으로 입문한 것이다.

당연히 사상적으로나 도덕적으로도 이런 선택을 하는 나 스스로가 관료보다 더 우월하다고 생각했다. 나 개인이 우월하다는 것이 아니라, 내가 속해 있는 집단인 정당이 국민의 대의기관을 만들어가는 정당정치의 본산으로, 주권자 국민의 결정을 대의 하는 결정 권력의 대리자라는 점이 집행 권력보다 우월하다는 판단이었다.
공무원들은 언제나 권력이 바뀌면, 바뀐 권력에 맞추어 기계적으로 일하는 단순 노동자로 인식되었고, 그래서 당시 정치권에서는 일반직 공무원을 향해 '영혼이 없다'라고 거친 표현까지 주저하지 않았던 시절이었다.

국무위원 1년 반의 경험은, 앞서 가지고 있던 이런 나의 환상이 한꺼번에 무너지는 순간들이었다.
그동안은 다들 좋은 대학 나와서 어려운 고시에 합격한 수십만 명의 인재들이 집단화되어 있는 집단지식이 어련히 알아서 하겠지, 내가 알지 못하는 그 무엇들이 다 있겠지 하는, 내가 절대로 접근할 수 없는 부분들에 대한 막연한 기대감들이 있었던 것 같다. 그런데 나의 국무위원 1년 반의 경험은 내가 그렇게 궁금해하고 의심해 왔던 부분들이 모두 내가 짐작했었던 그대로였음을 확인해주는 시간들의 연속이었다.

그리고 공무원들이 내 예상과는 달리, 너무나 우수하고 성실했으며 국가와 국민에 대한 진정성까지 갖추고 있었다. 반면 일하는 방식과 국정 시스템은 내가 예측하고 의심했던 그대로였다. 오히려 행정체계와 업무평가 등의 국정운영 시스템이 공무원들의 뛰어난 재능을 가로막고 있다는 생각이 들었다. 공무원들의 의지와 능력에 따라 들쑥날쑥한 업무 결과가 나오기도 했다. 정부의 시스템은 형편없지만 그런 시스템보다 뛰어난 공무원들의 개인 능력 탓이었을 것이라는 생각이다. 시스템이 합리적이고 효율적이었다면 개별 공무원의 능력이나 의지의 차이가 그만큼 보완되기 때문이다.

여하튼 평생을 자부하던 장점은 부정되고, 평소 의심하던 단점은 확인되다 보니, 한동안 국회의원직으로 복귀해서 일이 손에 잡히지 않은 시간이 길어졌다.
심지어, 대통령이 바뀌면 뭐하나?, 정부 시스템이 이렇게 바뀔 조짐이 없는데, 누가 대통령이 되어도 크게 달라질 것은 없겠다… 라는 깊은 패배감과 좌절감이 들기도 했다. 대통령이 바꾸면 되지 않을까? 하는 생각도 해봤지만, 물리적 시간도 없을뿐더러 감히 바꾸기도 어려운 현실이라는 것을 이내 인식하게 되었다. 결정권과 집행권이 모두 있는 고위 공직에 있었음에도 업무가 더 좁혀진 느낌이었고, 스스로 수동적이고 제한된 업무에 한동안 갇혀있는 느낌이었다.

그러다 보니, 정당인으로, 국회의원으로서 과연 할 수 있는 일이 있는 것인가에 대한 의문과 선거에 이기고 정권을 바꾸면 세상을 바꿀 수가 있는 것인가? 등에 대한 본질적 고민의 시간들 이었다.

지난 30여 년 나름 내 인생의 모든 것을 쏟아부었던 전 과정에 대한 허탈감과 무력감이 밀려들었다.

현재 대한민국 정부의 행정조직은 제3공화국 시절 설계된 조직체계이다. 그때 이후 지금까지는 시대 흐름에 따라 약간의 트리밍(Trimming) 수준의 변화가 있었지, 시대 흐름에 맞게 실질적이고 의미 있는 변화는 없었다는 의미이기도 하다.

제3공화국의 시작이 1963년이니, 올해로 60년도 넘은 오래되고 낡은 시스템이라고 보면 되겠다. 그동안 세상은 제3차 산업혁명을 지나 제4차 산업혁명의 한가운데 서 있고, 200달러 수준도 채 안 되었던 대한민국의 1인당 GDP가 3만5천 달러를 넘어서고 있다. 한국의 경제력은 세계 10위권에 국방력은 세계 5위권이다. 한류 돌풍을 통한 대한민국의 문화적 파급효과는 모두가 알다시피 자타가 인정하는, 가히 글로벌 역대급 수준이다.

이념적 대결 구도를 넘어, 세계는 기술과 환경을 기반으로 새로운 국제질서를 재구성하는 패권 경쟁체제에 돌입하고 있다.

문화 최강국을 시작으로 경제, 기술, 국방, 보건의료, 교육 분야 등에서 세계 최고의 경쟁력을 확보한 대한민국의 도약은 변화하는 세계 속에 가장 선도적 역할이 기대되는 국가이기도 하다.

본서(本書)의 목적도, 이런 초거대 변화의 흐름 속에서 대한민국은 현재의 행정체계 수준으로 과연 생존할 수 있겠는가? 에 대한 물음이다.
어디에선가 일본의 잃어버린 30년의 원인을, 흔히 변화에 적응하지 못한 일본 정부의 행정체계에서 그 원인을 찾기도 했다고 들었다.

앞장의 '글로벌 위기의 시대'를 통해 기술 도약과 생산성 증대 환경 속에서 잠재하는 갈등적 상황, 가짜뉴스와 탈진실 그리고 정치 양극화 등으로 위협받는 민주주의 등 글로벌 경향의 위기를 조명했다면, 본 장에서는 행정조직체계와 예산 운용체계, 공무원 평가방식 등 낡고 오래된 국내 국정운영 체계 사례를 적시하고 이를 극복해야 함을 설명할 것이다.
우리가 알고 있는 우리의 정치권 문제들이 보혁갈등이나 여야갈등이 가장 클 것으로 보이지만, 실제는 국정 운영체계와 관련된 시스템의 후진성에서 근본적 원인이 있음을 주장하고 싶다.

전문가가 비전문가에게 보고하는 체계, 제도가 기술을 따라가지 못하는 시스템, 지나치게 정량적이고 회계적 기반의 예산운용 체계, 민주주의를 말하면서 정작 주권자와의 소통구조와 갈등 해결 시스템은 부실한 구조, 한쪽으로 기울어져 견제와 균형이 실종된 삼권분립, 정부 정책의 목표와 그에 대한 평가 기준의 불일치, 일 보다는 조직 중심 공무원의 일하는 방식 등.

모순(矛盾)과 배치(背馳), 그리고 불합리(不合理)와 불공정(不公正)이 지배하는 낡은 국정운영과 예산운용 체계 그리고 공직사회의 관행과 문화에 대한 대변혁이 필요한 시점이다.

정치와 행정 분야의 낡고 모순되고 불합리한 폐단을 개혁하고, 다가올 기술과 문화 중심의 대전환의 시대에 대한민국이 세계를 주도하고 선도하는 국가로 도약하는 기반으로 삼아야 할 것이다.

국정을 운영하는 시스템은 모두 연결되어 있다고 보면 되겠다.
국정운영 시스템 전체를 모두 펼쳐놓고 논하는 것은 복잡하다. 다만, 여기서는 주요 부분의 사례들을 적시하면서, 독자들로 하여금 변화와 개선의 필요성에 공감하는 단초(端初) 만이라도 제공할 수 있으면 좋겠다.

한 해 예산 700조원의 시대이다. 걷잡을 수 없을 정도의 빠른 속도로 기술은 성장한다. 민도는 그 어느 때보다 높아져 더 깊은 민주주의를 요구한다.

아무리 정책과 비전을 잘 설계해도, 정작 그 정책과 비전을 추진하는 결정과 집행 단위와 체계의 성숙한 수준이 뒤따라야 한다.

첫 번째 과제는 거버넌스이다. 거버넌스는 국정운영의 결정권과 집행권의 주체를 구성하는 구조적 부분에 해당한다.

대통령중심제 권력구조 하에서 주권자가 입법부 의회 권력과 행정부 대통령 권력을 이원화하여 선출하는 취지에 근거하여 주권자 중심의 진정한 민주주의 체계로 국정이 운영되고 있는지 따져볼 필요가 있겠다.

다음으로 예산을 운용하는 체계와 원칙은 정책을 설계하고 평가하는 기준과 연결되어 있고, 이 기준은 공무원의 평가 원칙이나 공무원의 일하는 방식과도 연동된다.
우리의 정부 행정조직과 예산 운용체계, 정부 정책평가와 공무원 평가 기준과 원칙, 공무원의 일하는 방식 등 정책의 공급자 시스템을 점검해야 할 것이다.

아울러 본장에서는 국내 대표적인 고질적 난제인 부동산 정책과 연구개발 생태계 및 인재양성 환경, 그리고 미래를 준비하는 체계 등 우리 사회의 원칙과 기준을 결정하는 저울과 잣대들에 대한 문제점과 개선점을 제시해 보기로 한다.

1. 균형잃은 삼권분립(三權分立)

최근 입법부와 사법부에 대한 심각한 수위의 불법적 침탈사건이 있었다. 45년 만에 비상계엄이 선포되면서, 비상계엄 해제를 위해 소집된 국회 본회의 무산을 시도하고, 국회의원에 대한 국회 출입 통제와 체포를 목적으로 본회의가 열리고 있는 국회 본청에 특수부대 무장 군인들이 창문을 깨고 난입한 사건이다.
그리고 내란 우두머리 혐의를 받고 있는 대통령이 체포되고 법원으로부터 구속영장이 발부되자, 극우성향 극성 지지자들이 법원을 부수고 들어가 기물을 파손하고, 영장을 발부한 판사 색출을 위해 쇠 파이프까지 들고 다니며 폭동을 일삼은 국가 초유의 법원 습격 사건이 있었다.

내란 우두머리 혐의를 받고 있는 현직 대통령의 입법부 습격 사건과 그가 선동하는 극단적 극우성향 지지자들의 사법부 습격 사건은 대한민국의 법을 만들고 집행하는 입법과 사법 생태계 전체를 파괴하고, 법치의 근간을 뒤흔들었다.

헌법을 수호해야 할 대통령이 민주주의와 법치를 실현한다는 미명(美名)하에, 민주주의와 법치를 가장 크게 훼손하였다. 두 사건 모두 비상계엄은 45년 만에, 법원 침탈은 헌정사상 처음으로 발생한 국가 초유의 사태로 기록되고 있다.

나라의 국격이 추락하고, 우리 외교와 경제가 도탄에 빠졌다. 국민의 자존심은 심각한 상처를 받았고, 어렵게 쌓아온 우리 군의 신뢰와 명예는 한순간에 바닥으로 내동댕이쳐졌다.

이제 다시, 복원하고 회복되고 치유해야 한다. 민주주의가 복원되고, 국격과 민생경제가 회복되어야 한다. 주권자인 국민이 받은 상처와 우리 군의 자존심이 치유되어야 한다.

범죄자의 범죄행위를 비난하고 단죄함은 당연지사(當然之事)일 것이고, 아울러 이 기회에 우리 사회가 안고 있는 모순되고 부적절한 시스템과 문화도 돌아볼 필요가 있겠다.

입법, 사법, 행정, 삼권이 견제와 균형의 분립을 갖추지 못한 환경에서 벌어진 충격적인 두 사건을 보면서, 그동안 삼권분립의 민주주의 기본원칙 자체를 경시해온 우리 사회의 모순적이고 부적절한 문화와 시스템에 대한 인식의 대전환이 필요한 시점이라는 생각이다.

지난 총선을 앞두고 정치권에서는 선거제도를 중심으로 한 정치개혁이 화두가 되었었다.
정치개혁 하면 주로 등장하는 아이템이 국회의원 선거구 개편과 선거제도의 변화이다. 정당별 비례대표 선출방식을 어떻게 할 것인지? 현행 소선거구제를 유지할 것인지 중대선거구제 개편을 시도해 볼 것인지? 등에 대한 논의이다.

그리고 또 다른 정치개혁안을 담은 개헌안으로는 현행 5년 단임제의 폐해(弊害)를 근거로 한 대통령 4년 중임제 등에 대한 논의이다.

30여 년간 정치권에 몸담아온 나를 보고, 왜 선거제도 개편 관련 정치개혁에 무관심하냐는 동료의원들의 핀잔을 듣기도 했다.

내가 굳이 선거제 관련 정치개혁 이슈에 적극적이지 않은 이유는 그보다 더 시급하고 본질적인 부분이 선행되어야 한다고 판단하기 때문이다. 입법부, 사법부, 행정부가 서로 견제할 수 있는 균형적 권력분립 없는 정치권 내 선거제도 개혁은 별다른 의미가 없어 보이기 때문이다.

누구는 정치개혁을 통한 선거법이 선결되어야 내가 주장하는 개헌의 내용도 가능하다는 의견이지만, 나는 그 말이 무슨 뜻인지 아직도 이해하지 못하고 있다.

학창시절, 삼권분립(三權分立)하면 입법, 사법, 행정 세 권력이 서로 견제와 균형을 이루며 권력을 분점하고 있는 줄 알았다. 살다 보니 착각도 그런 큰 착각이 없었다. 삼권이 균형적으로 분립(分立)되어 있다는 뜻이 아니고, 그냥 삼권이 구별되어 나누어져 있다는 일반적 의미였던 것이다.

실제로 대한민국의 모든 권한은 행정부에 쏠려있다. 그러므로 개혁을 할 것이면 힘 있는 행정부를 개혁해야지, 힘없는 입법부와 정치권을 개혁하는 것은 크게 의미가 없다는 것이 나의 변함없는 생각이다.

정부 행정체계는 당연히 정치 거버넌스와 긴밀하게 연계되어 출발한다. 행정체계 자체의 개선을 위해서는, 먼저 우리 정치 거버넌스의 기형적 구조와 모순됨, 그리고 그 불합리함을 언급할 수밖에 없다. 그러면서 행정부와 입법부의 합리적 체계와 역할도 수정되어야 할 것이다.

우리의 정치 거버넌스는 그 구조 자체가 모호한 부분이 분명하게 존재한다. 대표적인 대통령중심제를 채택하고 있는 미국과 대한민국을 제외한 대부분의 국가가 의원내각제나 이원집정부제 등 의회를 기반으로 한 정치 거버넌스 형태를 갖추고 있다. 시민을 대의 하는 의회가 민주주의의 심장이라고 불릴 정도로, 의회를 중심으로 민주주의가 발전하기 때문일 것이다.

그러나 같은 대통령중심제를 채택하고 있는 미국만 해도 내부 구조는 우리와 전혀 다르다. 미국의 대통령중심제는 예산편성 권한, 배타적 입법권한, 행정부 감사 권한 등이 모두 의회 권한으로 편제되어, 행정부와 입법부 간 견제와 균형이 매우 합리적으로 잘 갖추어진 정치 거버넌스 구조의 형태라고 하겠다. 그래서 대통령제를 채택하고 있는 미국마저도 사실은 예산과 감사, 입법 등의 결정 권한이 의회에 있는 의회주의라고 이야기할 수 있는 것이다.

대통령중심제를 채택하는 국가에서는 시민이 두 가지 권력을 선택한다. 하나는 행정부 수반인 대통령 권력을, 다른 하나는 주권자인 시민을 대변하는 의회 권력이다.

그러면 대통령중심제 국가에서 시민은 왜? 두 개의 권력을 선출하는 것인가?

대통령이 있는 행정부는 집행하는 권력이고, 국회의원이 있는 의회 권력은 국민을 대리하여 결정하는 권력으로 구분되기 때문이다. 집행 권력과 결정 권력을 이원화하여 더 높은 수준의 견제와 균형의 안정성을 확보하기 위함이다.

외교·국방 등 국가를 대표하고, 국가 살림살이를 운영하고 집행하는 국정운영 책임은 집행 권력인 행정부에 맡기되, 시민으로부터 거둬진 세금으로 국가 예산을 편성하는 기능과 시민의 삶을 공정하고 편리하게 영위하기 위한 기준과 규칙을 만드는 입법 권한은 시민의 대의기관인 의회에게만 위임하여 구분하고 있는 것이다.

국정운영의 원리는 규칙을 만들고, 국민으로부터 거둔 국민 혈세인 세금의 용처를 결정하는 것이 핵심이다. 그래서 주권자를 대리한 의회 권력에 이런 것을 결정할 수 있는 결정 권한이 주어지는 것이다.
아울러, 행정부의 집행에 문제가 있는지에 대한 감시 감독 기능도 시민의 대의기관인 의회가 책임지라는 것이다. 정확히는 주권자가 직접 감독하겠다는 의미가 포함된다. 그것이 미국 대통령제 민주주의의 기본원리이다.

그러나 우리의 경우는 어떠한가? 미국처럼 우리도 대선과 총선을 통해 시민이 두 권력을 선택한다.
그러나 우리나라의 경우, 예산의 편성 권한과 집행 권한 모두가 행정부에 있다. 예산의 편성과 관련해서도 증액 권한은 없고, 행정부가 편성한 예산안을 감액하거나 심의할 수 있는 권한만 있다.
입법 권한도 입법부와 행정부 모두에게 있는데, 국회에서 통과된 법안에 대해 대통령(행정부)이 거부권을 행사할 수 있고, 법률의 선을 넘어서는 시행령 제정까지 행정부처가 추진하면서 논란이 되기도 한다. 그리고 행정부를 감시·감독하는 감사원 기능이 행정부에 속해 있어 셀프(Self)감사 또는 솜방망이 감사라는 이야기도 나온다.

그리고, 행정부 수반 대통령은 우리 군을 비롯하여, 국정원, 검찰, 경찰, 감사원, 국세청 등 5대 권력기관을 통괄하고, 행정부 인사권은 물론이고, 사법부(대법원장, 대법관, 헌법재판소장 등) 인사권까지 쥐락펴락한다. 사법부가 사법부 인사권과 재정권을 틀어쥐고 있는 행정부와 대통령으로부터 100%로 독립되고 자유로울 수 없는 대목이다.

사실상 국가의 권력기관 모두를 장악하고 있는 행정부가 행정과 사법의 조직 인사권을 비롯하여 통장, 도장, 회계감사 권한까지 모두 움켜쥐고 있는 셈이다. 조직, 예산, 법안, 감사권 등 국가 권력의 대부분을 결정도 하고 집행도 하는 것이다. 이 정도 되면 국회의원은 도대체 왜 선출하는 것인지, 그 취지 자체가 이해 불가한 상황이다.

초선 국회의원이 되어 첫 번째 국정감사 때, 국회의원으로서 무력감을 처음 느꼈다. 국정감사는 국회의원 업무의 꽃이라고 흔히들 표현한다.
정기국회가 시작되는 9월은 전년도 예산을 결산하고, 10월에는 행정부에 대한 국정감사가 실시된다. 11월, 12월은 차기 년도 예산과 법안을 심사하면 9월부터 시작된 4개월간의 정기국회가 마감된다. 이 정기국회 기간이 주권자를 대리하는 입법부 국회의원 업무의 본질이기도 하다.

10월 한달 간 국정감사 기간 내내 입법부가 행정부 기관들을 감사하고, 그 감사 결과에 대한 조사와 처분을 다시 행정부에 의뢰하는 행정부 셀프 감사가 진행된다.
형식적으로는 입법과 행정이 서로 견제하는 관계지만, 사실상 견제 역할은 미미(微微)하다. 막강한 행정부 권력의 선한 의지를 믿고 맡기는 수밖에 다른 방법이 없다.

입법부가 행정부의 권한에서 벗어나는 방법은 유일하다. 국회의원 선거에서 야당이 200석 이상을 확보하는 것이다. 그러면 입법부가 발의한 모든 법안을 대통령이 거부권을 행사한다 하더라도 재부의 투표에서 통과시킬 수 있기 때문이다. 그러나 야당이 200석을 넘기는 경우는 헌정사상 단 한차례도 없는 비현실적 상황이다. 다만, 22대 총선에서 야권 전체가 200석에 가까운 192석을 얻은 경우가 최고 기록이다. 그만큼 윤석열 정부의 불안한 국정운영에 대한 주권자들의 견제 심리가 발동한 것이라고 보면 되겠다.

정치권에서 견제는 발목잡기가 되고, 균형은 분열과 파행으로 이어진다. 미국 대통령이 야당 국회의원들에게 전화하고 설득하고 '협치(協治)'한다는 의미를 대한민국 국회의원이 되고 나서야 실감하게 되었다. 학교 다닐 때 교과서에서 배운 삼권분립이 단순히 삼권(三權)이 분리되어 있다는 것이지, 견제와 균형을 이루고 있다는 의미는 아니었던 것이다. 그동안 우리가 알고 있는 삼권분립의 견제와 균형의 취지와 의미는 미국형 대통령제에서는 존재하지만, 우리에게는 없었다.

최근 헌법재판소 전원일치 의견으로 탄핵이 인용된 윤석열 전 대통령의 내란혐의를 두고 시비가 있다. 과거 여당(국민의힘) 의원들은 내란인지 아닌지는 재판 결과를 지켜봐야 한다는 의견을 시종일관 피력했다.
그러나 대통령중심제 거버넌스의 취지 자체에서 볼 때는 명백한 내란죄에 해당된다. 의원내각제와 달리, 대통령중심제는 주권자가 입법부의 국회의원과 행정부의 대통령, 두 권력에게 권한을 위임한다. 그런데 주권자가 위임한 두 권력 중 하나의 권력이 나머지 권력을 무력화시킨다면 이것은 주권자에 대한 도전이고, 주권자의 권한 침해는 국가반역에 해당되기 때문이다. 민주주의가 심각하게 훼손되는 결과에 해당된다.

그러면 우리는 왜 이런 모순적이고 기형적인 권력 구조를 갖게 된 것일까?

3·15부정선거와 4·19혁명 이후 이승만 정권이 막을 내리고, 장면 총리가 이끄는 의원내각제가 출범한다. 이승만 대통령 때에도 대통령과 국무총리를 의회가 선출하는 의원내각제적 성격이 일부 포함된 대통령제였지만, 이승만 정부 시절 부정선거와 여러 가지 폐단을 개선하기 위해 행정부의 모든 권한을 의회로 재구성한 것이다. 어쩌면 당시로서는 당연한 선택이었을 것이다. 그러나 얼마 못가서 5·16쿠데타가 일어나고, 박정희가 대통령에 당선되면서 대통령중심제로 다시 회귀하게 된다. 이때 국무총리와 국무위원 등 의원내각제적 요소가 대통령제에 뒤섞여 남겨진 것이다.

실제 대통령이 모든 권한을 가졌음에도 형식적으로 국무총리와 국무위원이라는 내각제 요소를 행정부로 가져와 권력이 독점적이지 않다는 이미지를 주기 위함이 아니었을까 하는 것이 내 개인적 사견이고 의심이다.

통상적인 이론으로는 민주주의가 의회를 중심으로 발전하기 때문에, 실질적이지는 않지만, 절차적이고 외형적으로라도 민주주의의 모습을 갖춰보기 위함은 아니었을까 하는 것이 내 생각이다.

사실 좀 더 직접적인 표현을 빌리자면, 대통령중심제 거버넌스에서 입법부인 의회가 통상적으로 가지고 있는 권한을 모두 행정부로 가져오려면, 국회에 있는 국정운영의 의사결정 단위 자체를 행정부로 가져와야 한다. 그러다 보니 국무총리와 국무위원으로 구성된 내각을 행정부에 두는 기이한 형태의 거버넌스가 출범하게 된 것이다.

미국의 부처 장관은 대통령의 참모 역할을 담당하는 비서 조직으로, 의원내각제 장관직처럼 국무회의에서 의결하는 의결기구 형태는 아니다. 그런데 우리의 경우, 행정부 소속 국무총리가 장관을 제청하면 대통령이 임명하는 형태로(물론 입법부의 청문 절차는 있지만 청문 결과와는 무관하게 대통령 임명이 가능하다), 본래는 입법부에 있어야 할 총리와 장관이 행정부 소속의 국무총리와 장관으로 구성된 국무위원 의결구조 형태를 갖추고 있는 것이다.

외형적으로는 대통령중심제의 형식을 갖추되, 미국의 대통령제보다 훨씬 강화된 실질적 대통령의 권력을 행사하기 위해 국무총리와 국무위원이라는 거수그룹(?)을 행정부 아래 배치한 것일 수 있다.

본래 의회에서 선출되어야 할 총리와 국무위원이 행정부에 소속되어 있는 관계로 예산편성권, 감사원 기능, 입법권 등을 행정부에 둘 수가 있게 된 것이다. 그리고 의회에는 견제를 명분으로 한 심의기능만 주어지게 되었다.

부처 장관 임명장은, 장관 임명이 아닌 국무위원 임명장이다. "국무위원에 임명하고 OO장관에 보함"이라고 표기되어 있다. 다시 말해 대한민국의 장관은 미국처럼 대통령의 비서 역할과 유럽 국가들처럼 국무위원의 역할을 겸임하는 것이다.

의회에 소속되어 있어야 할 국무위원을 대통령 참모기능직인 장관의 보직을 겸임시켜서 행정부 내 의결기구 아래 둔 것이다.

그래서 우리의 장관직은 국무위원으로서, 대통령의 참모로서, 입법부가 결정하는 결정 권력과 행정부가 집행하는 집행 권력의 두 역할을 모두 수행할 수 있다.

이런 모순적이고 기형적인 권력 구조는 최근 몇 가지 현안이 붉어지면서 민주주의의 기본적 원칙에 배치되는 모순적 한계를 노출했다.

대부분의 국가에서는 대통령이나 국가수반의 직무가 정지 또는 궐위되는 경우, 주권자가 선출한 선출직을 중심으로 승계서열이 결정된다.

미국만 보더라도, 대통령이 직무를 더 이상 수행하지 못하는 경우 부통령, 하원의장, 상원 임시의장 등 주권자가 직접 선출한 선출직이 우선적으로 승계하게 되어 있다. 그런 민주주의 원칙적 측면에서 보면 우리는 국회의장이 대통령권한대행 업무를 수행해야 맞다. 그러나 우리는 직무를 정지당한 대통령이 임명한 국무위원 20명이 그 승계순서를 대신하고 있다. 국회의장처럼 주권자가 선출한 선출직은 오히려 승계서열에서 배제된 셈이다.

실제 삼권(三權)이 견제와 균형으로 분립되어 있지도 않은 거버넌스 구조에서, 정작 선출직이 맡아야 할 대통령의 차기 승계를 임명직이 수행하는 것이다.
심지어 위헌, 위법한 대통령의 직무가 정지된 상황에서 직무가 정지된 대통령이 임명한 임명직들이 권력승계는 불확실성에 불공정성이 가중되는 시비가 있어, 권력의 정당성 논란과 정국 회복의 불안정성이 상존하게 된다.

이렇게 대한민국에서 대통령중심제의 대통령 권력은 국가를 대표하고, 예산을 집행하는 권력에서, 결정과 집행, 감시·감독을 동시에 모두 위임받은 초법적인 제왕적 권력으로 재탄생하게 된 것이다.
그야말로 정치 거버넌스 형태의 새로운 장르의 출현이다. 대통령중심제를 넘어선 제왕적 대통령중심제라 할 수 있겠다.

국회의원 한 사람, 한 사람이 입법 기관인 의회가 자신을 선출해준 주권자와 계층을 대리하고 정치적 대의를 관철시키기 위해서는, 주장을 강하게 세우고 치열하게 경쟁할 수밖에 없다.
그러나, 최고 권력자의 입장에서 그런 의회의 모습은 권력 지향적이고, 싸움만 일삼고, 부패한 집단으로 몰아붙이기에 더없이 좋은 핑계거리가 된다. 그래서 정치는 늘 고비용 저효율의 대표적 집단이고, 한국 정치의 욕받이 존재로 전락하곤 한다.

의회라는 대의정치 현장은 원래 치열하게 싸우고 경쟁하는 공간이다. 자신을 지지하는 그룹을 대변하기 위해서 주장을 강하게 세워야 한다. 그러나 그렇게 싸움에 가까운 경쟁을 하면서도 협력하고, 협상하고 합의하여 결론을 내리는 것이 정치의 영역이기도 하다.
그런데, 사실상 의회가 온전하게 결론 내릴 권한이 없다 보니, 협치도 감동이 없다. 행정부 엘리트 집단이 모든 권력을 집행하고 행사하는 반면, 직접적 권한이 없는 심의와 감시·감독만 하는 의회는 여야로 나뉘어, 되는 것도 없고 안 되는 것도 없이 그저 다투는 이미지만 남게 되는 것이다. 의견만 제시할 뿐, 모든 의사결정과 집행행위는 행정부의 몫이다. 성과는 행정부의 몫이고 의회는 행정부 발목만 잡는 철없는 위정자들의 모임이 될 뿐이다.

국무위원으로 재직할 당시, 의회 도움 없이도 부처업무를 수행하는데 크게 지장은 없겠다 라고 생각한 적도 있다.
국회 상임위원회에 출석하여 국회의원들이 지적하는 사항에 공감하고 대략적으로 맞춰주면 그날 상임위 하루는 무사히(?) 넘어갈 수 있었다. 상임위에서 국무위원이 답변하는 시간까지 포함하여 주질의 7분, 보충질의 5분, 추가질의 3분이면 국회의원 1인당 총 15분이다.
15분 내에 천하의 수사의 달인도 잘못을 끄집어내기는 무리일 것이다. 그런데 국회의원들은 중복이 되어도 여전히 본인들의 개별 질의하기에만 바쁘다. 그래서 국회 상임위에 출석한 국무위원은 사실 편안하다. 몇 차례의 상임위 출석 경험이 더해지면 숙련감(?) 마저 느껴질 것이다.

그러면, 행정부에 모든 권력이 집중되어도 행정체계 자체가 잘 갖추어지고 효율적이면 된다. 복잡한 시대에 강력한 구심이 있는 누군가가 중심이 되어 강력한 리더십을 발휘하면, 추진력도 제고되어 충분히 성과로 이어질 수 있기 때문이다. 어쩌면 더 효과적일 수도 있다.

실제로 국무위원 시절 내가 좌절감을 느꼈던 부분은 공무원들이 생각보다 훨씬 진정성 있고 성실하게 업무를 잘한다는 점이다. 오히려 정치가 행정부 공무원들의 발목을 잡는 느낌마저 들 정도였다. 그들은 명석하고 도덕적이다. 행정 관료로서 소명 의식과 자부심도 매우 강했다.
정치인보다 더 세심하고 전문적으로, 국민의 가려운 곳을 긁어주고 있었다.

문제는 우리 행정체계의 낡고 오래된 관성적 시스템과 문화에 있었다.

낡고 후진적 행정체계라면 그 체계 안에서 일하는 공직자가 뛰어나더라도 기대하는 결과를 얻기 힘들다. 중장기적 측면에서는 이 모순적 상황이 오히려 고질적 장애 요인으로 발전할 수도 있을 것이다.

낡고 오래되어 지금 상황과 맞지 않아 발생하는 근본적 문제들과 그런 구조적 상태에서 진행되는 업무에 대한 불합리한 평가 기준 등이 결국 문제의 본질로 드러난다.

이런 후진적이고 낡은 행정체계를 바꾸면 될 텐데, 문제는 5년 단임제의 권력 구조하에서는 이 체계를 바꿀만한 시간도, 바꿀 단위도 없다는 것이 더 현실적인 문제점이다.

거대한 공룡이 되어버린 행정부는 각 부처와 부서마다 기득권이 형성되고, 각각의 구심력이 강하게 작동하고 있어 스스로 변화하기 어려운 구조가 되고 있다.

고시를 통해 임용된 똑똑한 엘리트 집단의 집단지식이 아이러니하게도 개혁을 더 어렵게 만들고 있을 수도 있다. 낡은 정부 시스템과 체계에 비해 공무원 개개인은 성실하고 업무능력이 탁월하기 때문이다.

낡고 불합리한 체계임에도 그 안에서 일하는 인력들의 탁월한 능력이 충분한 보완재 역할을 하면서 큰 문제 없이 운영되는 구조가 된다.

이렇게 쌓아 올려진 공직사회의 기득권적 구조를 설득하고 개선하려면 오랜 기간의 연구와 노력이 필요할 것이다.

5년 단임제 권력 구조하에서 선거 직후 두 달간의 대통령직인수위원회는 전임 정권과 행정부 내부 업무 파악하기도 버거운 형편이다. 선거 전에 준비하면 되지 않겠냐고 하지만, 단기에 성과를 봐야 하는 선거캠프가 그럴만한 여력은 없다는 것이 지금까지의 경험이다. 오히려 선거전에 충분한 연구와 설득 그리고 의견을 모아가는 과정이 주요하다.

변화와 개선을 위한 핵심 사항은 분권이다. 민주주의는 주권자의 의견이 충분히 반영되는 의사결정 구조이다. 그래서 민주주의의 기본 원칙이 주권자의 자유로운 의사 행위를 보장하는데 있다. 주권자의 기본권과 자유를 보장받기 위해서는 국가 권력의 분립이 주요하다.
국가 권력과 국민 의사 또는 국민 주권과는 상대성 관계에 있다. 국가 권력이 강한 만큼 국민 주권은 약화될 가능성이 높다. 국가 권력의 분권은 민주성을 높이는 방향으로 작용하게 될 것이다.

권력이 입법, 사법, 행정으로 각각 분리되어 독립하고, 상호 견제와 균형을 이루는 가운데 협력해야 국정운영의 효율성과 법치의 공정성이 확보될 것이다.
이러한 민주주의에 대한 근본적 질문과 해답은 인간이 사회를 이루어 살기 시작한 초기부터 공감되고 인식되어왔을 것이다. 고대 철학자 아리스토텔레스도 입법, 행정, 사법의 권력분립 기초를 제시하였고, 근대에 와서는 존 로크의 집행권과 입법권의 분리, 몽테스키외의 입법, 행정, 사법의 3권분립의 제안과 주장도 그러하다.

입법, 행정, 사법의 상호 견제와 균형을 이루는 삼권의 분립은 현재 우리 거버넌스에서 민주주의의 가장 핵심적 가치에 해당된다. 대통령중심제 거버넌스 체계에서 거듭되고 반복되는 대통령직의 불행한 말로(末路)를 보면서, 높아진 시민의 목소리에 눈높이를 맞추지 못하는 우리의 낡고 오래된 행정체계를 보면서, 갈수록 격화되고 심화되고 있는 팬덤 문화와 정치 양극화를 보면서, 이제는 대통령 권력과 중앙권력의 분권을 통한 민주주의 원칙과 상식의 본체(本體)를 회복하기 위한 우리 사회의 진지한 논쟁이 시작되어야 함을 절실하게 공감한다.

다시 합리적이고 정상적인 삼권분립의 결론을 위해 아이디어 차원에서 몇 가지 제안을 해보겠다.

첫째, 입법부 국회의 배타적 입법 권한의 확립이다.
입법부 명칭 그대로 입법만을 위한 영역이다. 행정부에 입법부가 통과시킨 법률안을 거부할 권한이 있다면, 당연히 입법부에만 배타적 입법 권한이 주어져야 균등한 삼권의 분권이 될 것이다. 그렇지 않으면 최소한 행정부가 법안을 발의할 때, 입법부 국회의원 10명 이상의 동의를 구해야만 법안 발의가 가능하도록 의무화해도 될 것이다. 아울러 행정부에 제정 권한이 있는 시행령은 입법부가 결정한 법률을 넘어설 수 없다는 사실을 우리 법에 분명하게 명시해둘 필요도 있어 보인다.

둘째, 입법부에 예산 증액 권한이 부여되어야 한다.
현재 국회는 행정부가 편성한 예산안에 대해 감액만을 결정할 수 있다. 해마다 정부 예산에서 불용액이 발생하고, 추가경정 예산안이 국회에 제출된다. 정부가 예산을 일방적으로 편성하는 관계로 국민이 직접 선거로 선출한 입법부 권력은 중요한 국민 혈세에 대해 그 어떤 의견도 제시하기 힘든 상황이다. 증액이 불가한 상황에서 야당은 감액만이 최선의 전략적 선택일 수밖에 없다. 야당의 감액안과 정부의 불용액 및 추경안은 상호 모순적 관계에 위치한다. 거버넌스의 역할 분담이 합리적이고 효율적으로 조율될 필요가 있다.
아울러, 예산 증액권 부여를 통해 의회가 분명한 시민의 결정 권력임을 일부분만이라도 인정해 주는 것이 진정한 민주주의 원칙을 복원하는 길이다.

순수한 예산 증액 권한이 어렵다면, 최소한 국회가 감액한 감액안 규모만큼의 증액 권한이라도 확보하는 방안을 검토해볼 필요가 있겠다. 물론 의회가 시민의 의견을 수렴하는 체계를 촘촘하게 갖추어야 할 것이다.

현재 정부가 가지고 있는 예산편성권을 중장기적으로는 국회로 이양하는 것이 민주주의 삼권분립 원칙에도 합리적이다. 이러한 목표와 과제를 중장기적으로 지향하면서 입법부의 예산편성 능력을 단계적으로 배양할 필요가 있겠다.

셋째, 입법부 소속 감사원 편제가 추진되어야 한다.
예산을 편성하고 집행하는 행정부는 국회와 감사원, 두 곳으로부터 이중으로 감사를 받는다. 그러나 국회는 권한이 없고, 감사원은 한 식구라 솜방망이다. 논리적으로는 이중으로 감시와 감독을 받는 체계이지만, 사실상 매우 허술한 감시를 받는 구조로 설계되어 있다.

감사원 업무의 본래 목적은 행정부의 감시, 감독이다. 행정부 수장 대통령이 기관장을 임명하고, 행정부가 편성한 예산을 받아쓰고, 행정부로부터 인력을 편재 받아 운영되고 있는 행정부 소속 감사원이 자기 친정인 행정부를 공정하게 감사할 수 있다고 보기는 어렵다.

아울러, 국민의 대의기관 국회의 국정감사와 감사원의 감사는 중복되는 업무다. 입법부의 국정감사 결과 밝혀진 문제점을 행정부 소속 감사원에 감사청구 하는 모습도 매우 부자연스러울 뿐 아니라 부적절해 보인다.
당장 감사원의 입법부 이양이 어렵다면, 단계적 방안으로 감사원의 독립적 지위를 제안해 본다.

위와 같은 권한들이 입법부에 주어진다면, 비로소 입법부를 중심으로 한 정치개혁도 추진해 볼 수 있을 것이다.

헌법재판소의 윤석열 대통령에 대한 탄핵 인용 선고를 보면서, 이번 헌법재판소 판결로 본 헌법정신과 민주주의에 대해서 다시 생각하게 된다.

헌법재판소는 피청구인 대통령 윤석열의 비상계엄 선포를 절차적으로나 내용적으로 헌법을 중대하게 위반했다고 보면서도, 피청구인의 비상계엄 선포 사유가 다수 의석인 야당의 일방적 의정활동으로 국정운영이 어려웠을 것이라는 주장에 대해서 정부 여당과 야당 모두에게 협치의 정치적 해법을 권고하였다.

정부와 여당의 일방적인 국정운영과 국회 무시 등의 원인제공과 불공정성 부분을 차치하고, 헌재가 탄핵 판결 시 권고한 의석수로 해결하는 일방적인 정치를 지양하라는 의견에 대해서는 국회의원 선출과정에 나타나는 지지율과 당선자 비율의 불일치성에서 알 수 있듯이, 반드시 국회의원 당선 결과가 국민 전체의 의견을 모두 온전하게 반영하는 것은 아닐 것이라는 의미로 해석해 볼 수 있다.

의회는 주권자 국민의 대의기관이다. 그런데 광역단위에서 정당이 얻는 득표수와 선출되는 정당별 국회의원의 수를 보면 상호 모순점을 쉽게 발견할 수 있다.

22대 총선 결과에서, 부산에서 민주당은 44%의 정당 득표를 얻고도 19석중 1석을 차지하는데 그쳤다. 44%의 정당득표에 반해 얻은 의석수는 5%에 불과한 것이다. 반대로 서울에서는 국민의힘이 46.29%의 정당 득표를 얻었지만, 서울시 전체 48석 중 11석만을 얻었다. 서울지역에서 국민의힘은 정당 지지는 46%를 받았지만, 당선된 의석수는 절반 수준인 23%이다.

부산과 서울 모두의 경우에서 득표율과 의석수 비율의 편차만큼 주권자의 사표(死票) 현상이 발생하는 것이다. 사표 현상의 발생은 그만큼 주권자의 의사를 대의하지 못하는 구조가 발생했다는 의미일 것이다. 국민의 대의기관이 대표성이 떨어지는 구조가 된 것이다.
국민의 대의기관 국회가 국민을 온전하게 대의하는 결과를 얻지 못하는 선거제도를 가지고 있는 것이다.

국회가 합리적인 국민의 대의성을 확보할 수 있는 제도를 갖추고, 국민을 대리하는 합리적 권한을 위임받으면 주권자의 권리를 온전하게 대변하는 기관이 될 것이고, 그런 가운데 대한민국의 민주주의도 올바로 세울 수 있게 될 것이다.

합리적 삼권분립에 의한 권한의 배분과 그로 인한 견제와 균형의 거버넌스 구조는 입법부의 높아진 권한 만큼이나 책임과 의무의 무게도 커질 것이다. 비로소 정치개혁의 과제들이 진정성 있게 추진되는 환경이 만들어지는 것이다.

국민의 대의기관으로서 선거제도 개선을 통해 대표성도 더욱 갖추어야 할 것이고, 대의기관 입법부의 산실인 정당 정치에 있어서도 정당의 주인인 당원의 책임과 권한을 현실화하고 활성화하기 위해서는 당원에 대한 교육과 정보의 제공 등을 통해서 결정 권력 내 숙의 과정에 당원들을 포괄하는 시스템의 재구성 마련이 되어야 할 것이다.

(1) 결정하는 권력 – 입법부

민주주의 체계의 본질은 주권자의 권한이 어떤 형태로 얼마만큼 행사되고 있느냐에 달려있다.

주권자의 결정 및 집행 권한의 행사를 위해 정당을 결사하고, 정당은 주권자를 대상으로 정당이 추구하는 철학과 정책의 지지를 받기 위해 노력한다.

정당은 지지를 기반으로 입법부 국회의원과 행정부 대통령을 선출하는 총선과 대선을 통해 권력을 창출하고 행사한다.

정당이 곧 결정 권력인 입법부 의회 권력과 집행 권력인 행정부 대통령 권력 모두를 창출하는 민주주의의 산실(産室)이 되는 것이다.

그래서 정당 정치의 활성화가 주권자의 권리를 강화하고 민주주의를 발전시키는 모체가 되는 것이다.

국가 공동체가 운영되는데, 가장 기본적이고 근본적인 공적 영역이 세금의 사용과 공동체가 함께 준수해야 할 규칙의 운용이다. 작은 단체 하나를 운영하는데도 단체 구성원이 지켜야 할 규칙과 회원들이 내는 회비의 사용일 것이다. 마찬가지로 주권자, 국민의 입장에서도 국가를 운영하는데 가장 중요한 요소가 입법과 예산이다.

이 중요한 결정 권한을 민주 공화정은 입법부에 부여한다. 그래서 다양한 지역에서 다양한 목소리의 주권자를 대리하는 국회의원을 선출하고,

그 대리인(국회의원)들이 모여서 구성된 의회(입법부)가 주권자를 대신해서 입법권과 예산권에 대한 주요한 의사결정을 하게 되는 것이다.

결론적으로 민주주의는 주권자가 가장 중요하게 생각하는 부분들에 대해 결정할 권한을 위임받은 대리인들의 공간인 의회를 중심으로 발전하게 되는 것이다.

왕정(王政)을 마감한 대부분의 국가들은(사회주의 국가를 제외한 - 그러나 초기 소련도 의원내각제 성격인 인민위원회의 의장이 중심이었고, 중국공산당도 1당 체제하에서 전국인민대표대회와 중앙위원회가 실권을 쥐고 있는데, 이는 의원내각제적 성격에 기초한 것이다) 의회를 중심으로 한 의원내각제류의 거버넌스를 선택하였다.
이는 왕권이 모든 것을 결정하는 군주제(君主制, Monarchy)보다, 시민이 결정하는 공화제(共和制, Republic)가 더 민주주의 원칙에 부합하고 효율적이라는 끊임없는 시민저항의 혁명적 성과들이다.

의원내각제가 정착한 국가들의 경우, 의회 구성과 국정운영의 모태적 기반이 되는 정당 정치가 매우 활성화 되어 있다.
우리처럼 정치, 경제, 사회, 교육, 복지 등 모든 분야의 정책을 다루는 시민단체(Citizen's Group, Civic Group)의 개념도 존재하지 않는다. 다만, NGO(non-Governmental Organization) 형태의 민간영역 그룹들이 존재

할 뿐이다. 정치적으로 주장하고 정책화하고 싶으면 크든, 작든 정당을 결사(結社)하면 되고, 또 정당을 만들어 활동하기에 그렇게 어렵지 않은 환경을 갖추고 있기 때문이다.

우리의 경우는 민주화가 한창 진행되던 시기를 전후하여, 정당의 권한과 정책적 역할이 취약했던 상황에서 정당을 대체하는 시민사회 그룹이 등장했었다(1989년에 결성된 경제정의실천시민연합-경실련과 1994년에 결성된 참여민주사회와 인권을 위한 시민연대-참여연대)

그러나 점차 우리 사회의 민주주의가 심화되고 정당의 활동과 역할이 자유로워진 상황에서는, 시민단체의 역할이 정당 활동으로 대체되고 축소되는 것은 자연스러운 현실이 되었다. 매달 당비를 내는 민주당 권리당원의 수가 김대중, 노무현 정부 시절 10~30만 명에서 문재인 정부를 거쳐 지금(2025년)에 와서는 120만 명으로 증가한 것이 이것을 입증하고 있다.

의원내각제가 행정부와 입법부가 일원화되어 국정운영 주체의 책임성을 높였다면, 대통령중심제는 행정과 입법이 분리되어 상호 간 견제와 균형을 이룬다는 원칙이다.
책임이 높은 만큼 의원내각제는 국정에 실패하면 곧바로 총선을 통해 권력이 교체되고, 대통령중심제는 특별한 경우를 제외하고 임기가 끝까지 보장되는 체제이다.

그러나 대통령중심제를 채택하고 있는 미국의 경우도 입법부가 결정하고, 행정부는 집행한다는 민주주의 기본원리에는 큰 차이가 없다. 입법부가 예산을 편성하고, 배타적 입법권이 있고, 행정부 감사원 기능도 확보하고 있기 때문이다.

물론 우리는 행정부가 예산을 편성도 하고 집행한다. 입법권도, 감사원 기능도 행정부가 가지고 있다.

그러면 우리의 경우, 입법부가 아닌 행정부가 국민의 의사를 묻고 반영해야 하는데, 정부가 예산의 편성과 집행과정에 주권자의 의사를 어떻게 수렴하고 반영하는지는 구체적으로 알려지지는 않고 있다.

정부의 업무 매뉴얼에는 체계적인 국민의 의사를 확인하는 과정이 있는 것은 아니다.

그래서 필자는 문화체육관광부 장관이 되고, 예산을 편성하는 과정은 시기를 놓쳐서 못했지만, 국회 본회의에서 내년도 예산안이 확정된 날로부터 약 2개월간, 장·차관 및 실·국장이 주관하는 대국민 정책 수요자 간담회를 실시한 적이 있다.

국회에서 확정된 문체부 예산안에 대해 그 내역을 공개 설명하고, 확정된 예산이 어떤 방식으로 집행되는 것이 가장 효과적인지, 정책 수요자를 대상으로 의견을 수렴하는 간담회를 1,000여 차례 진행한 바 있다. 그렇게 하는 것이 세금의 원주인인 주권자에 대한 최소한의 도리이고 원칙일 뿐 아니라, 예산의 집행과정에 누수가 없고 수요자의 체감이 높아질 것으로 생각했기 때문이다.

한해 추경 포함 670~700조원 가량의 우리 예산안이 결정되는 과정부터 확정된 이후까지, 정부 관계자가 의견을 묻거나, 설명해준 적이 없다는 것이 국민 대부분의 반응이다. 막대한 국민 혈세가 예산으로 집행되는데 국민이 그 예산을 체감하지 못하는 나라가 민주주의 원칙으로 운영된다고 주장할 수 있을까?

예산안 관련하여 주권자인 국민들과의 소통은 민주주의 원리 작동의 가장 현실적이고 핵심적 부분이다. 소통의 내용은 주권자의 의견을 수렴하고 반영하는 과정이고, 확정된 예산안의 내용 설명과 원활한 집행을 위한 의견 조율이 될 것이다.

앞장에서 예산안이 결정되는 과정에 주권자의 참여가 있어야 하고, 시민참여를 위해서는 입법부의 역할 제고가 보장되어야 함을 제안하였다. 아울러, 확정된 예산안이 주권자인 예산 소비자에게 체감도 높은 집행이 실행될 수 있도록 소통해야 함을 다시 한번 강조한다. 이것은 당장에라도 우리 국회가 추진할 수 있는 사항이다.

상임위별로 업무를 분장하여 대국민 간담회를 전면적으로 추진한다면, 체감도 높은 예산 집행과 예산안 의견수렴이 가능할 것이다.

법안의 입법 과정도 상황은 다르지 않다.

민주주의를 지향하는 국가의 거버넌스의 취지가 시민에 의한, 시민을 위한 권한이 본질일 것이고, 그 본질의 핵심적 내용은 법과 예산일 것이다. 그런데 법안과 예산안의 결정 과정에 시민의 참여가 실종되었다면 참된 민주주의 국가라고 하기 어려울 것이다.

행정부가 하든, 입법부가 하든 업무의 분장과 역할을 누가 주관하는지는 정작 중요하지 않을 수 있다. 그러나 의사결정과정에서 주권자인 시민이 소외되어 있다면 민주주의 원칙에 적신호가 켜진 것은 분명하다.

입법권의 경우, 법률안의 심의 및 의결권을 입법부가 행사하지만, 행정부도 법안을 발의(제출)할 권한이 있고 대통령이 거부권을 행사할 수도 있다. 이것은 입법부의 고유한 입법 권한에 대해, 대통령 거부권을 통해 행정부는 입법부를 견제할 수 있지만, 상대적으로 입법부는 행정부를 견제하기 어려운 구조라 하겠다.
법률안의 국회 통과 의석수가 참석의원의 1/2인 것에 반해, 대통령이 거부한 법률안이 국회 재부의되는 경우, 재적 인원의 2/3 찬성이 필요하기 때문이다. 통상적으로 정부와 궤를 함께하는 여당이 존재하는 상황에서 국회의원 300명 중 200명 이상의 동의를 구한다는 자체가 매우 비현실적인 일이기 때문이다.

결정 권력 입법부의 고유적 업무인 입법과 예산 모두를 사실상 행정부가 주관하고, 그를 감시·감독하는 감사 기능마저 행정부에게 위임된 상황인 것이다.

입법부는 행정부보다 상대적으로 주권자 의견을 수렴하기 용이한 조직이다. 전국의 각 지역과 계층을 대표하여 선출된 국회의원 300명이 모인 곳이기에 어쩌면 당연한 일이다. 이런 의회 권력이 국가의 가장 중요한 업무를 결정하는 것은 주권자 중심의 시민 민주주의 원칙에 가장 근접하고 부합하는 방식임을 다시 한번 강조하고 싶다.

(2) 집행하는 권력 - 행정부

집행의 의미는 행동인지(行動認知)에 따라 처리되고 실행되는 과정과 결과를 포괄한다. 집행의 원칙은 정보의 공유와 공정한 처리일 것이다.
결정과 집행을 모두 하면서, 감시받는 피감(被監) 체계는 허술한 우리 행정부의 과도한 권력 구조를 감안하면, 더더욱 행정부 스스로가 정책 소비자인 국민과의 소통 제고가 필요해 보인다.

실제 예산 집행을 위한 의견수렴 과정은 중요하다. 예산의 집행은 철저하게 공급자가 아닌 소비자 중심이어야 한다. 소비자가 편리하고 원하는 방향의 의견수렴이 체감도 높은 집행력을 담보하기 때문이다. 주고받는 사람의 소통이 중요한 이유이다.

원칙적으로 입법부에 있었어야 할 예산 결정 권한이 기왕에 행정부에 있는 것이라면, 행정부 자체적으로 또는 입법부와 협업을 통해서라도, 예산의 편성과정에서 수요자의 의견을 수렴하고, 집행과정에서 국민들에게 설명해주는 시스템이 만들어져야 한다.

주권자 국민에게 가장 중요한 입법과 예산 중에서, 입법은 발의 및 심의부터 최종 통과되기까지 국회가 주관하는 전 과정이 노출되어 투명하게 관리되고 있다. 그러나 예산의 경우는 복잡하기 때문에, 예산의 편성단계를 중심으로 연관된 정책의 기획과 설계 과정 그리고 예산의 집행과정 등이 더 쉽고 투명하게 공개되어 운영될 필요가 있다.

아울러, 정책 설계 과정에서 예산을 기획하고 편성하기 때문에 정책과 예산의 상관성은 매우 높다.
그래서 그런지, 정책과 사업을 디자인하는 모든 부처의 업무평가 기준은 예산을 분배하는 기획재정부가 주관한다. 사실, 기재부가 타 부처의 업무평가 기준을 설계한다는 것을 어떻게 받아들여야 할지 모르겠지만, 그만큼 기재부가 모든 분야의 전문성을 갖추었다고 할 수도 있으나, 또 그렇지 않을 경우에는 오히려 문제가 될 소지도 있다.

예산이 들어가는 각 부처별 전문 분야에 대한 업무평가 기준을 만든다는 것은 해당 분야에 상당한 전문성이 담보되어야 가능한 일일 것이다. 그렇지 않고 업무에 대한 평가 기준을 만든다는 것은 엉뚱한 방향으로 일이 진행될 가능성이 있다.
예산 배정을 주관하는 부처가 부처별 업무평가 기준까지 만든다는 의미는 부처의 업무 내용보다 예산심사가 중심일 수 있기 때문이다.

기재부가 예산을 배정하기 때문에 기재부가 부처 업무평가 기준을 설계할 것이다. 예산의 배정과 평가를 용이하게 할 수 있는 방향으로 업무평가 기준이 설계된다면 침대에 사람을 맞추는 격으로, 본말이 전도되는 상황이 초래될 수도 있음을 경계해야 한다.

해당 부처가 주관하는 분야의 업무를 기획재정부가 상세하게 알아야만, 부처의 예산이 어느 정도, 왜 필요하고, 어떻게 그 사업과 정책이 추진될 것이라는 업무의 평가를 가늠할 수 있다. 정책의 성패(成敗)로 연결되는 핵심적 부분이다.

세월호 사건을 겪으면서 우리나라 행정 시스템이 전문가가 비전문가에게 보고하고 결재받는 시스템이라는 생각을 한 적 있다. 촌각을 다투는 절체절명(絶體絶命)의 위급한 상황에서 전문가가 비전문가 상전(상급자)의 결재를 얻기 위해 이해시키고 설득하는 과정이 과연 정상적이고 효율적일까?

당시 우리는 해양 구조에 전문성이 높은 해경이나 소방청 관계자가 비전문가인 청와대 관계자를 비롯하여, 국무총리 이하 국무위원들에게 보고하고 결정을 지시받는 상황이었다. 그 과정에서 우리는 생때같은 소중한 청춘 304명을 하늘로 보내야만 했다. 사고 당시 TV를 통해 참담한 사고 현장을 지켜봤지만, 배가 좌초되었을 때만 해도 세월호에는 학생들이 구조를 기다리며 초조해하는 모습이 보이기도 했고, 사고 선박 주변에는 구조를 위한 헬기와 소형선박들도 많이 보였었다. 심지어 현장을 카메라가 생생하게 중계까지 하고 있었다. 혹여 한 두명이 사고로 다치거나 하는 불상사가 있을 수는 있지만, 그래도 목숨만은 다 건지겠구나 하고 안도의 한숨을 내쉬기도 했었다. 모두가 그런 생각으로 당시 사고 현장을 지켜봤을 것이다.

그렇지만 결과는 참담했다. 세월호 사고 이후에도, 사고를 예방하기 위한 선박 내 안전수칙 준수 강화 등 여러 가지 후속 조치가 있었지만, 사고를 예방하고, 사고에 대응하고 수습하는 행정적 처리 시스템이 어떻게 획기적으로 개선되었는지는 자세하게 알려진 바가 없다.

미국 뉴욕 맨하탄 911테러 당시 우리는 세계 초거대 강국 미국의 심장에서 현대문명의 상징이었던 세계무역센터 트윈빌딩이 한순간에 무너져 내리는 믿지 못할 광경을 목격했다.
당시 미국 정부는 사태 수습을 위해 뉴욕시 소방국장을 컨트롤 타워(Control Tower)로 선정하고 전권을 위임했다고 한다. 사람의 생명을 구조하고 상황을 수습하는데 필요한 재정과 인력을 관리하고 동원할 수 있는 최고 지휘권을 뉴욕시에서 가장 전문성이 높은 뉴욕시 소방국장에게 위임한 것이다. 전문가의 전권(全權)하에 사태를 수습하라는 누가 들어도 지당한 처사였다.

세월호 사건을 부적절하게 대응했던 우리의 행정체계 오류가 그냥 나온 것은 아니라고 생각한다. 모든 것이 우리 행정 시스템의 관행적이고 구조적 결함이 있었던 것은 아닐까 하는 의문을 끊임없이 가져야 한다. 물론 반드시 그것 때문만은 아니었을지라도, 점검하고 개선하는 자세는 견지해야 할 텐데, 안타깝게도 그렇지 않아 보인다.

필자는 우리 행정에서 기획재정부가 모든 부처의 업무평가 기준을 만든다는 사실도, 세월호 사건에서 전문가가 비전문가에게 보고하는 업무체계와 크게 다르지 않다고 본다.

각 부처는 오랜 기간 해당 부처의 업무를 주관하면서, 많은 전문성과 노하우가 쌓였을 것이다. 이런 전문가 그룹을 대상으로 최소한 해당 부처 업무에는 상대적 비전문가인 기획재정부가 전문가 그룹인 주무 부처 업무평가 기준을 설계하는 이유가 불분명하다. 부처와 협의한다고는 하지만, 부처의 의견보다는 칼을 쥔 기재부의 주도권이 크게 작용할 것이다.

국민의 혈세를 모든 부처가 원하는 만큼 주면 좋겠지만, 정해진 예산 범위에서 누구는 많이 주고 누구는 적게 주고 하기 어렵다는 흔한 이유를 갖다 대기 시작하면, 개별 부처 입장에서는 더 이상 주장을 강하게 하기가 쉽지는 않을 것이다.

부처마다 다양한 업무와 다양한 기준들이 있을 것이다. 이제는 예산을 배정하고 평가하기 용이한 정량적이고 회계적인 기준만 고집할 것이 아니라, 사회적 가치와 경제적 가치를 반영한 정성적 평가 기준의 사업내용도 논리와 근거를 만들어 설계되어야 한다. 아울러, 해당 주무 부처에게 업무에 관한 자율성이 주어지고, 이런 자율적 운영이 축적되었을 때 수요자의 체감이 높아지는 방향의 깊이 있는 정책도 우러나게 될 것이다.

(3) 판정하는 권력 – 사법부

참여정부 시절부터, 갑자기 높아진 민도(民度)는 다양한 사회적 갈등을 양산했다. 참여정부 등장은 여·야간 최초의 수평적 정권교체와 절차적 민주주의가 성과를 보이기 시작한 국민의 정부 이후, 더 진전된 민주주의의 심화 과정을 예고하였다. 광장에 사람이 모이면서 시민참여형 광장 민주주의 문화가 자리 잡기 시작하였고, '국민이 대통령입니다'라는 노무현 정부 대통령직인수위원회 슬로건(Slogan) 처럼, 정부의 공식 네이밍(Naming)도 시민의 참여 보장을 의미하는 '참여정부'라 명명되었다. 특권과 반칙에서 원칙과 상식의 사회로, 이념과 갈등이 실용과 타협으로, 하향적 권위에서 상향적 도전과 탈권위에로의 대전환의 출발이 선언되었다.

세류성해(細流成海)를 실감하는 민주화 물결이 요동치는 가운데, 여전히 우리 사회 곳곳에 도사리고 있던 특권과 반칙 그리고 권위적 기득권 문화에 저항하며 자유와 공정의 요구가 거세지는 격변기 속에, 서로 대립하고 충돌하며 사회적 갈등 양상으로 표출되었다.
갈등 해결의 해법에 익숙하지 않았던 당시에는, 이런 사회적 갈등을 누가, 어떻게 해결할 것인가에 대한 우리 사회의 고민도 함께 깊어졌다.

최근 들어, 현직 대통령이 국가비상계엄을 선포하면서, 내란 우두머리 혐의로 수사 중이고, 불법 계엄령 선포로 헌법재판소에서 최종적으로 탄핵이 인용되었다. 탄핵된 대통령의 헌법재판소 심리와 사법기관의 수사, 체포, 구속이 진행되면서 국가기관과 국가기관이 충돌하고 갈등하는 모습이 끊이지 않았다.
노무현 정부에서 본격화된 사회적 갈등은 20여 년 지나, 윤석열 정부에서 정부기관 간 법률에 근거한 충돌과 갈등으로 확장되고 심화되었다.

문재인 정부 때, 사법부 역할에 대한 대통령의 시각은 이랬다. 당시 윤석열 검찰총장은 검찰총장 면접 때와는 전혀 다른 입장을 보였다. 면접을 직접 주관했던 인사들의 전언에 따르면, 다른 총장 후보들과 비교하여 윤석열 당시 총장 후보자는 정부가 주장하는 검찰 개혁안보다 훨씬 더 개혁적인 내용을 호언장담했었다고 한다. 그러나 막상 검찰총장이 되고 나서는, 검찰개혁 의지가 매우 박약할 정도의 정반대 입장으로 일관했던 것이다.

이런 부적절한 검찰총장에 대해 대통령 고유 인사권으로 사퇴시켜야 하는 것 아니냐는 참모들의 건의에 대한 대통령의 대답은, 지금 검찰총장에 대해 대통령이 할 수 있는 최선이 검찰총장의 임기를 보장해주는 것이라는 입장이었다. 검찰총장의 부적절한 행태보다 더 중요한 원칙이 대통령이 검찰권에 개입하지 않는 것이라고 판단하셨던 것 같다. 잘못하면 잘못한 대로 시스템을 통한 견제와 균형 그리고 기관 스스로의 자정적 노력을 기대해야 한다는 의미였을 것이다.
아울러 그 정도로 시스템과 제도가 잘못되었다면 제도와 시스템을 바꿔야 한다는 의미이기도 했을 것이다. 제도는 공동체 전체가 합의하고 약속한 기준과 원칙이므로, 합의된 원칙은 지켜져야 한다는 것이 문재인 대통령의 일관된 법치 원리였던 것 같다.

검찰총장이 부적절한 경우, 문재인 전 대통령께서는 법무부 장관이 검찰총장을 견제해야 한다는 입장이셨다. 그리고 법무부 장관과 검찰총장이 갈등하고 충돌하는 경우, 사법부가 판정해야 한다는 것이 우리 법치의 원칙이라는 것이다.
국가기관 간 자기 기관의 법적 근거로 갈등이 발생하는 경우, 사법부가 판단해야 한다는, 우리 현행 법률에 근거한 법치(法治)를 의미하신 것 같다.

결국 지금 내가 말하고 싶은 결론도 사법부의 역할이다.
이번 윤석열 대통령의 위헌적이고 불법적인 비상계엄 선포, 탄핵과 구속 그리고 탄핵 인용 선고까지 무려 4개월간의 극단적인 국민 분열과 사회적 갈등과 혼란을 헌법재판소가 8:0 전원일치 의견으로 결론을 내줬다.
헌정사상 처음으로 최악의 갈등에 판정하는 권력 사법부가 제대로 심판의 역할을 한 것이다. 그야말로 대한민국 사회의 헌법정신과 민주주의의 기준을 다시 한번 확인하고 공고하게 만드는 순간이었다.

이제 미국처럼 우리도 동네마다 법원(Court)이 있는 풍경이 익숙해지는 것도 좋겠다. 현장에서 슬그머니 사법적 판단까지 선을 넘는 우리의 경찰과 미국 경찰은 그 역할에 차이가 있다. 우리의 경우, 현장의 경찰관이 다양하고 소소한 사법적 판단까지 하지만, 미국 경찰권은 문제가 있으면 체포해서 법원에 송치하는 것이 그들의 본분이라고 생각한다. 죄의 유무(有無)는 법원이 판단할 사안이라는 것이다. 행정부의 사법부 권한에 대한 월권행위는 철저히 차단되어 분리 운영되는 것이, 법치 사회의 기본 원칙임을 상기시켜주는 대목이다. 법치주의는 법이 원칙이 되고, 그 원칙이 기준이 되어 갈등을 조정하고, 모든 위법 행위를 처벌한다.

사법부를 통해 기관 간 갈등이 명쾌하게 결론 날 수 있도록 우리 행정체계와 시스템의 개선도 새롭게 점검하고 재구성되어야 할 것이다. 기관마다 기관을 설치하는 취지와 근거 법률이 존재한다. 그러면 기관들 간 이해의 충돌이 있을 때, 교통정리 되어야 하는 필요성도 당연히 검토되어야 할 것이다.

최근 관저에 머물고 있는 현직 대통령의 체포를 두고, 대통령경호처와 고위공직자범죄수사처(공수처), 그리고 법원, 군, 검찰, 경찰 등의 국가기관 간 갈등이 표출되었다. 모든 국가기관은 주어진 임무에 걸맞은 법률적 근거를 가지고 있다. 사법부의 판단이 있었음에도 좀처럼 나지 않는 결론을 보면서, 제도적 측면에서의 행정체계에 대한 교통정리가 필요함을 느꼈다. 행정부 중심 거버넌스 구조에서 사법부의 권위도 실종되었지만, 체계와 관련하여 유기적이면서도 질서가 있는 합리적 제도개선이 필요해 보인다.

다양한 이견이 존재하고 갈등이 표출되는 것은 민주주의의 근본적 원리이고 과제이다. 국정운영에 있어, 국민 의견을 수렴하고 반영하는 것이 민주주의의 본질(本質)인데, 그런 국민의 의견은 매우 다양할 것이고, 이견(異見)에 따른 갈등 또한 많을 것이다.
그러므로 주권자인 국민의 갈등을 조정하고 이해를 좁혀가는 것이, 국민의 의견을 수렴하고 반영하는 과정의 핵심적 과제가 될 것이다. 민주주의의 가장 기본적인 원리원칙이다.

견제하는 가운데 균형을 이루고, 원칙에 기반한 판정을 통해 승복하고 배려하는 제도와 문화 정착이 필요하다.
입법부와 행정부의 합리적 분권으로, 상호 간 견제와 균형에 이르기 위해서는 사법부의 독립성은 필수적이다.

결정하는 권력과 집행하는 권력, 그리고 판정하는 권력의 분립과 공존은 민주주의를 회복하고 법치를 바로 세우는 대한민국 민주주의의 새로운 출발점이 될 것이다.

2. 정부 행정조직 체계의 문제와 개선

정부의 행정조직은 국정운영을 수행하는 몸체이자 실행 주체에 해당한다. 국가 행정사무를 수행하기 위해 행정사무 기능과 행정기구 그리고 공무원 인력조직이 구성되고, 정부조직법에 근거하여 운영된다.

사람이 일상을 살아가고, 국가가 전략적으로 중요하게 여기는 업무를 효과적으로 수행하는 구조로 정부 조직의 설계는 이루어질 것이다. 그래도 시대가 변하고 상황이 바뀌면 그런 변화의 흐름에 맞게 튜닝(Tuning)되고 조율되어야 하는 것이 또 정부의 행정 조직구조이다.

특히 우리처럼 대통령에게 막강한 권한이 집중되어있는 5년 단임제 대통령중심제의 경우, 정부 조직을 개편하기란 좀처럼 쉽지 않다. 이미 관행적이고 구조화된 조직간 업무의 분장이 공고하고, 조직 이기주의가 팽배한 상황에서 조직을 개편할 시간도, 권위 있는 주체도 없기 때문이다.
대통령이 교체되는 시기에 주어지는 2개월간 인수위원회 기간은 정부의 업무를 보고받고 파악하는데도 빠듯한 시간이다. 곧바로 한 해 예산 700조원에 가까운 거대한 정부 업무의 시계가 돌아가기 시작하면 정부 조직의 개편은 이미 물 건너간 것이라 보면 될 것이다.

실제 개헌까지도 함께 고민되어야 할 정부 조직의 개편을 위해서는 여야

간 합의하는 가운데 중장기적 검토가 필요하다. 현재의 총리제와 부처의 형태를 보면 제3공화국 때 설계된 구조와 여전히 유사하다. 이제는 그 구조의 개선을 위한 검토를 시작할 시기가 된 것이다.

(1) 국무총리제 개선방안의 검토

통상적으로, 총리와 내각은 의원내각제적 요소이다. 대통령중심제 국가인 우리에게 국무총리 제도가 있는 까닭은, 제3공화국 시절 의원내각제에서 대통령중심제로 전환하는 과정에서 의회 중심의 요소들이 이런저런 이유로 남겨진 탓으로 여겨진다.

아마도 흔히 의원내각제적 요소는 주권자 중심의 민주성을 직접적으로 반영하는 것인데, 대통령 권력이 너무 막강했던 우리나라 입장에서 정치 거버넌스 구조가 좀 더 견제와 균형의 민주적인 모습을 갖추었음을 표방하기 위한 눈가림용(?) 정도가 아닌가 하는 생각이다. 아울러, 대통령 독단으로 모든 것을 결정할 수도 없는 노릇이고, 국정운영을 결정하려면 통상적으로 의회에 있는 내각과 국무총리 기능을 행정부로 이관하여 집행하는 것이 가장 모양이 낫다고 판단했을 것이다.

실제 대통령중심제의 대표적 국가인 미국은 예산의 편성 권한이나 배타적 입법 권한 그리고 감사원 기능 모두가 의회 권한으로 편재되어 있다. 그래서 내각을 구성하는 국무위원도 우리는 의원내각제처럼 장관(Minister of)이지만, 미국은 대통령의 비서(Secretary of) 정도의 개념이라고 보면 되겠다.

미국의 내각은 대통령의 자문기구로 존재하고, 회의를 주재하는 미국 대통령도 내각 구성원이 아니다.

통상적인 내각의 업무가 입법과 예산에 대한 의사결정이 대부분인데, 두 분야의 업무 모두 미국은 입법부가 결정하므로, 미국의 내각은 자문하고 집행하는 업무가 중심이 되는 것이다.

우리의 경우는 대통령이 내각(국무회의) 소속이고, 예산편성도 행정부와 내각이 결정하여 국회에는 심의와 의결만을 요구한다. 국회에서 통과되어 결정된 입법안도 내각인 국무회의에서 최종 의결하고, 국무회의를 통해 대통령이 거부한 법안은 다시 국회로 회부되어 2/3 이상의 동의를 얻어야만 통과가 되는 구조이다.

입법부에 있어야 할 내각이 행정부에 소속되어 입법부가 행사하는 법안과 예산 등의 결정 권한을 사실상 행정부가 행사하는 구조로 설계된 것이다.

그렇다고 해서, 장관의 제청 권한을 가지고 있는 국무총리가 행정부와 내각에서 딱히 특별한 권한이 주어진 것도 아니다. 행정부와 입법부 사이에서 그저 절차적 민주성을 보여주기 위한 직책에 지나지 않는다고 해도 과언은 아니다. 국무총리의 권한이라는 것이, 대통령 의지에 따라 권한이 확대되기도 또는 축소되기도 하는 것이다.

그러므로 '내각'이라는 의회의 일부 체계를 행정부로 가져와, 행정부가 모든 권력을 독점하다시피 가지고 있는 우리 거버넌스 구조에서, 견제와 균형 차원에서 대통령이 임명하고 행정부에 소속된 장관들의 제청권을 명시적으로라도 가지고 있는 국무총리에 대한 국회의 권한을 높여줄 필요도 있어 보인다.
그래서 최소한 국무총리를 국회가 추천하는 '국무총리 국회 추천제' 또는 행정부 내 '책임총리제' 등의 도입을 검토해보는 것도 이런 모순적 상황을 극복하는 최소한의 방법일 수 있는 것이다.

우리 정치구조에서 굳이 행정부의 대통령도, 입법부의 국회의원도 모두 시민이 선출하는 취지는 입법, 행정, 사법의 삼권이 견제와 균형을 이루라는 의미일 것이다. 국무총리의 권한 강화 또는 국회의 국무총리 추천은 현재의 불균형한 거버넌스 체계에서 그러한 민주주의의 취지를 십분 살려보자는데 그 의의가 있다고 하겠다.
국무총리제의 변화에 대한 기본적인 고민의 방향성도 삼권의 권력 관계 속에서 또는 행정부 내에서, 무소불위(無所不爲)한 현 대통령의 권력을 쪼개고 분산시키자는데 그 목적이 있다.

갈수록 깊어지는 민주화 과정에서 민도는 높아지고, 권력의 독점현상은 그 한계점을 노출하고 있다. 이승만, 윤보선, 박정희, 전두환, 노태우, 김영삼, 김대중, 노무현, 이명박, 박근혜, 문재인, 윤석열까지, 대통령들의 퇴임 이후, 전직 대통령들의 불행은 어쩌면 독점적이고 제왕적인 권력 구조 환경에서 초래되는 불가피한 결과일 수도 있다.

바야흐로 탈중앙화의 시대이다. 중앙과 지방의 분권과 삼권의 권력분립 등 거버넌스(Governance) 변화를 중심으로 한 행정 대개혁, 행정 혁명이 필요하다. 두 번의 대통령 탄핵과 파면 과정에서 드러난 현재 우리 대통령중심제의 문제점이고 한계이자, 국민적 요구이기도 하다.

(2) 부처 업무 분장의 재구성 필요성 - 국토교통부 사례

시대가 변화하고 상황이 바뀌면서 부처마다 고유한 업무분장(業務分掌)의 재구성도 시급한 과제가 되고 있다.

행정부처를 구성하는 데는 기획재정, 경제산업, 행정, 국방, 법무, 교육, 복지, 노동, 외교, 문화 등의 분야처럼 나라 불문하고 국가 공동체를 운영하는데 반드시 필요한 부처 업무가 있고, 우리나라의 통일부, 정보통신부처럼 개별 국가의 특성을 고려하거나 시대적 변화에 따라 설치 운영되는 부처가 있다.

그리고 분야와 기능적 조합을 통한 시너지 전략에 따라 부처의 업무분장이 설계되기도 한다. 외교통상부는 통상업무 중심의 외교 기능을 부각하겠다는 의지와 계획에서 출발하였고, 산업자원부는 자원을 국가산업의 주동력으로 삼겠다는 전략적 의지가 담겨져 있을 것이다.

스페인의 '관광산업부'는 관광분야 정책 특화를 통해 국가산업의 성장효과를 극대화한다는 전략이다. 실제로 인 바운드(In-bound) 관광객 유치 규모가 세계에서도 1, 2위를 다투고 있는 스페인은 세계 3대 여행박람회인 '삐뚜르(Fitur) 국제관광박람회'주관을 통해 다양한 여행상품을 스페인에서 구성하며 세계 관광시장을 주도하고 있다. 아울러, 스페인은 국가적으로도 매우 다양한 아이템과 콘텐츠의 박람회 유치를 통해, 해당 분야 산업과 연계하는 시너지 효과를 극대화 시키고 있다.

시대적 변화에 따라 부처가 관리 지원해야 할 업무를 조정하고 재구성해야 할 것이다. 어떤 부처는 축소 또는 폐지가 검토되어야 하고, 어떤 부처는 확대되거나, 통합하거나 신설될 필요도 있다.

지금의 우리 정부 행정조직은 3공화국 시절 구조가 모태이다. 정부의 행정조직은 국가를 경영하고 국민 생활을 관리하고, 경제활동을 지원한다. 국정의 운영은 환경의 변화에 따라, 그 형태와 구조 그리고 방식도 변해야 한다. 그에 따라 정부의 조직도 당연한 변화가 있어야 할 것이다.

#1.
부처 내 업무 및 조직체계 재구성 - 국토교통부는 현 국토 중심 업무에서 교통 중심 업무로 재설계가 필요하다.

국토교통부는 국토 전체를 기획·관리하고 도시를 계획·설계하는 '국토 분야'와 도시 간 또는 도시 내 이동성 제고를 위한 인프라 및 교통수단을 기획하고 운영하는 '교통 분야'로 나뉘어 운영된다.

국내에 도시가 본격적으로 생겨나기 시작했던 1970~80년대만 하더라도 신도시를 계획하고 주택을 공급하는 목적의 국토 분야가 국토교통부의 주요 업무였다. 그러나 도시건설이 포화상태가 되고, 인구는 감소하고 있는 현시점에서는 신도시 건설 보다는 기존 도시를 재생하고 도시의 활력과 지속성을 확보하는 것이 사회적 비용도 줄이고 가성비를 높이는데 더 효과적이다는 입장이다. 바야흐로 신도시 계획 전문가보다 도시재생 전문가가 전면에 나서고 환영받는 시대가 되었다.

도시계획이 많이 진전된 미국만 보더라도, 국가의 국토 전체를 계획 관리하는 국토 분야는 축소되어, 현재는 공공임대주택 정책 정도만을 주관하는 우리의 청(廳) 단위 정도의 기관(주택청)만 남았다고 보면 되겠다. 그리고 연방 단위의 철도, 고속도로, 국도, 대중교통 등을 다루는 교통수단 및 교통인프라 관리체계 중심으로 국토교통 분야를 전면 개편하여 운영하고 있는 상황이다.

우리도 마찬가지다. 이제 새로운 도시를 개발하기보다 기성 도시의 재생을 통한 도시 재활용이 효과적이다. 그리고 도시 내 또는 도시 간 이동성을 확보하는 인프라 구축이 더 시급하게 필요한 정책이 될 것이다.

다시 말해, 새롭게 도시 인프라를 건설하는 국토 전체적 의미의 계획은 대부분 마무리되었으니, 이제는 기존에 만들어진 도시에 새로운 활력을 불어넣고, 도시의 지속가능성을 부여하는 도시재생과 재생된 도시들을 연계하는 교통의 시스템과 체계 구축을 통한, 도시 간 시너지 효과 제고에 주력할 시기인 것이다.
교통체계는 인체의 혈관이나 신경망과 비슷하다고 보면 되겠다. 우리 몸의 장기들을 연결하고 구석구석 퍼져있는 혈관에 피를 잘 흐르게 만드는 것이 건강 유지의 최선인 것처럼, 도시와 도시의 연계성 제고를 통한 더 큰 도시와 시장의 확대를 위해서는 교통체계 관리에 주력하는 것이 효과적인 것이다.

이런 관점에서 보면, 이제는 국토교통부의 주요 업무 방향도 기존의 국토 분야에서 교통 분야로 무게중심의 이동이 필요해 보인다.
특히나 교통 분야에서 이동성 확보의 경우에는, 토지 사용의 효율성을 높이고 행정비용의 절감, 지역경제 활성화, 환경개선 등의 효과로도 이어질 수 있어, 도시재생 시대에 기성 도시들의 활력을 불어넣는 역할을 할 수 있을 것이다.

예를 들어, (A)지역과 (B)지역이 있는데, 두 지역은 인접해 있지만 대중교통 인프라 부족으로 지역 간 왕래하고 이동하는데 불편한 환경이라고 상정해 보자.
(A)와 (B)지역의 주민들은 수영장과 도서관이 각각 필요하다고 가정한다. 이 경우, 두 지역 간의 이동성이 떨어지기 때문에 (A)와 (B) 각각의 지역에 수영장과 도서관을 각각 모두 건설해야 할 것이다.

그런데, 두 지역 간 경전철 등의 철도가 개통된다면(전철의 경우, 역사와 역사간 출발하고 이동해서 정차하는 데까지 대략 2분~2분 30초 정도 소요됨) 지역 간 왕래가 용이해져, (A)와 (B) 각각의 지역에 수영장 하나와 도서관 하나만 있어도 두 지역 주민들의 사용에는 불편함이 없을 것이다. 원래 총 4개의 시설을 건설해야 하는데, 이동성의 확보로 시설을 2개만 건설해도 되기 때문에, 비용 절감의 효과를 기대할 수 있다.

아울러, 이동성과 접근성의 제고를 통해 (A)지역에 위치한 식당에 (B)지역의 소비자가 쉽게 찾아올 수 있어, 시장이 확대되고, 지역 내 활력을 불어넣게 되어 지역 경제가 활성화되게 된다. 공급자와 수요자 모두에게, 시장 규모도 커지고, 선택의 폭도 확대되는 효과를 동반하게 된다.

또, 해당 지역 내 대중교통 인프라의 확대는 대중교통 이용률 증가와 자동차 이용률 저하로 이어져, 교통 부하의 감소(철도를 1만 명이 이용하는 경우 차량운행 1만 대 감소 효과 있음), 대기오염 감소, 에너지 비용 절감 등의 효과를 얻을 수 있다.

#2.

업무방식 개선의 필요성 제고 - 도시계획과 교통계획의 병합 설계

지역 내 인구폭증을 수반하는 대규모 공동주택단지를 재건축하는 경우, 교통영향평가가 필수 절차에 포함되어 있기는 하지만, 현실적으로 도시

계획에 해당되는 지구단위계획과 교통영향평가 자체가 반드시 상호 간 상관성을 갖으며 계획되고 평가되고 있는 것은 아니다.

예를 들어, 목동신시가지아파트 재건축 교통영향평가를 하는데, 목동선과 강북횡단선이 광역교통계획 일환으로 반영이 되었지만, 반대로 목동선과 강북횡단선의 예비타당성조사에서는 목동신시가지아파트 재건축이 서류상 사업 승인을 못 받았다는 이유로 예비타당성 검토에 반영되지 못하는 모순적 상황이 연출되었다. 이는 교통계획과 도시계획이 상호 상관성을 갖고 작용하지 않는다는 방증(傍證)이 되겠다.

철도망과 도로망을 계획하는데, 해당 교통로가 지나가는 기성 도시의 중장기적 추이 변화나 새로운 신도시의 건설계획 등이 전혀 반영 안 되는 것도 현실이다.

철도나 도로의 건설계획이 먼저 결정되면 그에 따라 해당 교통로 주변 도시의 흥망이 결정되기도 하고, 반대로 기존 도시가 확장되고 나서야 교통 인프라가 뒤늦게 디자인되는 경우도 많다.
주변에서 아파트단지가 완공된 이후에 부랴부랴 도로나 지하철역이 만들어지는 것을 자주 경험했을 것이다. 그런 경우, 입주자들은 초기 수년간은 교통 문제로 불편을 감수해야 한다.
교통계획도 철도, 대중교통, 고속도로, 국도 모두 제각각으로 추진되어,

상호 연계성을 통한 효율적 설계가 안되는 측면이 있다.

전남에서 경남지역을 연결하는 교통로 중에는, 고속도로와 국도, 철도가 모두 나란히 중복되어 연결되어 있다. 그런데 철도와 고속도로의 이용률이 30%를 채 넘지 못하고 있는 형편이다.

이 경우는, 철도망이나 도로망 구축을 위해서는 수요예측을 기반으로 한 예비타당성 검토도 되었겠지만, 정성적 평가보다는 교통 소외지역에 교통복지 지원 측면의 정량적 평가 반영의 결과일 가능성이 높다. 쉽게 말해, 정치적 타협의 산물일 가능성을 배제할 수 없다는 의미이다.

도시계획의 상황도 크게 다르지 않다. 도시의 컨셉과 기능, 도시 축의 설계와 콘텐츠의 배치, 도시 내 및 도시 간 이동성 확보, 내부 지속가능성과 외부와의 연계성 등 도시를 구성하는 다양한 요소들이 충분하게 검토가 되면서 도시계획과 교통계획이 설계되고 있는지에 대한 의문이 든다.

특히 도시 기능이 높아지고 그에 따라 인구가 증가하는 등 도시를 확장해야 할 필요성이 높은 시기에 이러한 부분들이 고려되지 않은 상태에서 단순히 공간을 확보하고 면적을 넓히는 측면에서만 도시가 설계되고 있다.

경기도 안산시는 호주의 수도 캔버라를 모델로 1980년대 초에 설계된 국내 최초의 계획도시이다.

필자는 안산시가 왜? 호주 수도 캔버라를 모델로 설계되었는지 궁금했지만, 안산시 공무원이나 그 누구에게도 정확한 설명을 듣지 못했던 경험이 있다.

호주 캔버라시(市)는 도심 내 다이아몬드 6각형의 두 축이 위치하고, 그 다이아몬드 두 축을 중심으로 상업지구, 오피스지구, 주거지구가 6각형의 방사형으로 위치하여 어디든지 쉽게 도달할 수 있는 도시 구조로 설계되었다.
다시 말해, 다이아몬드 형태의 6각형 구조의 도시 중심축을 중심으로, 거미집처럼 6각형 방사형 구조의 입주할 시설들의 공간과 도로를 융복합하여 설계하는 것이다. 두 개의 다이아몬드 축, 그 자체로 교통계획과 도시계획을 통합하여 디자인한 사례이다.
캔버라시는 신속하고 자유롭게 이동할 수 있는 도로망 구축과 두 개의 다이아몬드 형태의 도시 중심축을 기점으로 상업, 주거, 오피스 등 다양한 도시계획이 공간적으로 잘 조합되고 배치된 교통계획과 도시계획의 융복합 설계구조인 것이다.

그런데, 안산시 지도를 면밀히 살펴보다가, 4호선 지하철로를 기점으로 우측 구도심 내 선부 광장과 월피 공원을 중심으로 두 개의 다이아몬드 축이 캔버라시(市)와 유사하게 설계되어 있는 점을 발견할 수 있었다. 그러나 아쉽게도 두 개의 다이아몬드 축의 외형적 형태를 빼고는 캔버라시와의 유사점을 찾지는 못했다.

만일 내가 생각하는 이 부분이 캔버라시를 모델로 한 도시계획이라면 안산시 도시설계에는 상당한 문제가 있어 보인다.

선부 광장을 중심으로 한 다이아몬드 축의 주변은 그래도 극히 일부분이지만 방사형 형태로 도시를 설계하려 애쓴 흔적이 엿보인다. 그런데 월피 공원쪽 다이아몬드 축 주변은 방사형이 아닌 바둑판 모양의 도시설계 구조이다. 구심점이 다이아몬드 형태인 이유는 다이아몬드 구심점을 기점으로 6각형 방사형 구조로 도로와 공간을 설계한다는 목적이다. 그런데 6각형 구심점에 주변의 바둑판 구조의 설계 조합은 호주 캔버라시 두 개의 다이아몬드 축에 대한 이해 부족 외에 다른 설명을 할 수가 없다.

아마도 당시 안산시를 설계한 전문가는 제대로 했을 텐데, 도시를 만드는 과정에서 설계한 대로 안 되었을 가능성이 높다.

설계한 전문가의 업무가 도시를 완성하는 단계까지 진행되지 못한다는 우리나라의 현실을 나로서는 너무나 잘 알고 있기 때문이다. 전문가 손을 떠난 이후 행정적 단계에서 이루어지는 과도한 영향력 탓이다.

도시설계는 통상 학계 전문가가 했을 텐데, 초기 설계만 참여하고 실질적인 도시를 만드는 과정에서는 빠졌을 것이다. 그리고 도시의 실시설계와 시공단계에서 전문가의 초기 설계의 선을 넘는 변형이 있었을 것이다.

행정력은 아무것도 없는 빈 공간에 도시를 설계할 능력은 안되기 때문에 전문가에게 의뢰는 하지만, 일단의 그림이 나오면 기본적인 책임에서는 벗어나는 관계로 비전문가들의 다양한 변형이 개입된다. 비용 문제도 있을 것이고, 해당 지자체와 주민의 요구도 있었을 것이다. 대부분은 도시 완성을 위한 불가피한 이유들일 것이다.
그럼에도 불구하고 결국은, 이 부분에서도 전문가보다 비전문가의 영향력이 높은 우리 행정의 고질적인 문제가 또 원인이 되는 것이다.

사실 이런 경우에는 전문가에게 설계부터 도시가 최종적으로 완성되는 단계까지 모든 것을 맡겨야 최초 도시설계의 본래 취지를 살릴 수가 있다.

결론적으로 국토교통부의 경우, 전체 국토에 대한 국가의 전반적 계획이 마무리되고, 인구감소를 시작으로 가성비 높은 도시재생과 교통을 통한 도시 활력 제고, 도시 지속가능성 제고 등을 위해서는 기존의 국토 중심에서 이제는 교통 중심 체계로의 부처 기능 재구성이 필요한 시점이다.

그리고, 도시계획과 교통계획을 통합적으로 계획하고 관리하지 못하는 데에서 발생하는 각종 도시문제와 비용 등, 저효율성 문제에 대한 개선과 함께 도시와 교통, 각각의 분야에서도 지금보다 더 체계적이고 효율적 관리도 재검토 되어야 할 것이다.

비단 국토교통부뿐 아니라, 여러 부처의 기능과 관련해서도 시대가 변하고 상황이 달라진 국면에서, 부처의 역할과 기능을 다시 조정하고 설계할 필요가 있겠다.

(3) 부처 간 업무영역의 중복 및 충돌 사례

부처 간 업무영역의 중복이나 그로 인한 갈등과 관련하여 정리가 필요하다. 부처 공무원들의 일하는 방식은 본인이 속한 단위가 중심이 된다. 본인이 속한 단위별로 업무의 역할이 주어지고, 그 역할의 결과로 평가를 받기 때문이다.
그러다 보니 종종 정책이나 사업과 관련하여 최종 소비자의 이해보다는 공무원 자신이 속한 단위의 조직이해 중심으로 업무가 추진되는 경우가 있다. 그러면 조직 간 업무중복과 충돌은 그야말로 사생결단(死生決斷)의 각오를 다지게 된다. 중복이나 갈등 관계에 있는 업무를 양보하거나 경쟁에서 뒤처지게 되면, 본인이 속한 조직 단위의 존폐 문제나 개인의 거취 문제와도 직결되기 때문이다.
이 문제가 해결되지 않거나 표류하게 되는 경우, 결국 그로 인한 피해와 손해는 국민 몫으로 돌아간다.
업무영역의 명확한 교통정리와 함께, 평가방법에 대해서도 개선책이 있어야 할 것이다.

#1.
최근들어 미국의 IRA, 유럽의 RE100 등 국제사회는 환경적 가치를 무역장벽화 하는 방식의 경제안보가 대두되고 있다. 경제의 안보화는 자원공급망 장악을 통해 시장을 통제하고, 국제사회가 합의한 탄소 중립을 기준으로 관세 적용을 통한 수출입 패널티(Penalty)를 의미한다.

미국 IRA 대응을 위해, 한국 정부는 주미 한국대사관에 경제 파트를 신설하고 외교부가 해외에서 경제업무를 공식적으로 수행하는 것을 결정했다. 미국 정부가 국가 간 무역업을 대외관계의 주요한 의사결정 수단으로 인식하면서, 산업에 정치 변수가 개입된 것이다.
그동안 산업부가 주관하고 외교부는 플랫폼 역할만 해오던 해외 통상업무를 이제는 외교부가 직접 주관하면서, 두 부처 간 업무의 중복과 충돌이 예상된다.

미국 IRA 대응을 위해 우리 외교부는 미국 의회와 정부를 상대하는 미국 로비업체와 계약을 하고 대응을 해왔었다. 외교부 국정감사 과정에서 보면 실제 외교부가 계약한 미국 내 로비업체보다 산업부 산하기관인 코트라(KOTRA)의 정보와 대응이 더 긴밀해 보였던 것도 사실이다.
코트라는 주미 한국대사관과 소통하기는 하지만 산업부 산하기관이고, 외교부는 돈 주고 계약한 미국 로비업체에 더 의존했을 것이다.

결과는 미국 의회가 충분한 시그널을 줬음에도 불구하고, 우리 정부의 대응은 미약하고 부실했다. 정부가 미온적으로 대응하는 동안 국내 기업의 불안과 손해는 가중되었다. 국가가 국민을 지켜주지 못한 것이다.
결국 한국 정부는 2024년부터 주미 한국대사관 내 경제산업 분야 업무를 추가하기로 결정한 것이다.

외교부가 해외통상 업무를 모두 담당한다 하더라도, 결국 국내에서는 산업부가 기업활동을 주관한다. 기업의 해외업무만 따로 뚝 떼어서 외교부가 주관할 수만은 없을 것이다. 업무라는 것이 국내와 국외 업무의 연장선상에서 이루어진다. 그러면 국내에서도 외교부가 수출입 기업들과 관계를 맺으며 대화를 해야만 한다.

기업 입장에서는 행정부 내 외교부와 산업부 두 부처 모두를 상대해야 할 처지에 놓이게 되었다. 아울러, 입법부 국회에서도 기업들은 외교통일위원회와 산업통상자원중소벤처기업위원회, 두 위원회 모두를 상대해야 할 것이다.

공급자 역할을 하는 정부의 시스템이 수요자인 민간에서 대응하기 수월하도록 일원화되고 효율적으로 운용되어야 한다. 철저하게 수요자의 이익과 입장에서 정부의 지원은 추진되어야 할 것이다.

#2.
국토교통부는 도시와 관련하여 두 가지 프로젝트가 진행 중이다. 미래기술을 중심으로 스마트시티(Smart City) 정책과, 기존 도시를 재활용하는 도시재생 정책이다.

그런데, 두 정책을 주관하는 국토부에는 주관 부서가 이원화 되어 각각 다르다.

기존의 도시를 재생한다는 것은 도시의 역할과 기능에 변화를 주거나, 도시의 구조와 외관에 변화를 주는 등의 다양한 형태가 있을 것이다. 무엇보다 형태와 기능이 변화하는 가운데, 도시의 지속가능성을 위해서는 도시 내 살고 있는 사람들의 의사 결정력을 높여주는 주민자치 거버넌스의 구축이 관건일 것이고, 아울러 진보한 기술의 적용을 통해 더 편리하고 효율적인 삶을 영위하기 위한 시스템의 구축이 뒤따를 것이다.

기존의 우리 도시의 형태는 크게 대규모 공동주택단지로 구성된 아파트단지와 일반적인 소규모 주택단지 형태로 크게 나뉜다.
대규모 공동주택단지는 아파트 재건축을 소규모 주택단지는 재개발 사업이 추진된다.

도시에 새로운 기능과 역할을 부여하며 활력을 주는 도시재생이나 기존 도시의 기능을 기술적으로 업그레이드하는 스마트시티는 도시를 재설계하고 개선하는 방향 측면에서는 동일 선상의 업무가 된다.
당연히 국토부 내 주관하는 부서도 한 곳이어야 정책의 효율성과 일관성을 유지할 수 있을 것이다. 그런데 국토부가 출발부터 주관 부서를 이원화하면서, 향후 업무가 중복되거나 충돌될 가능성을 남겨두게 되었다.

아울러, 스마트시티 요소 기술의 컨트롤 타워(Control Tower) 역할을 기술 진흥 측면에서 과학기술부가 주관할 것인지, 산업적 측면에서 산업부가 주관할 것인지에 대한 정리도 필요해 보인다.
현재 우리의 경우 스마트시티(Smart City)에서 시티(City)가 주는 도시 건설적 의미를 근거로 국토교통부가 총괄하고 있다.
그런데, 국토부에만 전적으로 맡기는 것은 아니고, 스마트 요소 기술 중에서도 스마트 팜(Smart Farm)은 농림축산식품부가, 스마트 팩토리(Smart Factory)는 산업부가 주관하는 방식으로 분야별 주관부처를 달리하고 있다.
물론 콘텐츠별 기술적 진화에 따른 고도화 측면보다는 콘텐츠 자체를 중심으로 주관부처의 역할을 주는 것도 어찌 보면 당연하다고 하겠다. 농가의 생산 방식이나 생산성을 높이는 기술적 측면에서 변화가 있을 뿐, 농업정책 그 자체는 농림축산식품부의 몫이기 때문이다.

그런데, 업무를 이렇게 분장하면, 기술 수준이 더 고도화되고 도시가 더 포괄적으로 성장할수록 서로 간 영역이 중복되거나 충돌을 피할 수가 없기 때문에 효율성은 저하될 우려도 있다. 부처 간 조직 생존을 위한 관성과 구심력도 높아서 부처 간 협업을 견인하기도 쉽지는 않기 때문이다.

미래기술을 위한 큰 줄기 차원에서는 한 곳에서 주관하여 총괄하되, 다양성 측면에서 좀 더 깊이 있는 정책은 부처별로 업무를 분장하는 것도 방법이다.
그래서 우리의 경우, 스마트시티 정책과 관련하여 도시를 계획하는 전반적인 총괄은 국토교통부가 하고 도시 내 구성되는 콘텐츠별 정책과 기획은 각각의 해당 부처가 주관하는 형태인 것이다.

이런 경우, 국토교통부가 생태계 전반을 구축하고 관리하는 형태가 되어야 할 것이다. 도시를 기반으로 스마트시티에 대한 중장기적 계획을 세우고, 시범적으로 기술을 적용하고 운영할 공간을 「스마트도시 조성 및 산업진흥 등에 관한 법률」개정안(황희의원 대표발의 및 국회 본회의 통과)에 근거하여 지정해야 한다.
그리고 부처별, 또는 기관별로 담당하는 기술을 도시 어느 곳에 어떤 형태로 시범 적용하여 구성할 것인지에 대한 계획을 국토부가 총괄하여 관리하면 될 것이다.

그런데 완전히 개별적으로 각각의 부처가 알아서 A부터 Z까지 부처 주관 요소 기술을 관리하라고 하면, 종국에 가서는 분명히 업무가 중복되고 충돌될 가능성이 높아진다.

#3.
또 다른 부처 간 업무 충돌 사례를 보면, 방송언론 및 미디어 분야에서 3개 부처(문화체육관광부, 방송통신위원회, 과학기술정보통신부)간 업무의 영역 중복 및 충돌하는 사례가 있다.

방송영상콘텐츠 및 광고 분야는 문체부가 총괄한다. 과학기술부는 기술·통신 분야와 함께 IPTV·PP 등 유료방송 및 부가통신사업자(OTT 등)를 관할하고, 방송통신광고 등 플랫폼별 콘텐츠 일부를 지원한다. 방송통신위원회는 지상파·종편·보도PP 등 공영방송 인허가 중심의 규제진흥정책, 방송 광고 등 플랫폼별 콘텐츠 일부를 지원하고 있다.

세부 소관별로 3개 부처 업역을 구분하면, 제작사 중심의 방송영상 및 광고진흥은 문화체육관광부가, 종합유선(SO), 홈쇼핑, 위성, IPTV, PP 등 유료방송 영역은 과학기술정보통신부가, 지상파와 종편 등 공영방송 영역은 방송통신위원회가 각각 주관하고 있다.

동일한 통신과 동일한 디바이스를 사용하지만, 매체와 플랫폼별 업무영역이 구분되고 분리되어 운영되는 것이다. 정책 공급자 쪽의 이기(利己)와 잘못이 정책 소비자의 혼란과 손해로 전가되고 있는 것이다.

이렇게 하나의 단일한 정책사업이 3개 영역으로 불필요하게 분리되어 관리되면, 정책 소비자인 일반 국민들은 방송 제작을 위해서 3개 부처를 모두 찾아다니고 대응해야 하는 고충과 어려움이 발생하게 된다.

공공업무가 서비스 받는 권리자인 국민을 위해 효율적으로 운영되어야 하는데, 서비스 제공 의무자인 공공영역의 조직 논리와 이기주의의 경쟁적 도구가 되어서는 안 될 문제이다. 시급한 개선이 필요하다.

#4.

동일한 현안과 정책에 대해 어떤 부처는 진흥(振興)을 하고, 어떤 부처는 규제(規制)를 한다. 진흥과 규제의 정면충돌은 부처 간 갈등 조정과 긴밀한 협업을 통해 극복되어야 할 문제이다.

정책 소비자 간 갈등의 조정과 협력은 어떻게든지 결론에 이를 수 있지만, 정책 공급자 간 갈등 문제는 업역(業域)의 문제가 된다. 업무영역은 해당 부처 또는 부서의 존재 이유가 되고, 조직 존폐(存廢)의 위기로 확대될 가능성마저 있어, 쉽사리 결론 내기가 녹록지 않다.

그런데, 정책 공급자 간 힘겨루기가 장기화되면, 손해 보는 쪽은 결국 정책 소비자가 된다.

코로나-19 비대면 시기에 대부분의 산업과 자영업은 큰 손실을 보았다. 그러나 코로나 시기에 한국의 게임 산업은 지속적인 성장을 했다. 비대면 시간이 많아지면서 집에서 혼자 할 수 있는 게임 산업이 오히려 성장의 기회를 맞이한 것이다. 한국의 게임 산업은 세계에서도 미국 다음으로 높은 성장세를 보이고 있다.

게임 분야는 산업적 효과가 높은 반면, 주 소비자층인 성장기 청소년들에게는 게임중독 등 학업을 방해하는 원망의 대상이 되기도 한다.

게임의 규제를 주관하는 여성가족부는 게임중독을 질병으로 선언했고, 게임 산업계는 강하게 반발하는 상황이다. 자녀를 걱정하는 부모와 게임을 하고 싶은 아이들을 대신하여 게임을 규제하는 여성가족부와 게임 산업을 진흥하는 게임업계 및 문화체육관광부 간의 대리전 양상을 보이며 그 간극을 좁히지 못하고 있다.

환경을 보호하고 문화재를 보존해야 하는 환경부와 문화체육관광부는 개발을 주관하는 국토교통부와는 갈등적 관계이다. 현재 상태를 보존하고 보호해야 하는 환경부와 문체부 그리고 개발을 통해 지역발전과 변화를 도모하는 국토부 간의 마찰이다. 수역(水域)과 그 주변의 개발을 주관하는 한국수자원공사가 수년 전 국토부에서 환경부로 이전되었다. 정부의 물에 대한 관리 포인트가 용수(用水)관리 중심에서 수질(水質)관리 중심으로 변경된 것이다.
양측 간 대립의 경계에 있던 한국수자원공사 이전은 환경오염과 기후변화로 인한 탄소 중립 추진이라는 국제사회 흐름도 영향이 있었을 것이다. 미래기술 발전으로 인한 물관리 방안들의 출현은 양 진영 간 문제해결 솔루션으로 기대되고 있다.

코로나-19 기간 중, 국내 의료진은 코로나 환자의 상태를 예측하는 알고리즘을 개발하여 화제가 되었으나, 개인정보 보호법으로 인해 불발된 경험이 있다.

코로나 환자가 발생하면, 경증으로 끝날지, 위중증이나 사망하게 될지 등, 환자의 질병 상태를 예측하기 위해서는 다수 환자의 개별 의료 데이터가 필요한데, 「개인정보 보호법」으로 병원들이 데이터 제공 협조를 안 해주었기 때문이다.

전염 속도가 빠르고 사망률이 높은 전염병이 전 세계를 강타했다. 모든 나라가 공포에 휩싸였고 일상의 기능은 정지되었다. 절박한 인류의 생존 문제를 앞두고 개인의 정보 보호에 대한 논란에 휩싸이게 된 것이다. 진단과 치료를 통해 살 수도 있었을 수많은 생명이 안타까운 결과를 맞이했을지도 모르는 일이다.

미국의 경우, 미래기술이 발전하는 시대에 맞추어, 개인정보 보호를 위한 블록체인이나 비식별화 처리 등의 기술적 개발 노력은 물론이고, '데이터 민주주의(Data Democracy)'같은 개념의 창출을 통해 미래에는 개인의 정보를 공유하는 것이 민주주의 공동체에 기여하는 것이라는 논리 개발도 병행하고 있다.

이처럼, 개인정보 보호와 개인정보 사용의 논리가 정면으로 충돌하는 상황에서 미국의 데이터 민주주의와 같은 우리 사회의 준비와 노력, 그리고 설득이 필요한 것이다.

3. 정부 재정운용 체계와 기준의 문제점

국정운영에 있어 가장 핵심적이고 본질적인 부분이 국민 세금을 어떤 기준으로 어떻게 징수하고, 어떤 방향으로 예산을 편성하여 집행하는가? 일 것이다.

대한민국 한 해 예산의 규모는 추경까지 포함하면 대략 700조원에 가깝다. 정부 5년간 3,500조원 이라고 할 때, 오만원권 지폐로 지구 전체를 뒤덮을 수 있는 수준이다. 이 엄청난 규모의 공금(公金)을 사용한다는 것은 매우 중대한 일이다. 국가 예산은 국민의 삶은 물론이고 국가 발전의 원동력이기 때문이다.
이런 국민의 혈세를 사용하는 데는 매우 효과적으로 국민이 체감할 수 있는 예산 운용 정책이 필요하다. 똑같은 금액의 돈을 쓰더라도 그 이상의 부가가치나 만족을 창출할 수 있는 방안을 면밀하게 찾아가야 할 것이다.

예산편성과 집행에 대한 정부의 철학과 원칙, 그리고 제도적 장치 마련이 중요하다. 아울러, 주권자들의 의견을 다양하게 수렴하고 반영할 수 있어야 하며, 주권자에게는 충분한 설명과 공정한 집행이 뒤따라야 할 것이다.

주권자인 국민의 요구는 정책으로 디자인되고 정책이 집행되는 과정에서 법적 근거에 의한 예산편성과 집행이 이루어지므로 국민 의사를 반영하는 과정과 함께, 정부 정책에 대한 설계 및 평가 기준 등은 예산 운용체계와 밀접한 상관관계가 있을 것이다.

예산의 운용은 공익(公益)이 기준이 된다. 공공영역에서의 이익개념에 대해 알아볼 필요가 있다. 공공의 영역에서 이익을 어떻게 바라볼 것인가?

예를 들어, 5명이 100원씩 회비를 내고 달리기를 한다고 하자. 달리기 참가자 5인으로부터 거둔 회비 총 500원 전액을 상금으로 지출하기로 하고, 1등 300원, 2등 200원의 상금을 책정하기로 했을 때, 회계적 이익개념에서 보면, 1, 2등만 이익이고 나머지는 모두 손해를 보게 된다.
그러나 경제적 이익 관점에서 볼 때는, 모두가 이익을 볼 수도, 또는 손해를 볼 수도 있다. 비록 내가 3~5등을 하여 상금은 받지 못했지만, 회비 100원을 내고, 달리기 한 결과가 100원 이상의 가치에 해당하는 만족감을 얻었다면 그것도 이익이 될 수 있기 때문이다.

공공의 이익과 공동체 발전에 기여하는 정성적인 가치를 우리는 사회적 가치라고 한다.

기존의 화석에너지를 재생에너지로 전환하고, 의료데이터를 공적으로 활용할 수 있도록 사회에 기증하고, 헌혈이나 각종 자원봉사 및 사회 기여 활동 등을 사회적 가치로 표준화하고 환산해 볼 수 있다. 나의 기여가 곧 우리 사회 전체 편익에 기여하게 되는 부분들을 화폐적 가치로 전환하는 것이다. 쉽게 말해, 정성적 가치를 정량적 가치로 환산하여 이해를 높이고, 쉬운 계산법으로 편리하고 신속하게 정책을 추진하고 예산을 사용하겠다는 의도가 배경이 되겠다.

최근 들어 사회적 가치나 경제적 가치 등 정성적 평가를 표준화하고 계량화하여 정량적 기준처럼 환산하는 개념으로 재구성하는 시도들이 꾸준히 제기되는 추세이다.
이런 시도들은 향후 민간영역과 공공영역의 다양한 협업을 추진하는데 표준과 기준이 될 수도 있고, 공익(公益)과 사익(私益) 간 가치의 환산과 표준화를 통한 다양한 형태의 거래와 이익을 현실화시킬 수가 있다.

그러면 정부 재정 운영에 대한 철학과 정신, 원칙 등과 관련하여 우리 시스템이 개선되어야 할 의견을 제시해 보겠다.

정부 재정의 운용은 기업회계를 넘어선 개념이어야 한다. 기업은 투자대비 이익 구조이다. In-put 보다 큰 Out-put 산출을 통해 손익을 판정한다. 그러나 정부는 필요한 예산 즉 투입분(In-put)을 예측하여 편성하고, 체감율 높은 집행을 통해 정해진 정책에 투입된 예산의 효과를 결론(Out-put)으로 기대한다.

경영, 회계학적 이익 개념 보다는 오히려 경제, 사회적 가치의 이익 관점에서 국가재정의 질(質)과 효과를 평가하는 것이다.
투자 대비 회계적 이익보다는 투입 대비 만족도를 평가하는 측면이 크다는 의미이기도 하다(그런데, 정책 수요자에게는 정성적 기준의 만족도 평가를 하면서, 정책 공급자에게는 정량적 기준으로 평가하는 측면이 있다).

공익(Public Interest, 公益)은 투입한 재원을 모두 소진하여 사회구성원 전체의 만족도를 동시에 극대화 시키는데 그 목적이 있는 것이다.
공익은 사익(私益)에 반대되는 개념으로, 사회구성원 전체에 영향을 미치는 이익을 의미하므로, 공익에 대한 철학적 기초는 공리주의에 있다고 볼 수 있다. 공리주의(公理主義)의 근본원리에 따르면, 어떤 행위는 행복을 증진 시키는 경향을 가질 때 옳고, 반대의 경우는 그른 행위가 된다.
여기서 말하는 행복이란 행위자의 행복이 아니라 행위의 영향을 받는 모든 사람의 행복을 말한다.

다시 말해 공익은 정책과 예산의 공급자인 정부의 행복이 아니라, 수요자인 국민의 행복을 궁극적 목표로 지향하고 있는 것이다.

「공리주의는 각자가 자기 이해(利害)를 추구해야 한다는 견해인 이기주의에 반대하며, 어떤 행위를 그 결과와 무관하게 옳거나 그르다고 여기는 윤리 이론과도 대립한다. 즉 사익과는 다른 공동의 실체적, 규범적, 도덕적 개념으로 이해한다는 것이다. 이와 달리 사익은 서로 대립, 타협의 과정을 거쳐서 만들어진다는 주장도 있다. 국민의 정치 참여와 행동에서는 공익을 먼저 고려하면서 사익을 추구할 필요가 있다(출처- 다음백과)」

국가 총수입을 국가가 발전하고 다수 국민이 만족하는 수준에 최적화시켜 모두 지출하는 것이, 공공영역에서의 가장 큰 이익으로 남게 된다. 공공행정에서의 자산의 축적과 이익은 사회적 가치의 영역에 쌓여가는 것을 의미한다. 총예산에서 현금은 수입과 지출을 맞추는 것이 수지 균형이지만, 예산 운용을 통해 다수의 사람이 이익을 보게 되고, 무형의 사회적 가치와 자산이 장기적으로 공동체 안에 쌓여간다면 그것이 곧 우리 사회 전체의 이익이 되는 것이다.
공적 분야에서의 이익인 공익은 우리 사회 모두가 공유하고 나누는 개념도 있지만, 공동체 전체에 축적되어 다음 단계에로의 사회 발전의 기반이 되는 정성적 의미의 자산적 개념도 있는 것이다.

행복과 만족이라는 개념은 정성적 의미가 더 강할 것이다. 관념적 개념일 수도 있다고 생각할 것이다. 우리는 물리적 자산을 축적하고 쌓아가는 데에는 익숙하지만, 비물리적 영역에서의 사회적 가치를 표준화하고 축적하는 데에는 익숙하지 못한 측면이 있다.

공공에서의 예산을 운용하는 방식은 공동의 만족도가 최적화되는 수준이어야 할 것이고, 사회적 가치의 축적을 통해 공동체의 부가가치를 높이는 방향이 되어야 할 것이다.
결코 회계적 의미의 이익이 만족과 행복의 수준을 모두 충족시켜 줄 수는 없다. 그런데도 해마다 엄청난 예산을 쏟아붓는 우리의 재정운용 체계는 회계적 가치의 측정 수준에만 항상 머물고 있다.

공무원이라는 자리가, 공적 업무를 수행하는데 문제가 생기거나 혹여 사심이 개입되어 특권이나 특혜가 있지는 않았는지, 공정에 위배 되어 불공정한 반칙이 있지는 않았는지 사법적, 사회적 잣대를 들이대는 경우가 비일비재(非一非再)하다.
당연히 공직에 몸담은 사람들은 이를 회피하기 위해, 정량적 기준과 법적 근거에 의존할 수밖에 없는 구조일 것이다. 눈에 보여 입증(立證)이 용이해야 하고, 법적 근거를 갖추어 위법(違法) 시비에서 벗어날 수 있어야 한다.
당연히 눈에 안 보이는 효과나 성과보다는 눈에 보이는 정량적 기준에 충실해야 하고, 법조문에 일일이 근거하다 보니 설사 그 일의 과정과 결과가 다소 비효율적이고 불합리하다 하여도 그 기준에 매달릴 수밖에 없는 구조가 될 것이다. 법을 적극적으로 해석하여 적용하거나, 정성적 지표를 통한 공무원의 적극 행정이 자리 잡기 어려운 이유이기도 하다.

공무원들이 이런 불필요한 눈치를 보지 않고, 적극 행정을 펼칠 수 있도록 그 근거를 만들어 주는 과정들이 필요하다.

정책목표를 세우고, 정책을 수행하는 과정과 그 결과들에 대한 평가지표들이 선제적으로 개선될 때만이, 지표를 근거로 우리 예산의 편성과 집행에도 반영할 수 있고, 중장기적 효과를 기대하는 정책에도 적용하여 추진할 수 있을 것이다.

계량화되지 않은 사회적, 경제적 가치들에 대해서, 예산을 담당하는 공무원들이 근거와 확신을 가지고 예산을 편성하여 집행할 수 있도록, 정성적이고 사회적 가치가 공무원들에게 근거가 될 수 있는 다양한 연구와 지표의 개발이 필요하다. 정부의 정책평가에 대한 지표가 경험적이고 구체적일수록 정책 수요자인 국민들의 만족도는 높아질 것이다.

지난 코로나 기간 중, 설문 조사를 해보면 코로나가 끝나고 가장 하고 싶은 것 1순위가 해외여행, 2순위가 공연 관람, 3순위가 스포츠 활동이었다. 우리가 그동안 여가 활동으로 치부하고 우리 일상의 후순위로만 여겨왔던 관광, 문화예술, 스포츠가 우리 일상에 가장 중요한 가치로 인식되었던 기간이었다. 중요한 가치라는 의미는 행복감을 느끼고 만족도가 높다는 것으로, 우리 사회의 회복력과 공감력, 그리고 창의력으로 이어질 것이다.

문화 콘텐츠가 국가 이미지와 우리 경제에 미치는 영향이 상당하다는 것은 다수의 연구 결과를 통해 이미 오래전부터 알려져 왔다. 실제 문화체육관광부가 중소벤처기업부, 보건복지부, 농림축산식품부, 해양수산부 등이 주관하는 기업들과 함께 개최한 박람회를 보면, 문화 콘텐츠와 기업 매출 간 유의미한 상관성과 상당한 시너지 효과가 있었음을 알 수 있다.

그러면 문화 콘텐츠가 우리 국민들의 정신건강과 행복 지수에 영향을 미치고, 우리 산업에 미치는 영향 등을 고려하여 다양한 정부 재정의 투입이 조치 되어야 하는데, 그렇지는 못하고 있는 형편이다. 그런 사실은 알지만, 공무원들이 재정을 투입하기엔 여전히 그 근거가 미약하기 때문이다. 그래서 정부의 관련분야 R&D를 통해 공무원들이 안심하고 적극적인 행정을 펼칠 수 있는 근거들을 만들어가야 한다.

회계정책의 운용에도 정부의 개선 의지가 필요하다. 현재 중앙정부와 지방정부 간 집행하는 예산 집행 권한의 비율을 보면 7.2 : 2.8 정도라고 한다. 사실상 중앙정부가 예산 대부분의 집행권을 가지고 있다. 큰 틀에서 볼 때 중앙정부는 시설 지원 등 하드웨어에 예산을 투입하고, 지방정부는 중앙정부가 지어준 시설에 대한 소프트웨어 예산 또는 운영비 등을 감당하는 구조이다.

서울시 지하철의 경우, 건설은 중앙정부가 해주고, 그 운영에 대한 비용은 지방정부인 서울시가 지출한다. 수십 년 전 지하철을 건설하는 것이 우선적으로 시급한 과제였다면 지금에 와서는 지하철 건설 비용보다는 고령화 시대에 늘어난 무임승차 비용이나 유지보수 비용이 훨씬 많이 필요한 상황이다.

중앙정부는 3천억 원 규모의 예술의전당 건설은 해주지만, 예술의전당 운영하는 비용은 지방자치단체의 몫이다. 예술의전당에서 예술가와 시민들이 창·제작하고 향유 할 수 있는 질 높은 공연 콘텐츠의 제작 및 유통 예산은 중앙정부로부터 지원받지 못하는 것이다.

중앙정부가 공연 제작지원 비용은 지방정부에 균형특별회계로 이양했기 때문인데, 지방정부가 그 예산을 예산의 목적대로 사용하지 않는 측면도 있다.

그러다 보니, 예술의전당이 대관 중심으로 운영될 수 밖에 없고, 자금 사정이 취약한 공연 기획사나 예술가들에게는 예술의전당이라는 공간은 그림의 떡인 셈이다.

예술의전당이 돈은 없지만 실력 있는 예술가들에게 끊임없이 기회를 제공하는 공간으로 제 역할을 해야 한다. 실력 있는 예술가면 누구나 연습과 공연, 전시가 가능하고, 시민 관객에게는 그런 예술인들의 작품을 언제든 향유 할 수 있는 공간으로 1년 365일이 채워져야 할 것이다.

고가(高價)의 문화공간을 만드는 이유는 예술가들이 그 공간에서 다양한 창·제작과 연습에 몰두할 수 있고, 시민은 더 좋은 시설에서 질 높은 공연 콘텐츠를 향유 할 수 있을 것이라는 정책적 목표가 있다. 그런데 결과적으로 이러한 정책적 취지와 목표가 실종되는 것이다.

기초 지자체에도 다양한 형태의 문화공간이 있다. 예술의전당, 문화회관, 문화예술회관 등등 다양한 형태로 존재한다. 그렇지만 그러한 공간이 공연을 할 수 있는 공간으로 전문성을 갖추어 설계되어 있는지, 그런 공간이 문화예술인들이 활동하고 필요한 공간으로 설계되어 사용되고 있는지는 의문이다.

지자체별 문화공간을 만드는 이유 역시 마찬가지로, 해당 기초 지역 내 예술인들이 충분히 활용할 수 있고, 그들의 문화콘텐츠를 지역민들이 향유하는 목적일 것이다.

그런데 객석은 크고 무대는 좁게 설계되어 공연 자체가 불가능한 구조이고(통상 다양한 공연을 위해서는 객석과 무대의 비율이 최소한 6:4의 규모는 되어야 함) 음향과 조명시설도 열악하다. 음향과 조명을 다루는 전문가도 없는 경우가 대부분이고, 문화예술인들을 위한 연습 공간이나 입주 공간은 더더욱 찾기 힘들다.

문화예술인을 위한 공연장의 구조와 시설이 사실상 행사장에 가까워, 지자체에 소속된 관변단체들의 행사장으로 사용되는 것이 대부분이다.

문화예술의 창작과 제작 그리고 유통이 불가능한 구조인 관계로 당연히 시민들이 향유해야 할, 질 높은 공연예술은 기대하기조차 어렵다.

정부의 재정지출 원칙은 지금의 시설물 중심의 하드웨어 지원에서, 콘텐츠 활성화를 위한 예산이 동반된 상태에서 예산지출이 추진되어야 할 것이다. 체육관, 문화회관 등등 시설 유치도 중요하지만, 더 중요한 것은 그 시설 내부에서 이루어지는 시민의 콘텐츠 향유를 위한 예산확보가 더 필수적임이 더 중요한 정책의 목표라는 것을 인식해야 한다.

정부의 재정지출 방식의 변화와 개선을 촉구한다. 시설과 시설 설립 취지에 맞는 내용이 충실하게 구현될 수 있도록 정책적 목표와 예산운용 방식의 설계가 이루어져야 한다.
지하철과 공연장의 건설 예산만 중요한 것이 아니라 지하철이나 공연장이 제대로 운영되는 방향으로 예산 집행이 이루어질 수 있도록 우리 예산의 회계 주머니 자체가 달라져야 할 것이다.

중앙정부에서 지방정부로 더 많은 재정 권한이 이양되고, 시설 중심의 하드웨어에서 운영 중심의 소프트웨어로 정부 예산의 비중이 더 높아져야 한다. 아울러, 경제부처와 비경제부처로 정부의 기획재정 권한을 이원화한다면, 현재 기획재정부 단독으로 운용되는 것보다는 개별 부처들의 자율성과 역할이 상대적으로 높아지는 방안이 될 것이다.

지방 재정권의 강화, 운영 중심의 예산체계 강화, 경제/비경제 부처별 기획재정 기능의 이원화 등 정부의 재정 운용체계의 변화는, 국민들로 하여금 정부가 지출하는 예산 수혜의 체감도를 더욱 높여줄 것이다.

정부 예산 운용의 두 번째 개선점으로 정책과 예산 수요자인 국민과의 소통력 제고를 제안하고 싶다.

해마다 국민의 혈세, 700조 원 규모의 예산편성이 공무원들 책상 위에서만 이루어지고 있다.
물론 해마다 사용되는 예산이니, 상당 부분의 수요조사는 이미 이루어졌다고는 하나, 급변하는 환경에서 해마다 달라지는 국민들의 요구를 시의적절하게 수렴하고 반영하는지에 대한 점검이 필요해 보인다.

정부가 예산을 편성할 때 국민의 뜻에 따라 결정한다고 한다. 그런 이유로 정부가 편성한 예산안을 국민의 대의기관인 의회가 심의하고 확정한다. 그러나 이미 정부가 편성해 놓은 예산을 속속들이 이해하고 따지기는 불가능한 구조인 관계로, 의회는 큰 틀에서만 심의할 수 밖에 없다. 그러면 행정부가 예산 수요자인 국민들이 원하고 필요한(Want·Need) 부분을 해마다 수렴하고 반영하면서 1년 예산을 설계하는가? 국무위원직을 경험한 나에게 묻는다면 '결코 아니다'이다.

국민과 약속한 대통령의 공약을 기조로 큰 정책의 방향이 설계되고 다시 이를 토대로 각 부처의 세부 정책들이 설계된다. 각 부처는 부처별 현안과 정책을 바탕으로 사업예산을 구성하는데, 예산을 준다고 해도 갑자기 예산을 증액하기조차 어려울 정도로 정해진 프레임 내에서만 의사결정을 하게 된다.
부처 입장에서는 해마다 예산 수요자와의 소통을 통해 예산을 편성하는 것도 아니지만, 부처마다 관행적으로 집행되던 예산의 범주를 넘어서는 수준의 기획재정부 설득이 불가능에 가깝기 때문이다.

그러면, 정부의 전체 예산편성을 주관하는 기획재정부가 예산편성 과정에서 국민들의 의견을 얼마만큼 수렴하고 반영하는지 궁금해진다.

1년마다 계획되는 예산이니만큼 해마다 국민들의 의견을 수렴하는 과정이 있어야 할 것이다. 게다가 다음 해 예산계획이 전년도 봄부터 시작되어 그해 6월에서 8월 사이에 마감되고 가을 정기국회가 시작되면서 국회 심의가 들어가서 12월에 확정되는 구조라면, 국민 의견을 수렴하는 기간 자체를 확보하기에도 녹록치 않은 상황이다.

실제 정부가 국민을 대상으로 예산이 기획되고 설계되기 이전에 수요자인 국민들의 의견을 수렴한다는 사실은 경험하거나 들어본 적이 없을 것이다.
물론 간헐적으로 또는 부분적으로 정부는 여러 가지 방식과 형태로 우리 사회의 다양한 구성원들과의 간담회, 세미나 등을 통해 의견을 수집할 수는 있겠다. 그러나 그러한 과정들이 예산편성 과정에서 국민 의견을 수렴하기 위한 정부의 체계적이고 계획적인 절차 속에 진행되는 것이라 생각하는 사람은 없을 것이다.

부처 대부분은 좀처럼 늘지 않는 예산 범위에서 지난 몇 년간 지출되어 온 전례와 그 범주를 토대로, 의견을 반영하여 트리밍(Trimming)하는 수준에서 예산을 설계하는 방식이라고 보면 되겠다. 그 과정에 기획재정부도 설득하고, 의원들의 민원성 쪽지예산도 반영되고 해서 대략적인 다음 해 예산이 완성되는 것이다.

부처마다 가지고 있는 데이터의 분석을 통해 예산수요를 분석한다고는 하나, 예산과 관련하여 국민 의견을 수렴하기 위해 데이터를 디자인하고, 모으고, 분석하는 기획이나 체계를 아직까지 보거나 들어 본 적은 없다.

대통령중심제의 민주주의 원리는 주권자 국민이 입법과 예산의 결정 권한을 의회에 부여하고, 확정된 제도와 예산을 공정하게 집행하라는 권한을 행정부에 부여하는 방식으로 계획(결정)과 집행을 분리하여 상호 견제와 균형을 이루게 한 것이다.

우리는 그런 민주주의 원리를 다소 변형하여 행정부에게 전권을 부여하였고, 의회는 감시하는 권한만 허락하였다. 그러면 그 권한을 모두 쥐고 있는 행정부가 의회를 대신하여 예산편성 과정에서 국민의 의견을 수렴하는 종합적인 시스템을 갖추어야 할 것이다. 대통령 임기 5년 동안 국민들이 의원내각제처럼 책임을 물을 수도 없는 구조하에서는 행정부가 더 더욱 세심하게 국민과의 소통구조가 있어야 한다.

국민이 대통령과 의회라는 무려 2개의 권력을 직접 선출하는데도, 두 권력 모두가 국민과 중요한 의사결정을 하는 과정에서 소통하지 않는다면 민주주의 원리를 정면으로 부정하는 결과가 된다.

수요자의 의견이 반영되어야 하는데 그렇지 못한 경우에, 공급자가 일방적 이지만 적극성을 발휘하여 소통을 잘하면 그것도 해결 방식 중 하나가 될 것이다. 그런데 의견수렴도 안 하고 소통도 하지 않으면 수요자인 국민만 답답할 노릇이다.

나는 국무위원 재직시절, 차관 및 실·국장들과 함께 예산계획 이전이나 과정 중에 500여 차례, 예산확정 이후 500여 회의 문화체육관광부 관련 개인과 단체들과의 간담회를 추진한 적이 있다. 간담회 내용과 결과는 부처 전 직원이 회람할 수 있도록 하였다.
간담회의 목적은 예산이 편성되고 집행되는 과정에서의 국민들의 의견을 수렴하고 수요자들의 예산정책 체감을 제고(提高) 하자는 취지였다.

아울러, 본부 전 직원에게는 최소 월 1~2회 정도는 출근하지 말고, 재택근무도 하지 말고 놀 것을 제안하여 추진한 바도 있다. 문체부가 주관하는 업무에는 우리 일상 대부분의 내용들이 담겨 있다. 문체부 전 직원이 지인들과 만나 식사하고, 차 마시고, 이야기 나누고, 영화나 공연을 보고, 운동, 게임, 여행, 요리 등을 하는 모든 행위 하나하나가 부처와 연관된 일이고, 관련된 의견을 수렴하는 행위가 되는 것이기 때문이다.

그런 과정에서 700여 명이 넘는 문체부 직원들이 더 자유롭고, 더 창의적인 생각을 할 것이라는 확신이 있었다. 아울러, 이러한 과정 속에서 국민의 의견을 어떻게 하면 제대로 수렴할 수 있는지에 대한 대국민 소통인지 감수성도 높아질 수 있다고 판단했다.

전 직원들의 자연스러운 이런 업무 형태와 장·차관 및 실·국장들의 연간 1천 회 이상의 체계적인 대국민 간담회를 해마다 반복적으로 기획하여 실행하면, 국민 의견을 수렴하는 문체부만의 체계적인 시스템을 설계할 수 있었을 것이다.

그리고 국회로 복귀해서는 내가 속한 정당에도 예산 관련 국민과의 소통구조 개선에 대해 제안을 한 적이 있다. 행정부가 국민 의사를 묻는 과정을 해태(懈怠)하니, 입법부라도 정부의 예산안이 확정되는 12월부터 집행이 시작되는 다음 해 1~2월까지 총 2개월여 동안 확정된 예산과 관련하여, 예산 수요자를 중심으로 대대적인 보고대회를 개최할 것을 제안했다.

이런 과정이 거듭되고 숙성되어 질수록, 예산에 대한 국민들의 체감은 높아지게 되고, 체감이 높아지면 관심도 많아지게 되고, 관심이 높아지면 더 적극적으로 국민들의 의견을 개진하고 수렴하는 공간도 더 열리고 확대될 것이라는 생각이다.

행정부가 되었든, 입법부가 되었든 둘 다 하면 좋겠지만, 둘 중 하나라도 예산 관련 국민과의 상시적 소통구조를 확보하는 것이, 민주주의에 더 가깝고, 민주주의를 더 체계화시키는 방법이라고 확신한다.

4. 공공분야 평가의 문제점(정책, 부처, 공무원)

정부의 정책과 사업에 대한 시각과 평가는 공직자 업무평가의 기준이 되고, 공직자들에 대한 업무평가 기준은 공무원의 일하는 방식에 직접적인 영향을 미친다. 그리고 이 모든 요소는 정부 정책의 최종 소비자인 대국민 서비스의 질(質)과 직결된다.

본장(本章)에서는 정부의 정책과 사업에 대한 평가, 그리고 공무원들의 업무평가 기준과 일하는 방식 등에 대한 문제점을 지적하고 가능한 대안을 제시해 보겠다.

(1) 정부 정책의 평가관리

정부 정책은 법률에 근거하고 예산 집행이 동반된다. 그래서 정책의 평가 방식은 예산 운용체계와 매우 밀접한 관계를 가지게 된다. 정책의 성과에 따라 공무원은 평가를 받게 되고, 공무원의 평가 기준은 공무원의 일하는 방식을 결정하게 된다.
정책의 평가 방향에 따라 일하는 공무원의 평가가 뒤따르고, 평가를 잘 받기 위한 최적의 방식으로 공무원의 일하는 방식도 결정되기 때문일 것이다. 그래서 정부 정책의 평가 원칙과 기준은 정책의 최종 수요자인 국민들에게는 매우 중대하고 본질적인 요소가 되는 것이다.

「서울~춘천 간 ITX 건설」정책사례를 통해, 정부의 정책평가와 예산 운용체계에 대한 상호 모순되는 부분과 공급자 중심의 일방적인 행정 서비스의 한계점에 대해 설명해 보겠다.

서울~춘천 간 ITX 사업은 국토교통부 산하기관인 코레일(한국철도공사)의 주요 역점 사업이었다. ITX 건설사업 정책의 최종 목표는 '시민의 행복'과 '지역발전'이라고 명시되어 있다.

정책목표인「시민의 행복」을 평가하기 위해서는 ITX 신설로 높아진 이용객들의 편의성, 시간과 비용의 절감, 교통부하 감소와 탄소배출 저감 등

ITX 이용객들의 만족도가 그 기준이 되어야 할 것이다.

두 번째 정책목표인「지역발전」분야의 평가 기준은 서울과 춘천, 그리고 경로 구간에 있는 도시들의 경제적, 사회적 가치 등이 얼마나 높아졌는지를 따져봐야 할 것이다.

특히 양 지역 간 교통수단의 이동성과 정시성(定時性) 제고는 서울과 춘천 그리고 그 사이에 있는 도시들의 기능적 연계성을 높이고, 구간 내 도시에 활력을 제공하게 될 것이다.
장거리와 고비용 등으로 그동안은 하지 못했던 일들이 가능해질 수 있다. 지역 간 물류 시장과 업무의 영역이 확장되고, 그동안 다니기 힘들었던 학교나 직장 등을 다닐 수도 있을 것이다. 이동성 편의 제고는 거주 및 유동인구 증가와 지역경제 활성화로도 이어질 것이다.

다양한 성과들과 서울~춘천 ITX 신설 간의 유의미한 상관관계는 정책평가의 기준이 되어야 한다. 그리고 그렇게 밝혀진 유의미한 성과들이 코레일과 코레일 직원들의 실적으로 반영되어야 한다. 코레일의 업무평가 결과는 결국 코레일 직원들의 업무평가 기준과 일하는 방식으로 자리를 잡게 될 것이기 때문이다.

정책 성과들의 본질은 결국 정책 수요자들의 이익이 중심이 되어야 한다.

정책 수요자의 만족도가 최적화되는 수준에서 정책을 수행한 기관과 공무원들이 평가점수를 받게 되고, 그에 맞게 일한 직원들의 일하는 방식과 노하우는 결국 정책 수요자 이익이 최적화되는 상태에 맞춰지게 되는 것이다.

그런데, 서울~춘천 간 ITX 건설의 정책적 목표와 그 정책 성과에 대한 평가 기준은 전혀 일치하지 않았다.
20대 국회 국토교통 상임위원회 위원이었던 초선 시절, 국토교통부 국정감사장에서 코레일을 대상으로 지적한 사안이기도 하다.

서울~춘천 ITX 정책목표가 분명히 시민의 행복과 지역발전임에도 불구하고, 해당 정책에 대한 평가는 정작 고속철 건설사업에 투입된 비용 대비 고속철 운영수익이 정책의 주된 평가 요소로 구성되었다.
심지어, 코레일측은 당해연도 정부와 약속한 목표 수익액을 달성하지 못하게 되는 경우, 이용객에게 서비스로 제공되는 할인율을 낮추는 방식으로, 목표수익을 맞추고 있었다. 감가상각 기간 연장을 통해 손익(損益)을 맞추는 편법적인 계산 방식과 유사한 방법이었다. 이용객에게 지출되어야 할, 할인 서비스를 줄이는 방식으로 비용을 절감하며 상대적으로 수익을 보전하는 방식이다.

대고객 할인율 인하는 고객 만족도를 떨어뜨리는 것으로, 본 정책의 목표이기도 한 '시민 행복'과는 정면 배치되는 대목이다.
본래 정책목표와도 동떨어진 평가 기준을 설정하는 것도 모자라, 그 잘못된 평가 기준을 충족하기 위해, 정책 본래의 목표까지 훼손하는 것이다.

이러한 일련의 방식들은 정책에 대한 평가라기보다는 정책에 배정된 예산 운용 및 관리에 편리한 평가 기준이다. 게다가 그 예산의 평가 기준마저도, 정성적이고 사회적 가치 중심의 본래 정책목표와는 거리가 먼 정량적 개념의 기업회계 평가 기준이다.
정부가 시민의 행복과 지역발전이라는 본래 정책목표의 취지대로 평가 기준을 구성했더라면, 당장의 손실이 있다고 해도 좀 더 중장기적 관점에서 이용객의 만족도와 지역발전 관련 다양한 경제효과를 측정했어야 한다. 그래서, 단기적 재정의 손익보다는 중장기적 고객의 만족도와 지역경제효과 등이 평가 기준에 반영되어, 코레일 직원 업무의 평가가 이루어지고, 그에 따른 성과를 코레일이 인정받을 수 있는 구조이어야 한다.

정부가 나서서 정책 효과를 매우 단기적인 목표와 과정으로 만들기 때문에, 정부가 정책을 중장기적으로 설계하지 않고, 실질적 효과도 기대하기 어렵게 된다. 5년 단임제 대통령제에서 대통령의 임기 5년 안에 성과를 보여야 하는 불가피한 성급함에 기인한 것이기도 할 것이다.

수년 전 네덜란드를 방문해서 네덜란드 정치인과 대화를 나눈 적이 있다. 네덜란드는 눈에 띄게 나라 지도가 바뀔 정도로, 바다를 메꿔 육지를 만드는 간척사업이 적극적이고 광범위하게 이루어지고 있었다.
그런데 한 가지 의문점은 육지가 바다보다 낮은 네덜란드에서는 어디를 가도, 산 구경하기가 좀처럼 쉽지 않았다. 그래서, 도대체 어디서 흙을 가져와 바다를 메꾸는 것이냐고 질문을 해봤다. 대답은 의외였지만, 나 스스로 매우 당혹스럽기도 했고, 심지어 창피하기까지 했던 기억이다.

네덜란드의 간척방식은 우리처럼 바다에 흙을 메꾸는 방식이 아니라, 바다를 가로막고 바닷물을 빼내는 방식이다. 그래서 간척한 땅이 바다보다 지면의 수위가 낮은 것이었다.
바다를 막고, 막은 공간의 바닷물을 빼내고 20여 년의 관리 기간이 지나면 목초지로 사용이 가능한 토지를 확보할 수 있다고 한다. 그리고 다시 20~30년을 더 관리하면, 간척지가 옥토(沃土)로 변모한다는 답변이었다.
지극히 환경친화적이고 지속 가능한 방식이었다.

우리처럼 산을 깎아 흙을 퍼내면, 산과 숲의 환경도 파괴될 것이고, 산에서 퍼온 흙으로 바다를 메꾸면 바다 환경도 훼손될 것이다. 그러나 네덜란드 방식대로 50여 년에 걸친 중장기적 간척사업을 하게 되면, 산도 바다도 환경을 보호하면서 필요한 토지를 만들 수가 있게 된다.

네덜란드 간척사업은 정책의 목표를 애써 듣지 않아도, 환경과 지속가능성, 그리고 미래에 대한 계획과 배려가 담겨 있음을 알 수 있다. 어느 정권만의 단기적 성과를 내세우기보다는, 네덜란드 공동체 전체의 중장기적 성과에 그 목표가 맞추어져 있다. 아울러, 지구촌 전체와 후세대를 위한 고민과 배려까지 담겨 있는 긴 호흡의 여정이기도 하다.

국가의 정책은 단기적 또는 중장기적 과제로 구별하여 기획된다. 그중에서도 중장기(中長期) 정책 추진은, 과정마다의 목표설정과 성과에 대한 정당한 평가가 있어야 할 것이다. 우리 사회가 결과 못지않게 과정에 대해서도 그 중요성을 인정해 주고, 박수를 보낼 수 있어야 정부도 인내심을 갖고 정책을 추진할 수 있는 것이다.

정부의 정책평가가 이제 정책목표에 부합하는 평가 기준을 마련하고, 과정별 목표를 설정하여 구간마다 평가하는 중장기적 평가 기준안도 준비되어야 한다.
합리적인 정책의 평가 기준이 합리적인 공무원의 업무평가 기준으로 이어질 때, 진정성 있는 성과가 담긴 공직자의 일하는 방식으로도 연결될 것이다.

수요자 중심의 정책을 만들기 위해서는 수요자와의 충분한 소통이 우선되어야 한다. 그리고 수요자의 만족도를 높이는 방식의 정책설계와 평가 기준이 마련되어야 할 것이다. 아울러, 그런 평가 기준에 충족할 수 있는 예산의 배분과 운영체계가 뒤따라야 한다.

이러한 예산과 정책의 운영, 집행 그리고 평가를 위해서는 중장기적으로 성과를 기대해야 하는 경우가 많을 것이다. 공직사회가 중장기적으로 정책을 추진할 수 있는 환경 마련이 반드시 필요하다.

계량적이고 수익을 따지는 단기성 정책보다는, 중장기적으로 수요자의 만족도와 정책의 가성비가 높아지는 지점까지 과정을 인정하고 평가하는 기준이 마련되어야 할 것이다.

(2) 부처업무 평가 기준

부처별 업무에 대한 합리적 평가지표의 설정을 위해서는 부처의 업무가 정책 수요자인 국민의 요구를 반영하고 또 제대로 반영될 수 있는 소통 구조로 되어 있다는 것이 전제되어야 한다.
그리고, 부처 업무평가를 위한 해당 부처의 의견이 충분하게 수렴되어 반영되어야 할 것이다.
정책과 예산이 공급자 편의 중심에서 벗어나, 정책의 최종 소비자인 국민이 체감하고 필요로 하는 내용과 방식에 무게를 두어야 하기 때문이다.

기획재정부가 부처별 업무평가 기준안을 만들 때, 수요자 만족과 체감보다는 재원을 배분하고 평가하기 편리한 공급자 중심 방식으로 결정되는 측면이 있다. 행정부처의 정책이 부처별 특성에 맞게 부처가 지원해야 하는 정책 내용과 정책 수요자가 만족하는 방향으로 설계되고 평가되어야 하는데, 재원을 배분하는 기획재정부가 평가하기 용이한 방향과 방법으로 평가 기준을 만들어서 처리하고 있는 것이다. 한마디로 돈 나눠 주는 부처가 어디다 얼만큼 돈을 잘 썼는지 쉽게 구분하고 시비가 없는 방식으로 평가 기준을 만들어서 집행한다는 것이다.

게다가, 예산 운용체계의 기준도 영수증에 의존한 계량적이고 수익을 따지는 개념의 기업회계에 가깝다 보니, 소비자의 만족도 제고를 위한 경제적, 사회적 가치와 정성적 평가방식은 상대적으로 뒷전이 된다.

공공(公共)의 원칙과 기준이 수요자의 체감과 만족보다는 시비가 발생하지 않는 방법을 선택한다. 이것은 정책의 공급자 편의 중심이지 최종 수요자인 국민을 중심으로 한 방식은 아니다.

정책목표와 평가방식이 상호 모순이 될 가능성이 존재하고, 국민 체감율은 떨어져 가성비가 열악한 공공정책이 운용될 가능성이 높다. 이 평가기준과 방식이 굳어지고 관성화되면, 막대한 규모의 공무원 조직의 평가방식과 일하는 방식이 정책 수요자인 국민의 정서와는 동떨어진 방향으로 국정과 국가 재원이 운용될 것이고, 이렇게 고착화된 공직사회의 업무 시스템을 개선하기는 갈수록 어려운 난제가 될 것이다.

최근 일각에서 이러한 문제점을 보완하기 위해 기획재정부의 기획기능과 재정기능을 분리해야 한다는 주장이 있다. 기획기능은 정책에, 재정기능은 예산에 각각 무게가 실려 있기 때문일 것이다. 재정의 기능은 정책이 최대한의 효과를 거둘 수 있는 방식으로 설계되고 평가받아야 할 것이다.

부처의 정책평가 기준은 전문가와 주권자의 의견이 충분하게 존중받고 수렴되는 구조이어야 할 것이고, 예산 운용 체계 역시 주권자가 충분하게 체감하고 만족하는 기준에서 설계되고 평가되어야 할 것이다. 그러면 일하는 공무원도 그 기준으로 평가받고, 그 기준에 따라서 일하게 될 것이다.

정책의 직접 공급자인 행정부처와 직접적 수요자인 국민 간의 상시적이고 원활한 소통은 이 모든 것을 해결하는 필수적 전제 사항이다.

(3) 공무원 일하는 방식의 개선

공무원은 직무와 관련하여 해마다 평가를 받는다. 당연히 정부가 설계한 정책과 예산을 운용하는 체계와 원칙에 근거한 평가 기준에 따라, 공무원의 업무 결과도 평가를 받게 된다. 정책을 설계하고 재정을 투입해서 성과를 얻는 과정과 결과가 공무원에게는 직접적인 평가 기준이 될 것이다.

서울~춘천 간 ITX 사례처럼 정책목표와 정책평가 기준이 서로 불일치 하는 데서 오는 공무원 평가 및 일하는 방식에 대한 오류와 효율성 저하가 있을 수 있다.

공무원에 대한 평가가 지극히 과제 중심보다는 자신이 속한 조직 중심인 측면이 강하다. 정책 아젠다를 중심에 놓고 역할이 분담되고 조정되기보다는, 자기가 속한 조직이 주도하며 과제가 추진되는 측면이 있다. 중복과 갈등을 회피하기 어려우며, 효율성과 가성비가 떨어지는 경우가 많다.

장관이 되고 나서, 얼마간은 부처와 업무하는데 잠시 혼란스러웠던 경험이 있다. 분명히 업무지시를 했음에도, 올라온 보고서에는 명쾌하게 보이지가 않았다. 그런데 자세히 읽어보면 다 들어 있었다.
왜 이러지? 하고 생각해 보니, 나와 부처 간 일하는 방식에서 오는 차이였다.

예를 들어 그동안 내가 속했던 정치권에서는 "더 오래 일하고, 더 오래 사는 도시건설"이라는 정책을 추진한다면, 더 오래 일하고 오래 사는 도시 건설이라는 정책목표를 달성하기 위해, 부서마다 역할에 맞는 업무를 분장하여 추진한다. 정해진 과제를 추진하기 위해 전 조직이 일을 분장하여 최적의 업무환경을 구축한다. 그래서 업무 추진계획표 첫 칸에는 추진해야 할 과제의 리스트(List)가 있고, 과제 마다의 추진할 내용, 그리고 업무를 담당하는 부서가 순서대로 나열된다.

그런데, 부처가 일하는 방식은 좀 달랐다. 일단 보고서에 작성된 업무표를 보면, 일을 담당하고 추진하는 부서가 첫 줄에 등장한다. 그리고 그 부서가 목표를 달성하기 위해 수행하는 업무 추진내용이 다음으로 나열된다.

정치권에서 맨 마지막 순서에 있는 담당을 주관하는 부서가 공직사회에서는 맨 처음에 등장하는 것이다. 담당 부서가 중심이 되어 목표를 달성하기 위해, 이런저런 과제를 어떻게 추진하겠다는 의미가 되겠다.
당연히 공직사회 업무에는 중복과 충돌이 있을 수 밖에 없다. 과제 중심보다는 조직 주도 중심의 업무편성과 추진계획이기 때문이다.

이것 또한, 공무원들이 업무에서 높은 평점을 받기 위한 고육지책(苦肉之策)이 아닐까? 목표를 달성하기 위해서는 중요한 과제를 수행한 인력과 부서가 평가에서 더 높은 점수를 받을 수 있기 때문이다. 그렇다고 과제를 수행한 전원에게 고른 평점을 준다면 어렵고 힘든 역할을 기피 하는 현상이 생길 수 있을 것이다.

업무가 중복되고 충돌하는 부서 간 업무의 분장을 조정하여 재구성하고, 부서 간 협업을 통한 평가에 특별하고 세심한 설계기준이 필요할 것이다. 부서 간 협업할 때, 일의 경중(輕重)을 평가에 반영하되, 업무의 고른 분배와 평점의 차이가 크지 않는 합리적 평가 기준이 마련되어야 할 것이다. 아울러, 업무의 경중을 떠나 전체 프로젝트에 참여하여 성과를 함께 냈다면 또 다른 평가 기준도 있어야 할 것이다.

공무원의 일하는 방식을 결정하는 것에는 정책의 개념적 설계가 가장 중요하다.
내가 국무위원 시절, 국무총리 이하 국무위원과 장관급 공무원들 그리고 청와대 비서실장을 비롯한 수석과 비서관들이 모두 참·배석하는 워크샵을 한 적이 있었다. 대통령을 제외한 대한민국 정부 고위공직자는 대부분이 모였다고 보면 되는 자리였다.

그 자리의 주제는 정부가 5년에 걸쳐 200조 원의 재정을 투입하기로 결정한 한국판 뉴딜 사업과 관련하여, 고용노동부 장관이 52시간 근로제를, 환경부 장관이 탄소 중립 관련된 내용을 발표하는 자리였다. 당일, 노동부와 환경부의 발제 내용은 정부가 추진하는 한국판 뉴딜 사업 지원을 위한, 핵심 아젠다(Agenda) 이기도 했다.

당시 워크샵 내용을 통해, 정부가 정책을 설계하는데 모순되는 몇 가지 문제점을 사례로 지적해 보고자 한다.

첫째는 정책의 컨트롤 타워(Control Tower)의 문제점이다.
한국판 뉴딜 정책이라고 하면, 미래 기술적 측면에서는 과학기술부, 새로운 산업적 측면에서라면 산업부가, 미래기술의 플랫폼을 주관하는 스마트시티 관점에서는 국토교통부가 주관부처가 되어야 할 것이다.

그런데 한국판 뉴딜 사업의 주관부처는 기획재정부였다. 아마도 한국판 뉴딜 프로젝트의 업무 성격이, 여러 부처의 협업을 통해 추진할 필요가 있고, 정부 부처의 재원을 배분하고 평가를 주관하는 기획재정부가 경제분야 업무의 총괄을 담당하기 때문이었을 것이다.

그러나 새로운 산업기반을 다지는 국가적 프로젝트인 한국판 뉴딜 정책은 전문성 중심의 컨트롤 타워 구성이 중요하다. 국정 전반의 시선에서 다양한 부처의 협업을 견인하며 새로운 구조를 만드는 작업이라면 총리실이나 대통령실이 직접 주관하는 것도 방법일 것이다.

해마다 부처 예산을 편성하듯이 기재부의 재원 배분 업무영역 관점에서 한국판 뉴딜 정책을 추진한다면, 기존의 반복해서 발생해온 다양한 문제점들이 연이어 출현하게 될 수도 있다.

두 번째는 고용노동부 장관이 주제 발표하게 될 52시간 근로제에 대한 문제점이었다.

지금까지 우리의 산업구조는 중화학공업 기반의 제조산업 형태이고, 한국판 뉴딜 정책은 디지털 기반의 신산업 구조에 해당된다.
중화학공업 기반의 제조산업이 디지털 기반의 신산업 구조로 전환하는 국가적으로 매우 중차대하고 의미 있는 회의였던 것이다.

고용노동부가 발표하는 52시간 근로제는 제조산업 시대의 노동자 권리 증진을 위해 추진되는 정책이고, 노동의 구조적 개념이 다른 디지털 기반의 신산업 구조에서는 적용하기 곤란한 정책이다.
그러므로, 52시간 근로제는 제조산업 분야에만 적용하고, 디지털 기반 신산업 분야에는 예외를 두는 차별적인 투트랙(Two-Track) 전략의 선택적 추진이 필요하다는 점을 제안했다.

내 제안에 대해, 옆자리에 앉아계시던 고용노동부 장관의 동의가 있었고, 나의 이의제기가 받아들여져 당일 계획된 고용노동부 장관의 발제는 즉

석에서 취소되었다.

그렇다고 52시간 근로제 정책이 잘못되었다는 의미는 아니다. 52시간 근로제는 여전히 제조업이 대세인 시대에, 노동자 대부분에게는 환영받는 정책이다. 제조업이 아닌 기업의 직원들도 상당수 선호하고 있다고 들었다. 다만, 한국판 뉴딜 정책을 지원하는 핵심 아젠다(Agenda)로서의 52시간 근로제는 논리적 모순에 해당된다는 주장을 한 것이다. 노동시간의 총량적 관리 개념에서 전체적인 노동시간을 줄여야 한다는 부분에 대해서는 당연히 찬성한다는 전제가 있었다.

세 번째는 환경부 장관의 탄소 중립 관련 발제였다. 탄소 중립은 기후변화의 위기 시대에 인류 생존권과 직결된 문제이기도 하거니와, 환경적 가치를 무역 장벽화하고 있는 최근의 국제질서 환경에서도 전략적으로 매우 중요한 과제이기도 하다.

그런데 한국판 뉴딜을 이야기하려면, 환경적 측면보다는 산업적 측면에 에너지에 방점을 두어야 한다.

재생에너지는 두 가지를 이유로 추진된다. 첫째는 기후변화 대응 차원에서 환경 보호적 관점이고, 둘째는 전력 소모량이 현저히 높아지는 미래 기술 시대에, 저비용 고효율의 에너지를 공급하기 위함일 것이다.

한국판 뉴딜 정책을 뒷받침하려면, 에너지 공급대책 차원에서 재생에너지 비율을 높이는 방안을 언급해야 해야하는데, 에너지가 아닌 탄소 중립을 이야기하게 되면, 물론 꼭 필요하고 좋은 내용이기는 하지만, 한국판 뉴딜이라는 본래 워크샵 취지와는 전혀 동떨어진 주제가 된다.

사실, 국제사회가 탄소 중립의 시한을 정해놓고 환경적 가치를 경제 무기화하는 이유는, 미래기술의 향방이 결론 나지 않은 상황에서 중간단계로 환경적 가치를 패권 경쟁과 구도의 수단으로 선택했기 때문일 것이다.

다만, 탄소 발생이 없는 원자력발전이 국제사회가 추진하는 환경적 가치 기준에서 제외되고 있는 점은, 원전이 탄소 발생이 없는 친환경적 에너지원이기는 하지만, 러시아의 체르노빌 원전이나 일본의 후쿠시마 원전처럼, 한번 사고가 발생하면 돌이킬 수 없는 환경파괴를 초래하는 원인이 될 수도 있다.

아울러, 환경적 가치의 무역 장벽화 또는 경제 무기화는 선진 강대국들에게 가장 위협적 존재로 부상하는 선도국가와 개발도상 국가들에게는 심각한 타격과 고통으로 다가올 것이다.
기후변화에 책임이 큰 패권국들이, 그들 스스로가 그동안 자국의 경제산업을 발전시킨 만큼 훼손해온 지구환경의 치유와 보호라는 대의(大義)를 내세워, 또다시 잠재적 경쟁자들의 손발을 묶고 있는 것이다.

물론, 탄소 중립 아젠다는 지구촌 전체와 인류의 생존을 위해서, 아무리 강조해도 부족함이 없는 매우 절박하고 중대한 과제이다. 여기에 기후변화로 인해 발생되는 세계 곳곳의 기이 현상들은 탄소 중립을 위한 모두의 발걸음을 재촉하고 있다.

결론적으로, 공무원의 일하는 방식에는 일하는 공무원에 대한 평가 기준이 현실적으로 고려될 수 밖에 없을 것이다. 그럼에도 불구하고, 정작 중요한 것은 정책 수요자가 느끼는 체감 정도와 공공의 이익을 실현하는데 정책의 모든 설계와 평가가 맞추어져야 하는 것은 정확하다.

정부가 추진하는 정책을 잘 기획하고도, 좋은 정책과 정책을 추진하는 공무원의 평가 기준이 엉뚱한 방향에 맞추어진다면, 공무원의 일하는 방식도 변질되어 왜곡될 것이고, 아무리 좋은 정책도 정부가 의도한 결과를 보기는 어려울 것이다.

5. 연구개발(R&D) 분야 평가 기준

기술이 국가의 미래를 좌우하고, 기술개발 생태계 형성에 연구개발 분야는 가장 중요한 자리에 위치한다.
국가별 연구개발 분야의 투자 규모는 그 자체로 국가 경쟁력을 의미하기도 한다. 최근 미국과 중국, 세계 빅2 간 미래기술을 두고 치열한 각축전을 벌이고 있다.
중국의 공공과 민간이 한 해 투입하는 연구개발비는 2024년 기준 700조 원을 넘어서며 세계 2위를 달리고 있다. 우리의 한 해 예산을 상회하는 금액이다. R&D 투자 규모 세계 1위인 미국의 경우, 1,000조 원대를 훌쩍 넘은 지 이미 오래다.

미국은 군산학(軍産學)을 중심으로 군수산업과 일반산업의 수요를 통합하며 연구개발 분야의 절대적 수요를 견인하는 대표적 R&D 국가이다. 연구개발의 소요 확대를 통해, R&D 분야에 적극적으로 대응하며 가성비를 높이는 방식으로 경쟁력을 강화하고 있다.
학계와 국책연구소 간 연계성도 뛰어나다는 평가를 받고 있다. 이미 30여 년 전부터 미국의 대학 교육은 학부 중심에서 대학원 중심 체제로 전환되었다. 연구 분야와 개발 분야 그리고 투자자의 협업을 통해 개발사업에 성과를 보이고 있다.

군산학(軍産學) 또는 군산복합체(軍産複合體) 등의 개념은 군수산업을 중심으로 군과 기업, 정부와 연구기관 등이 국방, 정치, 경제 분야에 하나의 공동체와 생태계를 형성하는 것을 의미한다. 다시 말해, 첨단무기의 연구개발성과를 기업제품에도 응용하고 적용하여, 무기체계를 고도화하는 동시에 유사한 기술 분야의 연관 산업도 활성화하는 전략이다.
인공위성이나 우주선 발사 기술 등의 항공우주 기술개발은 대륙간탄도미사일(Intercontinental Ballistic Missile, ICBM)의 기술로 응용된다. 군(軍)의 레이더(Radar) 기술은 어군(魚群) 탐지 기술 또는 안과수술 등에 활용되고, 원자력발전소의 운영과 노하우는 탄소배출 없는 저비용 에너지원은 물론이고, 핵폭탄 제조에 필요한 핵물질 원천으로 사용된다.

최근에는 R&D 기반의 미래기술·산업 생태계를 중심으로 한 스마트시티의 열풍을 타고 시산학(市産學)의 개념도 등장한다. 시산학 또한 군산학의 개념처럼, 도시에 적용되는 다양한 요소 기술을 개별 상품 중심의 산업효과로도 연계한다는 확장 개념이다.

국가의 경제력은 통상 도시를 근간으로 성장하고 도약한다. 도시는 인류 삶의 모든 가치와 기술이 포괄된 거대한 플랫폼이다. 경제산업, 교육, 의료, 복지, 문화, 교통, 행정, 서비스 분야 등의 성장을 위한 다양한 기술이 적용되고 부가가치가 창출되는 공간이기도 하다. 그래서 도시의 성장과 확장은 국가 경제의 성장과 확장을 의미한다.

스마트 시티(Smart City)는 미래기술과 미래가치를 기반으로 도시가 성장하고 라이프 스타일을 창출하는 미래 문명의 본체(本體)가 될 것이다.

군산학과 시산학 생태계의 토대는 연구개발이다. 연구개발 분야는 모든 생태계의 출발점이자 역량 그 자체를 의미한다.
우리나라 R&D 예산 규모는 미국이나 중국에 비해 격차는 여전히 크지만, 한 해 30조 원대 규모의 글로벌 수준이라는 평가를 받는다.
그런데, 윤석열 정부 들어와 4~5조 원의 R&D 예산 삭감이 있었다. 미래기술 경쟁이 갈수록 치열해지고 과열되는 시점에, 역주행적 의사결정이다.

윤석열 대통령의 R&D 예산 삭감이유와 관련해서는 정부의 정확한 설명은 없었다. 다만, 윤 대통령이 직접 거론한 명시적 이유로는 소위 국내 R&D 시장 내 존재한다는 카르텔이 지목되고 있다.
차라리 정부의 긴축재정 정책이 이유라면 그나마 이해했을 텐데, 윤 대통령이 언급한 원인은 잘못된 진단이었다고 생각된다.

실제 예산을 삭감한 다음 해 국방위원회 국정감사에서 지난 1년 동안 R&D와 카르텔 간의 상관관계가 파악되거나 조사해본 적이 있는지에 대한 필자의 질의에, 국방부 장관은 자신 있게 그런 조사를 실행한 바가 없다고 답을 했다. 그런 조사를 당연히 해야지, 왜 안 했냐는 필자의 연이은

질의에는 국방부 장관이 질문의 의도 자체를 이해하지 못하고 있다는 느낌마저 들었다. 굳이 힘 빼가며 쇠귀에 경(經)을 읽을 필요가 없어 보였다.

민감하고 중차대한 시기에 전년 대비 17%에 해당되는 5조 원대 규모의 연구개발비를 삭감했으면, 대통령이 원인으로 지목한 카르텔과의 상관성을 조사하고, 조사가 타당하다면 카르텔에 대한 대책도 강구해야 R&D 예산 정책에 대한 다음의 조치가 뒤따르게 될 것이다.
이유 없이 예산을 깎고, 원인 규명도 안 되면, 정부가 앞으로 어떻게 할 것인지 궁금했다. 해마다 삭감할 것인지? 아니면 근거 없이 다시 올려줄 것인지? 대통령의 기분에 따라 국가 예산을 줄였다 늘였다 할 수는 없을 것이다.

윤석열 대통령이 지목한 카르텔의 의미가 무슨 뜻인지는 짐작이 간다. 그러나 그것이 직접적 이유가 되지 못한다는 뜻이다. 진단이 잘못되면 잘못된 처방이 따르기 마련이다. 윤 대통령의 잘못된 진단과 처방은 오히려 카르텔 구조를 더 부추기는 역효과만 초래한 것이다.

예전부터 정부의 R&D 예산을 두고 각종 편법적 거래가 난무하고 있는 것은 사실이다.
R&D 예산을 받을 자격이 되는 업체를 찾아가, 사전에 파악된 예산정보를 근거로 비용을 받을 수 있도록 행정절차를 대리하거나 R&D 연구보

고서를 대필하는 방식으로 정부 예산을 부당하게 편취(騙取)하는 사람들이 상당수 존재하기 때문이다.

이것을 업으로 삼는 이들에게는 먹고살 수 있을 만큼이나 이 분야에 이력이 붙은 사람들이다. 이를 두고 윤석열 대통령이 카르텔이라고 규정했던 것이 아닌가 하는 생각이 든다.

그러나, 우리 R&D 평가 기준이 매우 단순하고 쉬운 구조이기 때문에 오히려 카르텔이 존재하는 것이다. 다소 전문성이나 창의성이 떨어져도 정부의 R&D 예산 받는데 어렵지 않은 평가구조이기 때문에 누구나 쉽게 시도할 수 있는 일종의 사업 아이템이 되는 것이다.

실제 우리 R&D의 구조적 문제 중에는, 실패를 용인하지 않는 정부의 평가구조가 원인으로 지목되고 있다.

우리 R&D의 성공률은 대체로 80~90%를 넘는다. 그러나 해외제품의 국산화 도전 연구과제 분야에서는 성공률이 절반으로 급감한다. 성과로 이어지는 실질적 연구는 실패할 가능성도 높기 때문에, 연구자들이 불이익을 받아 가면서까지 연구에 도전할 이유가 없는 것이다.

우리의 R&D 평가구조는 연구에 실패하면 연구자에게 패널티(Penalty)를 준다. 패널티를 받은 연구자는 다음 연구과제를 받는데 불이익이 따른다. 따라서 연구자들은 연구과제의 목표를 성공할 수 있는 부분까지만 연구하게 되고, 과제에 대한 연구 자체가 전반적으로 수준이 떨어지는 쉬운 연구 과정이 된다. 성과를 내기는 어려운 구조이다.

이런 쉬운 평가구조에서 연구와 연구 과정을 대신하고 정부 예산을 편취하는 사람들이 생겨나기 마련인 것이다.
정부가 지금처럼 성공률이라는 성과주의에만 매달리게 되면, 수십 조 원에 달하는 R&D 성과의 질은 떨어지고, 국민 혈세는 엉뚱한 지출을 되풀이하게 될 것이다. 심지어 윤석열 대통령처럼 R&D 예산 취지와는 아예 동떨어지고, 역효과까지 초래하는 황당한 의사결정을 하게 될 수 있는 것이다.

그러나, 정부가 R&D 평가 기준 개선을 통해, 실패를 용인하며 창의적이고 깊이 있는 연구환경을 보장한다면, 명목적인 성공률은 낮아지겠지만 성과로 이어지는 실질적 성공률은 더 높아질 것이다. 그리고 실패한 연구 과정과 결과들은 다음 연구에서 더 단단한 기반으로 활용될 것이다.

정부는 성패(成敗)를 따지는 결과보다는, 실패하더라도 과제의 가능성과 과정에 무게가 실린 새로운 평가 기준과 원칙 마련에 주력해야 한다.

두 번째 검토할 사항은, 국내 기업들의 R&D 투자 비율이 주요 국가들과 비교하여 현저히 저조한 것으로 알고 있다. 중국만 해도, 최근 딥 시크

(Deep Seek)처럼 연구개발에 투자해서 큰 성과를 거둔 민간기업들이 크게 늘고 있다.

그런데, 우리 R&D의 경우, 정부가 연구과제를 설계하여 공고를 하고, 민간이 신청하여 선정되는 방식이다. 정부 등 공공이 수요를 만들면 안정적으로 개발과 제작 및 유통까지 쉽게 이어질 것이라는 판단인지는 모르겠지만, 대다수 연구과제가 성과로 이어지는 부분까지 진행되지 못하는데 문제가 있다. R&D 연구가 그저 연구단계에서만 마감되고, 개발단계까지 이어져 제작과 유통 단계로 진전되는 성공사례가 많지 않다.

미국과 중국의 경우, 민간에서 연구과제를 직접 설계하거나 정부와 협의하여 설계하는 등 매우 다양하고 창의적인 방식으로 R&D 연구가 자유롭게 추진된다.

경제 규모가 작았던 과거에는 지금처럼 사회가 다양하지도, 다변화하지도 않았던 때이다. 자연히 정부에 예산과 지식, 정보, 인재가 모두 집중되다 보니, 정부 주도성이 상대적으로 강했던 시절이다.
그런데 정부의 시스템이 민간과 기업의 빠르고 다양한 변화를 따라가기 어려운 지금에 와서는 더더욱 민간영역의 자율적이고 창의적인 사고가 필요한 시점인 것이다.

그래서 정부 주도로 과제를 결정하여 공모하는 탑 다운(Top-down) 방식보다는 민간의 과제발굴 및 제안방식이 지금보다 더 활발할 수 있게, 정부가 선제적으로 환경을 조성할 필요도 있어 보인다.

아울러, 기업이 R&D에 투입하는 비용에 대해서 전액 세액공제 해주는 방안 등을 검토하고, 민간영역의 투자와 과제발굴 의지를 견인하는 것도 반드시 적극적인 검토가 필요하다.

6. 인재관리 시스템

#1.

대통령 권력을 흔히 인사 권력이라고 한다. 노무현 대통령 후보 시절에, 선거캠프에서는 인명사전에서 사람을 찾기도 했고, 문재인 대통령 후보 시절에는 학자를 중심으로 전문가 1만여 명의 네트워크를 확보하였다. 실제 대통령에 당선되고 나면 곧바로 인사 추천과 임명이 이루어져, 엄청난 양의 인사풀(Pool)을 확보하고 있어야 한다.

윤석열 정부 들어와 유독 이명박 정부 시절 인사들이 상당수 기용되고 있다는 소문이 돌았다. 소문의 진위를 떠나, 요직에 기용되는 대부분 인사들이 검사 출신 아니면, 과거 이명박 정부 핵심 인사들과 직간접 관계에 있는 사람들이었다.
여러 가지 아쉬운 부분이 있다고는 하나, 현실적으로 나는 이 부분에 대해서 그 심정을 충분히 이해한다. 준비 없이 당선되었고, 짧은 시간에 인재 풀은 턱없이 부족했을 것이다. 믿을 수 있는 사람의 추천이 있었다고는 하나, 추천 당사자조차 본인이 추천한 사람에 대해 상세히 알거나 신뢰할 수 있는 것은 아니기 때문이다.

참여정부 인사 시스템을 참고할 만하다. 참여정부의 인사 시스템은 3중 체계로 구성되었었다. 인사수석실에서 인재를 추천하고, 민정수석실에서는 추천된 인사를 검증한다. 검증된 후보자를 2~3배수로 걸러, 청와대 전체 인사추천위원회에 올리면, 인사추천위원회에서 최종적으로 결정하는 구조이다.

필자가 장관 시절에도 문체부에 유사한 시스템을 도입했었다. 장관과 차관, 기조실장, 정책보좌관, 비서실장 그리고 관련 실·국장 등으로 구성된 문체부 자체 인사추천위원회를 구성하고, 장관에게 임명권이 주어진 산하 기관의 인사를 최종결정하는 단위로 활용하였었다.

문재인 정부 시절, 필자는 정부 여당의 산하기관 및 협회 등의 감사직 추천권을 모두 야당에게 주자는 제안도 해봤다(현행 공개경쟁으로 진행되는 인사 시스템 구조상 불가하다는 입장을 전달받기도 했다).

우리 선거는 All-or-Nothing의 승자독식(勝者獨食) 구조로 되어 있다. 근소한 차이로도 이기는 사람이 모든 것을 차지하는 구조는 자칫 전체의사가 왜곡될 가능성도 있기 때문에 민주성이 떨어진다.
지난 대선 결과가 0.73% 차이로 승패가 갈렸다. 전체인구 5천만 명(선거인수 4,400만여 명) 인구 중 20만 명이라는 근소한 차이의 출발이 막대한 결과를 초래했다.
수도권 국회의원 선거에서 여야 간 지지율 차이는 근소했지만, 수도권 유권자 전체를 대변하게 될, 당선된 국회의원 숫자는 민주당이 압도적이었다. 부산의 경우는 정반대의 결과를 보였다. 다른 지역의 결과도 대동소이(大同小異)하다. 정당의 지지율과 선출직 당선자 비율 간의 격차가 너무 큰 간극을 보이는 모순적 결과를 보이고 있다.

선거에 이기더라도, 야당에게 인사 추천권을 주면, 그 자체로서 부분적인 국정 파트너가 되고 협치(協治)의 의미도 자연스럽게 살릴 수 있을 것이다. 국정운영이 상대적으로 조심스러워지고 일방적이지도 않게 된다. 선거에 지더라도 지금과 비교해서 크게 타격을 받지도 않을 것이며, 죽기 살기로 덤벼드는 진흙탕식 선거문화도 점차 완화하는 효과를 볼 수도 있을 것이다.

#2.

1인 미디어가 발전하면서, 인식의 양극화가 갈수록 심각한 수위에 이르고 있다. 민주주의가 심대하게 훼손되고, 법치는 제각각 해석의 차이를 두고 있다. 다중이 합의하고 약속하며 공통의 분모를 찾기가 쉽지 않은 세상이 되고 있다. 원칙을 찾기도 어렵지만, 원칙에 합의하고 합의한 규칙을 지켜가기는 더더욱 힘든 환경이 되었다.

모두가 공감하고 합의하는 우리 사회의 통합된 교육과 프로그램의 부재를 그 원인으로 지적하고 싶다.

언젠가 우리 사회가 어려서 철학을 가르치지도 배우지도 않는 나라라는 말을 들은 적 있다. 아프리카에서도 어려서부터 배우는 철학 과목이 우리에게 없다는 것이다.

대신에 우리는 학교에서 도덕을 배운다. 내게 철학의 중요성을 주장한 그 사람은 철학은 사람의 생각을 자유롭게 하지만, 도덕은 체제에 순응하는 교육 프로그램이라고 철학과 도덕의 차이점을 내게 설명해줬다.

어려서의 교육은 자라서 중요한 차이를 만든다. 인종, 민족, 남녀 간의 차별적 인식을 불식시키기 위해서는 영유아 교육부터 가르치는 것이 중요하다고 한다.

유럽에서는, 초등학교 입학 전 학생과 학부모, 선생님에게 교통안전 교육에 대한 교육 이수와 자격을 요구하기도 한다. 교육받은 아이들이 성인이 되어 교통안전에 대한 인식이 남다를 수밖에 없다는 것이다.

그러고 보니, 우리의 경우, 우리가 바라는 사회를 만들기 위해, 어떤 인재가 필요하고, 그래서 어떠한 교육을 통해 우리 사회가 원하는 인재를 양성할 것이라는 중장기적이고 구체적인 인재양성의 방향과 계획을 들어본 적이 없다.

그냥 대학을 가기 위한 국·영·수 중심의 교육이 초등학교부터 치밀하게 기획되는 것, 그 이상도 이하도 아닐 것이다. 우리 사회가 필요한 인재 교육이라거나, 미래를 예측하는 교육 계획이 우리 사회에서 누구나 쉽게 공감하는 상식이 될 수 있기를 기대한다.

현재 교통사고율이 높은데, 교통안전 교육을 본격적으로 받는 아이들이 성인이 되는 10년 후부터는 교통사고율이 현저하게 떨어질 것이라는 기대감 또는 계획을 갖게 하거나, 10년 후에는 드론과 자율주행차가 다니고, 로봇과 AI가 가져다주는 인류 삶의 변화를 사전에 예측하여, 학교 교육 등을 통한 인재양성을 우리 사회가 준비한다면, 지금 현재 선호도가 높은 의과대학만을 고집하기보다는 ICT(Information Communication Technology) 분야 등에서 확신을 가지고 자기의 꿈과 미래를 설계하는 아이들이 많아질 것이다.

우리 사회가 면밀한 연구와 기획을 토대로 예측 가능한 자신감이 있어야 미래 세대에게 자신 있게 권고할 수 있고 그들도 따르게 될 것이다.

실제 필자가 고등학교 시절, 전자계산학과가 처음 등장한 신설학과였다. 선택하는 학생들도 있었지만, 이렇다 할 정보도 없는 상황에서의 불가피한 선택이 대부분이었고, 사실상 기피 대상의 학과였다.

그런데 15년이 지난, 2000년을 전후로 당시 기피 대상이었던 전산학(컴퓨터공학)과를 선택한 친구들이 소위 대박이 났다. 인터넷 환경이 도약하며 확장되는 시점이었고, 주식시장에서 관련 기업의 주식 가치는 100배를 넘는 성장세의 기업을 어렵지 않게 찾을 수 있었다.

#3.

필자의 오랜 친구 이야기를 꺼내 보겠다. 그 친구는 어려서부터 내 주변에서는 가장 공부를 잘하는 친구로 알려졌다.
고등학교 입시 연합고사에서 200점 만점 중 200점을 받았고, 대학입시에서는 86학번 이과 계열 학생 중 전국 14등을 차지했던 기억이다.

서울대 의과대학을 가라는 주변의 권유를 뿌리치고, 물리학과에 진학했다. 그 친구 마음을 속속들이 이해하기 어렵지만, 내 생각엔 당시 서울대 의대와 물리학과의 점수 차이가 꽤 났던 걸로 기억한다. 이과 계열에서 공부를 잘하면 당연히 의과대학보다는 물리학과에 진학하는 것이 정석이었다. 물리학과를 갈 수 있는 점수를 맞고도 그보다 점수가 낮은 의과대학을 가는 학생은 많지 않았던 시절이었다. 혹여 그런저런 이유로 그 친구가 물리학과에 진학했을 수도 있다는 생각이다.

그 친구는 군 입대 시기가 되어서는, 박사 특례병을 신청하여 학교에서 학업을 계속할 수 있었다. 물리학과 특성상 연구 과정 자체가 시간을 다투기도 했다. 서울대 물리학과 정도 되면 전 세계 물리학과 학생이 모두 경쟁 대상이었을 것이다. 누가 먼저 실험과 연구를 거쳐 학계에 논문을 빨리 내느냐가 관건일 수 있다. 그런 중대한 시기에 군 복무와 학업을 모두 수행할 수 있는 박사 특례 제도의 선택이 그 친구에게는 최선이었을 것이다.
그러다 보니 해외 유학을 통한 박사학위 취득은 불가했다. 국내에서 박사학위를 취득하고, 해외에서 포스트 닥터(Post Doctor) 과정을 수학했다.

이 친구에게 불가피한 선택은 또 한 가지가 있었다. 당시 실험 물리를 전공했던 이 친구에게 서울대 실험환경은 국내 몇몇 타 대학에 비해 경쟁력이 떨어지는 상황이었다. 실험을 신속하게 해야 하는데, 본질과 동떨어진 실험시설을 학생들이 직접 만들어야 하는 당시 서울대학교의 열악한 실험환경 때문에 볼멘소리하던 기억이 있다. 그런 이유로 그 친구는 그 이듬해에 세부 전공 분야를 실험 물리에서 이론 물리로 바꿨다고 했다.

결국 그 친구는 30대 중반에 물리학을 그만두고, 다시 대학에 진학하여 한의사가 되었다. 물리학으로 먹고살기 어렵다는 판단이었다고 한다.
그런 친구를 보며, 오래전 대학 입학 당시 의과대학에 갔더라면 하는 생각이 들었다.
사실 입학 당시에는, 더 편하게 살수도 있을 의과대학에 진학하지 않고, 물리학을 선택한 그 친구가 애국자라는 생각도 들었었다.
이제 국내에서 국가적으로도 중요한 기초학문인 물리학과에 진학하려는 우수한 학생이 과연 있을까 하는 걱정도 있다.

학문의 단단한 토대가 되고, 국가적으로도 반드시 필요한 분야가 기초학문 분야이다. 국내에서 기초과학이 응용과학보다 입학 점수가 높은 유일한 대학이 서울대학교로 알고 있다. 물론 지금은 서울대마저 그렇지 못할 것이다. 전국의 의과대학 진학이 다 채워지고 나서야 서울대 공과대학 진학이 다음 후 순위라는 현실을 들었기 때문이다.

최근, 대학의 필수 전공과목 학점이 현저히 줄었다는 이야기는 기술 시대에 우리의 미래를 더 암울하게 만든다.

우수한 인재가 원하는 물리학을 전공하기 어려운 나라, 그래서 두 번의 불가피한 차선을 선택했음에도 물리학으로 먹고살기 어렵다는 결론에 이를 수밖에 없는 나라.
바로 대한민국이 개선해야 할 어두운 현실이다.

#4.
이 밖에도 우리 사회가 인재 관리를 체계적으로 계획하고 관리하지 못한다는 다양한 스토리와 단상(斷想)들을 들어도 보고 직접 보기도 했다.
과거 법대생들의 경우, 대부분은 사법고시를 준비하지, 법과대학 교수 임용을 준비하지는 않았던 것 같다.
민주주의를 잘하려면, 민주적인 법체계와 원칙을 잘 구성하고, 우리 사회가 합의하고 약속한 그 체계와 원칙을 잘 지켜가며 살아야 할 것이다.
법치(法治)는 본래 공동체의 이견과 갈등을 협의하고 조정에 이르게 하는 협력과 연대의 또 다른 형태이다. 법치는 전체가 합의한 원칙이고 그 원칙을 준수하는 것이 공정하기 때문이다.

법치는 판사와 검사, 변호사처럼 법체계 운용자의 역할과 몫도 크겠지만, 법체계를 만들어 가는 철학적 토대와 법의 취지를 연구하는 기반과 과정이 단단해야 한다. 법을 공부하고 연구하는 사람들의 몫이고 역할이다.

법은 우리가 살아가는데 공정하고 편리한 근본적인 원리와 규칙 등의 환경을 제공한다. 우리가 살아가는 사회는 오랜 기간 변하는 것도 있고, 변하지 않는 것도 있다. 또, 변해야 하는 것이 있고, 변하지 말아야 할 것이 있다.

법의 취지를 연구하고 만드는 사람보다 사법시험에 합격하여 만들어진 법을 적용하는 사람들이 국내 사법부와 검찰 등 법조계의 최상위 클래스에 위치하고 있다.

그러다 보니, 최근 윤석열 대통령 구속과 탄핵 과정 등에서 충돌하는 법률의 취지를 권위 있게 설명하고 정리해주는 사람이 없다.

공수처와 검찰의 해석이 상이하고, 법원마다도 다르다. 윤석열 대통령의 구속과 석방 과정에서 법원은 시간으로 검찰은 날(日)로 제각각 기준을 잡아 고수한다. 심지어 헌법재판소가 위헌이라고 판단한 내용을 행정부 대통령 권한대행이 무시하고 지키지 않는다.

법치를 수행해야 할 국가 공권력이 법률과 규칙을 제각각 해석하고 무시하는 총체적 난국이다.

인재 관리의 부실함과 모호함은 군(軍)도 사정은 다르지 않다. 정부는 F-15K 조종사 1인 양성하는데, 총 238억 원의 비용을 지출한다. 연평균

140여 명의 조종사를 양성하는데, 이들 중 50%가 민간항공사로 이직(移職)한다. 물론 조종사 교육을 받고 바로 그만두는 것은 아니지만, 연간 손익계산서상에는 정부가 결과적으로 해마다 1조 6천억 원의 손실을 보고 있는 것이다.
민간으로 이직하는 사유 1순위는 급여 차이인데, 민간항공사와 군의 연봉 격차는 평균 6천만 원에 불과하다. 유출되는 인원 70명이면 정부가 한 해 42억 원을 더 쓰지 못해 조 단위의 막대한 손실을 본다는 결론이다. 국가적으로 손해이기도 하지만, 인재 관리 측면에서도 매우 큰 손실이다.

우리 사회가 지향하는 가치에 합의하고, 그런 가치에 대한 인식의 공유와 공감을 위해, 인재 관리에 대한 중장기적 계획과 프로그램이 필요하다.
그리고 미래를 예측하고, 우리 공동체가 성장하기 위해 미래를 준비하는 차원에서 인재 관리도 중요하다.
아울러, 인재 유출의 차단은 물론이고 각국의 인재들이 우리나라로 모여들 수 있는 인재 유치방안에도 노력을 기울여야 한다. 인재의 집중은 시장의 성장으로 이어진다. 그래서 인재 관리는 국가성장으로도 귀결될 것이다.

대전환의 시대에 공동체와 개인 모두에게 기회와 성장을 보장하는 국가적 차원의 인재 관리에 대한, 체계적 대책 마련이 시급하다.

#5.

학생들을 위한 멘토링 시스템 구축

필자가 사는 목동은 소위 교육도시라고 평가받는다. 이유인즉슨, 타 지역에 비해 유명한 학원이 밀집해 있고, 고등학교와 대학교 진학률이 높다. 전통의 명문과 신흥 명문의 고등학교가 상당수 몰려있기도 하다.

특히, 특목고와 자사고의 입학률이 좋은 관계로 전국에서도 우수한 초등학교, 중학교가 많다. 그래서 강남의 아이들도 초등학교와 중학교는 목동에서 교육을 받고, 중학교를 졸업하면 다시 본래 살던 곳으로 돌아가곤 한다.

목동의 교육도시는 좋은 학교에 진학할 수 있는 환경을 의미한다. 그러나 우리는 이미 알고 있다. 사회에 나오게 되면 학벌은 30대 초중반 정도까지만 작동될 것이라는 것을. 결국은 창의성과 논리력, 그리고 자기 주도적인 책임감과 성실성으로 평가받는 것이 사회생활임을 곧 깨닫게 될 것이다.

7. 기술과 제도의 병행관리

#1.

영국의 '빨간 깃발 법(Red Flag Act)'은 영국에 자동차가 처음 등장했을 당시, 교통사고를 우려하여 운행하는 모든 자동차는 빨간 깃발을 든 관리자(사람) 뒤를 따라 주행해야 할 것을 의무화한 법안이다.

속도가 존재 이유 중 하나인 자동차 입장에서 사람의 걷는 속도를 넘지 말라는 규제는 마차(馬車)만도 못한 존재로 전락하는 것이다.

사실 빨간 깃발 법의 배경은, 당시 기득권이었던 영국의 마차 산업계가 자동차 산업의 영국 시장 진입을 차단하기 위한 무리수였던 것이다. 덕분에 영국의 자동차 산업은 다른 유럽 국가들에 비해, 경쟁에서 한참 뒤처지는 결과를 초래하였다.

현재의 영국 기득권이 미래의 영국을 망친 것이다.

#2.

필자가 2017년 8월에 대표 발의한 도로교통법 개정안이 2018년 2월에 국회 본회의를 통과했다. 발의에서 통과까지 6개월 만에 신속하게 추진되었다.

법안의 주요 내용은 최근 자율주행 관련 기술이 발전하면서 자율주행 관련 기술이 적용된 자동차가 제작·판매되고 있으나, 현행법상 일부 규정에 저촉될 여지가 있다는 이유로 상용화에 어려움이 있었다.

자동차 자율주행을 위한 핵심 부품인 라이다(Lidar) 센서는 이동식 무인 교통단속용 장비와 동일한 레이저를 활용하는데, 현행법상 운전이 금지되는 '교통단속용 장비의 기능을 방해하는 장치를 한 차'에 해당될 소지가 있었다.
또한, 자동 주차(Auto-Parking)와 관련하여 현행법은 운전자가 운전석을 떠나는 경우에, 원동기를 끄고 제동장치를 철저하게 작동시키는 등 차의 정지 상태를 유지하도록 규정하고 있어, 운전자가 차량 외부에서 원격으로 조종하여 자동 주차할 수 있는 기능을 사용할 수 없는 상황이었다.

이에 자동차 자율주행 관련 기술 발전에 따라 라이다 센서 및 자동 주차 기능을 활용할 수 있도록 현행 제도의 미비점을 수정·보완하려는 개정 법안이다.

자율주행 자동차 기술이 이미 개발되었음에도, 제도의 부재로 인해 실행하지 못하는 상황이었다. 제도가 기술을 못 쫓아가는 현실이다.
자율(자동)주차가 가능하게 되면, 자율주차 환경을 토대로 또 다른 기술이 개발될 것이고 그에 따른 서비스도 제공되게 된다. 다양한 산업 후방

효과까지 뒤따르는 것이다.
제도가 기술을 뒷받침해 주지 못하면, 해당 기술만 늦어질 뿐 아니라, 그 기술의 실증적 결과로 인해 파생되고, 융·복합되는 제2, 제3의 기술과 연관된 후방 산업도 연이어 늦어지는 결과를 초래하게 된다.

#3.
미래기술 등 엔지니어 분야에 대해 해박한 지식을 가지고 있는 법학과 교수님들을 미국에서는 어렵지 않게 만나볼 수 있다.
내가 만난 교수 중, 하버드대 법대 종신교수 한 분은 자율주행차, AI, 바이오 등 기술에 대해 공대 교수 수준의 해박한 지식을 가지고 있었다.

통상, 개인정보 보호를 위해 우리는 데이터 비식별화 처리나 블록체인(Blockchain) 등 주로 기술적인 부분의 솔루션으로 고민한다.
그런데 이 교수님의 경우, 기술적 해법은 당연하고 '데이터 민주주의(Data Democracy)'를 주장하고 제안한다. 기술이 눈부시게 발전한 미래 사회에서는 자기의 데이터를 공동체 내에서 공유하는 것이, 사회에 기여하는 것이고, 미래 민주주의의 본질적 가치와도 맞닿아 있다고 주장한다.

지난 코로나 기간 중, 국내 어느 의과대학 교수가 코로나 증상을 사전에 예측하는 알고리즘을 개발한 사실이 언론에 대서특필되었다. 코로나 환자가 발생하면 이 환자가 앞으로 경미한 증세로 끝날지, 위중증 환자로 발전할지, 아니면 사망에 이르게 되는지를, 개인 의료 데이터를 통해 예측하는 알고리즘이다. 데이터 양(量)이 크면 클수록 예측 정확도는 높아진다.

그래서 가능하면 빅데이터(Big Data)를 구성해야 하는데, 문제는 국내 환자들의 데이터 모으기가 쉽지 않다. 개인 의료데이터의 정보 유출 여부가 사회적으로 매우 민감한 사안이기 때문이다.

그러니 하버드대 교수의 '데이터 민주주의'는 나름대로 의미 있는 논리가 된다.

미국의 경우, 개발된 기술이 실생활에 신속하게 적용될 수 있도록, 기술개발 과정 단계에 제도를 연구하는 법조 전문가들이 협업하는 생태계 구조이다. 기술 개발자를 중심으로 법대 교수 등 제도연구자 그리고 자금을 투자하는 캐피탈 회사 등이 결합되어 협업구조를 형성하고 있다.

투자를 통한 고부가가치의 기술개발 결과물이 우리 삶에 적용되고 상용화되기 수월하도록 명분과 설득 논리로 사회적 공감대를 만들어 가는 협력적 관계 구성이다. 투자자, 기술개발자, 제도전문가 상호 간의 시너지 효과도 매우 높은 구조이다.

그러면 우리나라의 경우 기술개발에 따른 제도적 지원 현황이 어떤지 파악을 해봤다.

국내 법과대학이나 로펌 등에 이와 유사한 협업구조나 협업 프로젝트가 진행되는지 아직 들은 바 없다. 입법 기능이 있는 국회나 행정부처는 대체로 기술개발이 완료되고 심지어 제품에 반영된 이후까지도 제도적 보완이나 지원이 되기 어려운 상황이었다.
규제개혁위원회는 기술개발에 따른 제도 마련과는 다소 동떨어진 업무를 하는 곳이었다.
다만, 금융위원회의 샌드박스(Sand Box) 프로그램 정도가 그나마 미래기술이나 운영방식 등의 실증을 위해 사업자 제안방식으로 시범사업 프로그램이 있었다. 그러나 범위도 협소했고, 상당히 보수적 기준에서 추진되고 있었다.

지금이라도 대학과 로펌(Law Firm)에 제안해 본다. 대학에는 미래기술을 적용하기 위한 사회적 명분과 논리 개발에 적극적으로 나서 주실 것을 요청 드린다.
아울러, 로펌에는 본 제안의 검토가 향후 로펌 비즈니스에 큰 도움이 될 것으로 예측해 본다. 기업의 제품이 연구개발단계에서 제작과 유통 단계까지 기업과 함께 갈 수도 있고, 기업의 성공이 로펌의 수익으로 직결될 것이다.

8. 부동산 정책과 국토균형발전 정책

부동산 문제를 포함한 국토교통 관련 분야는, 때마다 등장하는 대한민국의 전통적이고 고질적인 난제(難題)에 속한다. 최근에는 '영끌'(영혼까지 끌어모을 정도로, 자기 전 재산은 물론이고 동원 가능한 부채까지를 모두 포함한다는 의미) 개념까지 등장하며, 부동산 투자는 투기와 투자의 경계를 오가며 사회적 문제로까지 확산되는 추세이다.

주거비는 평균 가계소비 지출에서 가장 큰 비중을 차지한다. 또한, 소규모 자영업이나 급여에 의존하는 대다수 국민의 최후의 보루는 부동산 투자와 그로 인한 수익 창출이 될 것이다.

부동산의 문제는 교환가치 중심에서 이용가치 중심으로 사회적 인식을 전환하는 방향성의 정책이 주요 근간이 되어야 한다.
시장에서의 교환가치를 인정하고 고려되는 가운데, 공공영역에서의 이용가치 중심의 부동산 정책을 끈기 있게 지속적으로 추진해야 할 것이다.

정부가 제공하는 공공임대주택은 이용가치 중심의 부동산 공공정책 수단이다. 그런데 일정 기간이 지나 정부가 공공임대주택을 분양으로 전환하면 정부가 지속적으로 추진해야 할 부동산 정책의 이용가치를 포기하고 교환가치로 전환하게 되는 것이다. 이것은 장기적으로 정부가 막으려는 부동산 투기 수요를 부채질하는 꼴이 된다.

동시에 정부의 재정 운용 및 정책과 공무원 평가 기준과 방식이 관리 운용보다는 설비투자 중심이어서 공무원이나 공공기관 입장에서도 공공임대주택을 오래 유지하면서 관리하기보다는, 분양하여 처분하는 것이 평가를 유리하게 받는 방식이 된다. 그러므로, 앞으로는 시설투자보다는 관리운영에 중앙정부 재정이 투입되고, 공무원과 정책의 평가 기준도 개선되어야 할 것이다.

민생의 가장 큰 비중을 차지하며, 주기적인 사회문제로 등장하는 부동산 정책과 그 대책과 관련하여, 좀 다른 방향과 시선에서 진단과 해법을 제안해 보겠다.

아울러, 대한민국 역량의 절반이 수도권에 몰려있는 비현실적인 상황에서, 극복을 위해 추진하다 중단된, '국토균형발전'에 대해서도 함께 언급해 보겠다.

(1) 부동산 정책의 철학과 원칙이 먼저다
토지-공공성, 건물-시장성, 주거-안정성

통상 10년을 주기로 국내 부동산 시장은 등락(登落)을 반복한다는 말이 있다. 1980년대 초부터 계획된 신도시 붐(Boom)을 시작으로, 대단위 주택공급 정책과 함께 대규모 개발계획들이 연이어 발표되었다.
강남에서 시작된 아파트 개발 열풍은 서울의 목동과 상계동, 그리고 수도권 내 일산, 분당으로 이어졌고, 이후 경기지역 전역으로 확산되는 상황이다. 이제는 경기 일부 지역을 서울로 편입시키는 메가시티(Mega City) 논쟁까지 불이 붙고 있다. 도시와 주택의 양적 팽창과 확장의 시기이다.

국내 부동산 시장은, 1980년대 후끈 달아올랐던 열기가 가라앉으며, 1990년대 후반 IMF를 전후로 최저점을 찍기도 했다. 다시 10년을 주기로 노무현 정부 시절인 2000년대 초반에는, 수일 만에 평당 1억이 오를 정도의 무서운 상승세가 있었다. 이후 이명박, 박근혜 정부 시절 추진되었던 뉴타운 개발 카드에도 주춤했던 부동산 시장이, 다시 10년이 지난 문재인 정부 시절부터 또 요동치기 시작했다. 수십 차례 연이어 발표된 가혹할 정도의 부동산 규제 정책에도 불구하고, 부동산 투자로 민생탈출구의 새 희망을 찾던 사람들은 악마의 유혹 '영끌'도 마다하지 않게 되었다.
부동산 가격의 상승 랠리가 이어지면서, 정부의 규제는 오히려 사람들의 투자 심리만 재촉하게 되었고, 이런 자극들에 동원된 수단과 방법들로 부동산 광풍의 열기는 식을 줄을 몰랐다.

정부의 1가구 2주택 이상 주택소유자 대상 증세는 지방의 부동산 시장 침체와 부동산 취득세 감소에 따른 지방세 감소로 이어졌고, 국토균형발전에도 역행하는 결과를 초래했다.
문재인 정부 시절, 강남의 수요를 분산시키기 위해 강북지역을 중심으로 전국의 도시재생 사업, 5년간 50조 원의 투자계획은 당시 정부의 부동산 규제 정책과는 정면 배치되는 제안으로 용두사미 정책이 되었다.
이는 오세훈 서울시장의 서울 균형발전을 위해 강북지역의 용적율 완화 등을 통한 경제도시 건설계획이 서울지역 부동산 투기 억제를 위해 고수해오던 토지거래허가구역 규제와는 배치되는 정책으로, 발표 직후 추진이 불가능했던 경우와도 유사하다.

보유세 증세는 동산 수익이 없는 부동산 소유자에게는 고행(苦行)으로 작동되었고, 강력한 거래세 규제와 주택공급 없는 대출 규제는 서민의 주거복지를 흔들었다.

문재인 정부는 결국, 전후 사정을 막론하고 부동산 정책 실패를 자인했다.

우리 부동산 정책은 철학과 원칙에 먼저 충실해야 할 필요가 있다. 매번 보이는 현상에 대한 대응에만 급급하다 보니, 풍선의 한쪽을 누르면 다른 한쪽이 부풀어 오르는 것처럼, 문제해결을 위한 정책을 정부가 마음먹고 발표하면, 생각지도 못한 다른 문제가 곧바로 생기곤 했다.

그동안 워낙 원칙 없이 종횡무진으로 덕지덕지 붙여온 우리의 부동산 정책은 무엇을 해도 문제가 생길 수밖에 없는 처지에 놓여있다. 차라리 문제를 가장 최소화하는 방향으로 뚝심 있게 추진하는 것이, 시장의 신뢰를 회복하고 기준을 설정하는 방법이 될 수 있을 것이다. 정권의 성과에 연연하지 않으면서 시장에서 흔들리지 않는 중장기적 관점에서의 해법 제시가 필요하다.

#1.
토지의 공공성 강화 - 공공부지 확대가 답이다, 정부가 땅 팔아 개발하는 시대 지났다.
토지는 한정된 공동체의 공동 재화이다. 토지의 공공성이라 해서, 토지공개념처럼 사유재산권을 제한하자는 의미는 아니다. 토지의 공공성 강화는 토지에 대한 공적 기능과 역할을 부여하자는 의미로, 정부가 토지매입 예산의 책정을 통해 공공부지 소유 비율을 점진적으로 확대하고, 지자체 소유 토지매각 프로세스의 허들을 높이자는데 제안의 취지가 담겨 있다.

문래동 창작공간은 과거 오랜 기간 소규모 공업사와 공장들이 집중되어 있던 러스트(Rust) 지역으로, 대기오염과 우범지역으로 정평이 난 곳이다. 문래동 공장지대 공장들이 하나 둘씩 이전하면서, 문화예술가들이 그 빈 자리를 채워갔다. 저렴한 임대료의 빈자리에 예술가들이 입주하면서, 문래동은 과거 러스트 지구의 도화지에 입주한 예술가들의 채색이 어우러졌고, 창작과 상상력 높은 문화공간으로 재탄생 되었다. 예술가들의 작업공간을 중심으로 다양한 작품을 전시하는 갤러리와 젊은 음악가들을 위한 공연장 등이 들어섰다.

예술가들의 상상력과 창의력으로 채워지는 공간들은 입소문을 타고 많은 사람들을 불러들이게 되었고, 골목 구석구석을 구경하고 사진도 찍고 서울에서도 도시재생에 성공한 핫 플레이스(Hot Place)로 유명세를 타기 시작했다.

흔한 도시의 생노병사(生老病死) 주기가 문래동 지역에도 마찬가지로 진행되었다.
도시의 콘텐츠가 채워지고, 명소가 되면 사람들이 몰리기 시작한다. 사람이 몰리면 몰리는 사람들을 위한 상행위(商行爲) 활동이 활성화되고, 상업활동을 위해 업자들이 몰리면, 지역 내 땅값이 다시 오르게 된다.
지가(地價) 상승은 아이러니하게도, 초기 이 동네를 핫 플레이스로 만들었던 문화예술가들의 자리를 빼앗는 주된 원인으로 기능한다.

높아진 임대료를 감당하지 못한 가난한 예술가들이 결국 동네를 떠날 수 밖에 없는 '젠트리피케이션(Gentrification)'현상을 초래하기 때문이다.

사람들을 불러 모으게 된 원인인 문화예술 콘텐츠는 사라지고, 모인 사람들을 위한 상업적 형태들만 남게 되는 것이다. 당연히 원인이 없어지니 그에 따른 결과물도 사라진다.

만일 이런 상황에서, 해당 지역의 지방자치단체가 공공부지(公共敷地)를 소유하고 있었다면, 가난한 예술가들에게 주변 시세보다 낮은 비용의 임대공간을 계속해서 제공할 수 있을 것이다. 문화예술가들의 안정적인 체류와 활동의 보장은 도시 정체성을 유지하는데 지속적인 동력으로 작용하게 되는 것이다.

#2.
건물의 시장성 확보

대한민국의 부동산 가격은 철저하게 토지에 기반한다. 건물의 질(質) 보다는 토지의 성격과 위치에 따라, 부동산 가격이 정해진다.

그러므로 정부의 공공부지 확보 여력에 따라, 주기적으로 출렁거리는 부동산 시장의 등락을 안정시킬 수가 있다. 지가 상승의 원인이 토지이므로, 토지를 활용한 정책이 필요한 것이다.

정부 입장에서 토지만 있으면, 개발과 지가 상승 등 투기적 현상이 발생하는 상황에서도, 서민의 주거 문제를 해소하고 젠트리피케이션 현상을 방지할 수 있는 고리라도 생길 수 있는 것이다.
그런데 정부가 공공부지를 매각하는 형태로 개발을 하게 되면, 그 혜택은 오히려 집 없는 서민보다는 대형 시공사와 대형 금융사에게 돌아갈 공산이 크다.
주권자인 국민들 입장에서는, 국민의 자산을 팔았으면 그 돈으로 얻는 혜택이 있어야 하는데 그렇지 못한 것이다.

다만, 정부의 공공개발 방식이 시공하는 민간 건설사의 이익을 최소화하는 선에서 개발이 이루어져야, 무주택 서민들에게 돌아갈 수 있는 다양한 혜택을 설계해볼 수 있다.

정부 소유 공공부지에 주택을 건설하는 경우, 통상적으로 건설비가 토지가의 1/3정도일 것이다. 토지비와 건설비의 총합인 분양가와 그보다 높은 시세 가격, 그리고 정부 소유 공공부지에 건물 소유분만 시장에서 거래하는 토지와 건물의 소유권 분리 등을 생각해 볼 때, 주요한 주거공간 입지에 공공부지만 확보된다고 하면, 부동산 가격이 상승하는 주요 요지에서도 전체 공사를 통한 주택공급 물량의 50~70%의 임대물량을 확보·공급할 수가 있다.

향후 정부가 땅을 팔아 개발하는 방식으로 공공부지를 줄여가는 정책을 지양하고, 해마다 예산을 책정하여 공공부지를 확대해 나가는 정책이 필요하다. 공공부지의 개발을 하더라도 토지는 공공의 소유로 장기 임대만 하고, 건물의 소유권만 민간이 시장에서 거래하는 방식으로 추진되어야 할 것이다.

그러려면 정부의 더 많은 재정지원이 필요하다. 헌법에 주거권을 신설하여 주거를 위한 정부 재정투입의 법적 근거를 우선적으로 확보해야 한다. 중앙정부의 하드웨어 등 시설을 건설하는 하드웨어 중심 재정에서 시설을 운영하는 소프트웨어 중심 재정으로 회계 주머니의 성격도 전환되거나 확장되어야 한다.

아울러, 공공개발을 담당하는 LH 등 공공기관의 업무와 성과에 대한 평가 기준을 중장기적으로 확장하고, 공공재정의 회수 기간을 충분히 늘려주어야 한다. 아울러, 장기적이고 적극적인 운영을 위한 기금의 확대도 필요할 것이다.

지금은 수도권에 몰린 엄청난 양의 재건축 물량이 쏟아지는 상황이다. 상대적으로 인구는 가파르게 감소하고 있다.

정부의 주거 안정을 위한 재정 확대는 향후 재건축 시장을 통해 발생할 주택공급의 증가세와 맞물려 서민 주거 환경의 안정성은 갈수록 나아질 것으로 예측된다.

이를 전제로, 다주택이나 고가의 주택소유자에게는 부동산 보유와 거래에 따른 보유세와 거래세를 받으면 된다. 부동산 투기를 막는다는 명분으로 다주택 소유에 대한 규제를 과도하게 강화할 이유도 없다.
정부의 공공부지 확대 정책을 전제로 건물에 대해서는 철저하게 시장 논리에 맡기는 방안을 고민해야 한다.
누구든 부동산 거래와 소유에 대한 세금만 확실히 내면 부동산 시장은 시장 논리가 적용되어야 한다. 부동산 가격상승으로 인한 무주택자의 주거 문제는 정부의 공공부지가 역할을 해야 한다.

한정된 재화인 토지의 공적 기능 강화와 달리 건축물에 대해서는 시장경제 논리에 충실해야 하는 것이 맞다.

국내 가장 많은 주거 형태인 공동주택의 경우 토지면적 보다는 연면적 기준의 개념이므로, 토지와 건물을 분리하여 과세하는 것이 다소 계산이 복잡할 수 있다.
다만, 주거목적 외의 부동산과 공공이 공급하는 일부 부동산 개발 방식 등에 대해서는 토지와 건물에 대해 분리과세 하는 방안을 검토할 필요도 있다.
토지분에 대해서는 중과세, 건물분에 대해서는 시장 논리를 적용하는 방식으로 주거용 부동산에 과집중된 투기적 현상을 주거외 목적의 부동산으로 관심을 돌리게 할 필요도 있다.
아울러, 공공이 공급하는 주거목적 부동산에 한해서도, 토지와 건물을 분리하여 입주자의 부담을 최대한 완화해주는 방향성을 고민해야 할 것이다.

#3.

주거의 안정성 확보 - 헌법에 주거권 신설과 공유공간 활용 재개발

국민의 주거권은 인권의 문제에서 바라봐야 한다. 주거 권리에 관해서는 국민은 기본적인 권리이고 국가는 의무이다. 국가는 국민이 안전하고 쾌적하게 거주할 수 있는 공간을 최대한 보장해야 한다. 주거의 안정성이 위협을 받으면 국민의 안전과 인권이 침해받게 된다. 그래서 주거권은 국민의 기본권에 해당된다고 할 수 있다.

나는 이 부분이 개헌안에 반드시 반영되어야 한다고 주장한다. 주거권은 국민 안전권과 직결된다. 인구감소 시대에 주거권은 저출생과도 연계되고, 부동산 시장의 안정에도 영향을 미치게 될 것이다. 쾌적한 주거환경은 도시재생에도 주요한 국민 기본권의 근거로 역할을 하게 될 것이다.

주거의 안정성 확보를 위해, 공공임대주택과 민간임대주택 그리고 공유공간형 소규모주택 재개발 등의 적극적인 검토를 추천한다. 헌법에 주거권 신설은 정부의 서민 주거 지원 정책의 근거로도 활용될 것이다.

과거 노후도가 높은 주택단지 난개발 지역들을 대상으로 주거환경 개선을 위한 소규모 주택개발 사업들이 추진 중에 있다.

그러나, 10평 전후의 소형평수 주택을 대상으로 하는 소규모주택 재개발

사업은 턱없이 높은 분담금으로 인해 대부분의 사업이 좌초되는 상황이다.

이런 경우, 새롭게 짓는 주택의 평수는 줄여서 분담금을 최소화하고, 주거민들이 공동으로 사용하는 공간의 공유면적 비율을 확대하여 주거환경 및 삶의 질을 높이는 방식으로 재개발 사업 추진을 검토할 필요가 있겠다.
공유공간의 관리비용은 주택의 운영방식에 따라 주거복지 차원의 정부지원 또는 개별 조합원이나 세입자들의 분담을 통해 운영하면 될 것이다.

공간의 배치와 운영의 방식은 호텔이나 콘도미니엄 같은 개념으로 생각하면 되겠다.
면적이 적은 대신 프라이버시가 보장되는 개별공간과 규모가 크고 다양한 편의시설을 사용할 수 있는 공유공간으로 공간을 분리하여 주택에 복합적 기능성을 부여하는 것이다. 내 방과 내 집의 개념에서 우리 집과 우리 주거 공동체의 개념으로 확장되는 것이다.

개별공간에서는 일상적인 개인과 가족들의 사적인 공간으로, 공유공간은 식당 및 부엌, 거실 공간, 운동 시설, 영화관, 도서관, 회의실 등의 주거 편의시설과 서비스가 제공되는 충분한 공간으로 활용된다.

소규모주택단지 개발하는데, 분담금은 낮추고 주거의 질은 높이는 방향의 사업 추진이 가능할 것으로 기대한다.

아울러, 정부의 공공임대주택 정책과 관련해서, 임대주택의 분양전환은 정책의 신중성을 기할 필요가 있다.
추측건대, 우리 예산운영 및 정부 정책 평가 기준 등이 관리보다는 처분하는 것이 더 유리하게 설계되어 있기 때문이 아닐까 하는 생각이 든다.
재정의 투입과 회수 시점을 좀 더 중장기적으로 연장하고, 정부의 정책 평가가 민생에 초점을 맞춘다면 국토부 산하기관인 LH가 굳이 공공임대주택의 분양전환을 고려할 이유가 없어 보인다.

지금까지 정부가 공급한 임대주택만 분양하지 않고 잘 관리했다면, 부동산 정책에 있어 정부가 상당한 주도권을 행사할 수 있었을 것이라고 판단한다.

(2) '철근 콘크리트 구조 아파트' 카르텔

한국 사회에서 부동산 문제는 그야말로 적폐(積弊)이다. 말 그대로 오랜 기간 쌓이고 쌓여 뿌리가 깊고 단단하게 박혀버린 '폐단 종합선물 세트'라고 할 수 있다. 그동안 정부와 개발업자 간 의도하지는 않았겠지만, 결과적으로 만족스럽기 때문에 모두의 묵인하에 추진해오던 달콤한 빅딜(Big Deal)의 결과물일 수도 있다.

그러나 서민의 주택공급을 명분으로, 정부가 대형금융사와 대형건설사를 동원하며 주도해온 부동산 정책이 이제는 폭탄 돌리기가 되고 있는 현실이다.

그동안 정부는 아파트형 대단위 주택공급을 통해 서민 주거복지와 주거환경 개선을 해결하겠다는 목표하에 서울과 수도권 일대를 중심으로 신도시와 대규모 공동주택단지를 조성해 왔다.
그 결과 대한민국은 전체 주거형태 비율 중 60%가 아파트(공동주택)로 구성된 아파트 공화국이 되었다.
구체적으로는 철근 콘크리트 구조형 아파트이다. 철근 묶음을 기본골조로, 모래와 시멘트를 물과 배합하여 쌓아 올린 주택구조물이다.

철근 콘크리트 아파트의 경우, 외장재인 구조물의 평균 수명은 80년 이상을 가지만, 수도 및 보일러 배관 등의 내장재 수명이 30년밖에 되지 않는다. 그래서 철근콘크리트 아파트는 내·외장재 수명이 불일치하게 되고, 이런 수명의 불일치로 인해 철근 콘크리트 아파트의 재건축 연한은 내장재 연한인 30년에 맞추어져 있다.
고가의 명품가방 지퍼가 고장 난 경우, 지퍼만 교환하면 될 일인데, 가방을 통째로 내다 버리고 새것을 구매하는 격이다.

그러면 이 문제를 극복하기 위해, 내장재 유틸리티를 건축물 외벽으로 빼내어 공사하는 방식도 있을 것인데, 아파트 외관이 볼품없어진다는 이유로 그런 방식의 공사는 하지 않고 있다.
이것은 핑계에 지나지 않는다. 공사비는 조금 더 추가되겠지만, 내장재 배관 등을 건축물 밖으로 빼내고, 외부로 노출된 배관 부분을 덮으면 동파(冬破)도 방지하고, 외관도 얼마든지 보기 좋게 할 수 있을 것이다.
또는 아파트 내벽에 배관 등 내장재용 공동구를 설치하면, 내장재 교체 시 공동구를 통해 교체하면 될 것이다.

30년을 주기로 지속적인 아파트 재건축 시장이 확보되면, PF(Project Financing) 대출을 해주는 금융사와 시공을 담당하는 건설사는 지속적이고 안정적인 수익을 지속적으로 보장받을 수 있게 된다.

설사 이들이 의도하지는 않았다고 하더라도, 다른 방안을 강구 할 이유도 없어 보인다. 보이지 않는 담합 구조이다. 더욱이 시위성 플래카드까지 내걸고 우리 집은 전혀 안전하지 않다는 논리의 부정적인 구조안전진단 결과만을 기다리는 조합원들의 요구까지 겹치게 되면, 더더욱 이들(건설사와 금융사 등)은 구경만 하면 되는 상황이 된다.
재건축 조합원과 아파트 분양을 통해 재테크를 기대하는 사람들의 입장에서는 새 주거 공간과 자산 증식이라는 두 마리 토끼를 모두 잡을 수 있는 희망이, 30년짜리 수명의 철근 콘크리트 아파트에 달려있기 때문이다.

공급자와 일부 수요자 간의 의도성을 떠나, 이들의 이해가 맞닿는 지점에서 부동산 시장은 주기적인 요동을 치게 된다.

철근 콘크리트 구조의 내장재를 외벽으로 빼내어 공사를 하거나, 철골구조식의 주택을 건설하는 경우, 건축물의 내·외장재 수명을 일치시킬 수가 있게 되고, 아파트 재건축 연한도 30년에서 80~100년까지 연장할 수 있을 것이다.
용적률을 모두 사용한 대규모 공동주택단지들의 재건축 이후, 또다시 30년이 지난, 그 다음이 더 걱정스럽기 때문이다.

(3) 대규모 공동주택단지 재건축의 문제점과 해결방안

국내에 2만~3만 세대가 넘는 대규모 공동주택단지가 수도권에만 총 51곳이 있다. 이보다 규모가 적은 아파트단지 수는 이루 헤아릴 수 없이 있을 것이다.

대규모 공동주택단지를 재건축 하는 경우, 가장 우선적으로 부딪히는 부분이 용적률 문제이다. 수도권 몇 군데를 제외하고, 대부분의 아파트단지는 이미 건축용적률을 모두 사용했을 것이다.

기존 주거 물량의 두 배 정도를 신규로 건설하여, 절반은 기존 소유자에게 무상으로 제공하고, 나머지 절반 물량은 분양을 통해 수익을 확보해야 하는 건설사(시공사) 입장에서는 용적률을 모두 사용한 아파트단지 재건축은 수지가 안 맞아 사업 자체가 불가능하다.

이런 경우에는 재건축보다는 리모델링을 해야 하는데, 건설 비용의 대부분을 조합원이 부담하게 되므로, 리모델링 이후 개선되는 주거 환경과 건설비용 대비 아파트 가격상승 폭 등을 모두 고려해서 결정해야 하는 조합원들 설득하기가 만만치 않게 된다.

그리고 이런 문제가 모두 해소되더라도 복잡한 문제는 여전히 남는다. 같은 공동주택단지라 하더라도 단지별로 사업 단위가 나누어져 있어, 재건축 사업이 단지별로 각각 추진하게 된다. 그 어느 단지도 후 순위로 사업을 추진하려고 하지는 않을 것이다. 모든 수단을 동원하여 가장 신속한 방식으로 각자의 사업이 추진될 것이다.

그러므로, 재건축을 준비하는 모든 단지가 동시에 또는 약간의 기간 차이를 두고 동시에 공사가 추진될 것이라는 시나리오에 대비해야 한다.
1~3년 동안의 각각 서로 다른 재건축 출발 시간을 고려하면, 전체 대규모 공동주택단지가 모두 완성되는데 대략 5~6년의 건설 기간이 필요할 것으로 추정된다. 이 기간 동안 동네 전체가 공사 현장이 되고, 동네 전체가 경제 공동화(空洞化) 현상이 발생할 수 있을 것이다.

국내에서 대규모 공동주택단지가 재건축한 사례는 아직 단 한 건도 없는 상황이다.
그래서 이 낯설은 대규모 공동주택단지들의 재건축에 대해서도 이제는 우리 사회가 깊이 고민해볼 필요가 있는 것이다.

대규모 공동주택단지의 재건축은 100% 분양을 전제로, 지역 내 불가피한 인구폭증 현상을 동반하게 된다. 새롭게 건설되는 주택 규모이면, 통상 두 배 가량의 인구증가 효과가 있을 것이다.

양천구 목동 신시가지 아파트의 경우, 전체 2만 5천 세대가 5만 세대 이상의 규모로 재건축되는데, 1가구 3인 가족을 기준으로, 총 7만여 명의 지역 내 신규인구 유입 효과가 있게 되는 것이다.

노원구 상계동의 경우는, 전체 재건축 물량이 14만 가구로, 현재 재건축 연한이 우선 도래한 7만여 가구의 재건축이 추진 중에 있다.
상계동의 재건축은 100% 분양 시, 40만여 명의 신규인구의 유입이 있을 것이고, 재건축 이후 아파트 거주 인구는 최소 80만 명에서 최대 100만 명 이상까지 될 것이라는 관측이다.

대규모 공동주택단지의 재건축은 단순히 기존 집을 허물고, 새로 짓는 수준을 넘어, 신도시 하나가 새롭게 조성되는 규모로 보면 된다. 그러다 보니, 내 집 수선의 개념보다는 우리 마을 전체의 도시재생 의미가 담겨있다.

대규모 공동주택단지의 재건축 사례는 아직 우리 사회가 경험하지 못한 상황으로, 다양하고 복잡한 난제들이 곳곳에 도사리고 있을 것으로 예상된다. 상상력을 최대한 발휘하고, 각각의 변수들을 예측하여 문제점들에 대비해야 할 것이다.

첫째, 대규모 공동주택단지의 재건축 추진 시 공사 기간 중 입주민들이 이주할 수 있는 주변 대체도시 부재로 인한 전세대란이 예상된다. 재건축 중이라도 지역을 크게 벗어나기 어려운 상황으로, 재건축 현장 주변에 인접한 주거지역 내 전세 물량 태부족과 급격한 전세 가격 상승이 예상된다.

둘째, 상대적으로 협소한 공간 내 동시다발성 공사 현장은 그 자체로 위험하기도 하거니와, 지역 내 일시적 대중교통체계의 붕괴와 공사 도로 과부족 등으로 인한 공사 차량과 일반 차량이 뒤엉키는 교통대란으로 이어질 가능성이 높다.

셋째, 공사로 인한 지역 내 공동화 현상이 지속되는 경우, 지역경제가 타격을 받고, 지역 정체성이 훼손될 가능성도 잠재한다.
아파트가 철거되고 다시 전체 단지가 입주하는데 5~6년의 기간이 소요된다고 하자. 자영업자들은 견디지 못하고 이주하게 될 것이고, 지역 내 공실(空室) 건물이 늘어나게 된다. 지역경제가 급속도로 활력을 잃게 되는 것이다.

예를 들어 고등학교, 대학교 진학률이 높은 학군으로, 유명 학원들이 밀집된 지역의 재건축을 생각해 보자.
안그래도 인구절벽 시대에 지역 내 장기간 공사까지 겹치면, 학업 환경이 열악해질 뿐 아니라, 학원들이 인근 도시로 이전할 가능성마저도 배제할 수는 없다.
공사가 다 끝나고 입주가 완료되면, 인구가 다시 늘어나 지역경제는 활기를 되찾겠지만, 한번 떠난 학원들은 과연 다시 제자리로 돌아올 것인가에 대해서는 깊이 생각해 볼 문제이다.

지속적인 면학 분위기와 우수한 학원 유치 등은 진학률과 직결된 요소들이고, 도시에 활력을 불어넣는 주동력으로 작용하는 지역 정체성에도 해당 된다. 이 부분에 대한 복원력을 장담할 수가 없는 것이다.

넷째, 재건축 추진과정에서 교통영향평가와 지구단위계획을 통합적으로 계획하고 설계하지 않아서 발생하는 문제들에 대한 시급한 대책 마련이 필요하다.

신도시 건설 수준의 대규모 공동주택단지를 재건축 할 때는, 지구단위계획을 중심으로 도시 내 신규 콘텐츠와 인프라 유치 등을 고민하는 도시계획과 도시 내 이동성 또는 도심 접근성을 높여주며 교통 부하를 낮출 수 있는 교통계획이 병합되어 계획되어야 한다.

재건축으로 인해 증가하는 인구 규모를 감당할 수 있는 지역 내 교통인프라 구축 계획이 병합되지 않고 제각각으로 설계된다.
도시와 교통을 계획하고 주관하는 기관도 각각 다르다. 지구단위계획은 기초 및 광역지자체가 주관하지만, 철도망이나 도로망 같은 교통계획은 중장기적 계획하에 중앙정부(국토부, 기재부 등)가 판단하고 결정한다.

중앙정부의 교통과 지방정부의 도시가 상호 연계성이 고려되지 못한 채 개별적 계획으로 추진되는 것이다.

실례로, 목동신시가지 아파트 재건축을 앞두고 서울시의 교통영향평가에서는 지역내 이동성 제고 차원에서 경전철 신규 노선인 목동선 사업이 재정사업으로 반영되어 통과되었으나, 정작 기획재정부가 주관하는 목동선의 예비타당성 검토과정에서는 목동신시가지 아파트 재건축 사업이 반영되지 않았고, 예비타당성조사 통과에도 실패했다. 현재 추진 중인 재건축 사업이 절차상으로, 아직 사업승인을 얻지 못한 것이 주요 원인이었다.

그런데, 목동신시가지아파트 사업 추진에 아무런 문제가 없는 것은 모두가 알고 있는 사실이다. 심지어, 3종 주거지의 상한 용적율 300%를 기준으로 목동신시가지아파트의 현재 평균 사용 용적율은 125%이다. 30평대 아파트를 기준으로, 가구당 평균 소유 면적도 14~5평 정도로 매우 높은 편이다.
이렇게 목동신시가지아파트의 사업 수지는 매우 우량하여 100% 분양이 예상되는 가운데, 재건축 이후 거주 인구가 최소 10만 명 이상 증가할 것으로 관측되고 있다.

그럼에도, 목동선 경전철 사업은 기획재정부의 예비타당성조사를 통과

하지 못해 절차는 원점으로 돌아갔고, 처음부터 다시 진행되어야 하는 상황이 되었다. 재건축 이후, 지역의 교통 부하는 고스란히 지역민이 견뎌야 하는 고통으로 남게 되었다.
도시계획과 교통계획이 통합되어 설계되지 않고, 중앙과 광역 행정간 불협이 만들어 낸 탁상 위 행정의 결과이다. 정책 공급자의 무책임하고 일방적인 행정폐단이 정책 수요자의 불이익으로 전가되고 있다.

사실 도심 내 이동성을 제고 하는 목동선의 기능과 역할은 교통 부하를 낮출 뿐 아니라, 지역경제 활성화, 주민 편의성 제고, 예산 절감, 탄소 절감 등 매우 다양한 후방효과를 기대할 수 있을 것이다. 이런 모든 편익이 정부의 예비타당성조사 단계에서는 고려되지 않는 것이다.

정부의 예비타당성조사 단계에서의 평가 기준도 문제가 있다.

기획재정부의 목동선 예비타당성조사의 경우만 보더라도, 앞서 서울시의 목동 아파트 교통영향평가에는 목동선이 편익에 반영되고도, 정작 목동선의 예비타당성조사에는 목동 아파트 재건축으로 인해 인구가 두 배로 증가하는 편익은 빠져 있다는 지적을 했다. 상호 모순이다.

두 번째는 목동선은 경전철이다. 국내 경전철 사업은 단 3개만 추진되었는데, 모두가 민자 사업이다. 다시 말해 경전철 예비타당성조사하는 비용의 기준이 앞서 추진된 3개 경전찰 민자 사업이 기준이 된다.
그런데 민자 사업은 민간이 정부로부터 사업비를 충분히 받기 위해 살짝 부풀려진 측면이 있다.
그러므로 기재부는 경전철 사업의 예비타당성조사를 할 때는 민자로 부풀려진 비용에 대한 원가계산이 필요할 것이다. 원가를 정확하게 알지 못하면, 민간에 의해 부풀려진 비용을 근거로 예비타당성조사를 하게 되고, 높은 비용은 당연히 예비타당성조사의 왜곡된 결과로 이어질 것이다.
가뜩이나 서울지역의 토지가격 상승으로, 예비타당성조사 통과가 어려운 상황에서, 민간이 책정한 높은 비용은 서울지역 내 예비타당성조사 통과 수위를 더욱 높이는 역할을 하고 있다.
좀 더 과장해서 부연하자면, 이미 부풀려진 기존의 비용을 근거로 또다시 정부가 발주 금액을 결정하고 정부재정을 지출한다면, 이는 포괄적 배임죄에 해당 될 여지도 있어 보인다.

세 번째는 우리 예비타당성조사에는 정성적이고 사회적 가치에 대한 편익은 반영되지 않는다. 예를 들어 어두운 밤길에 가로등을 신설하는데 많은 사람들이 안전함을 느낀다는 편익은 예비타당성 검토과정에는 반영되기 어렵다.

(3)-1 블록개발 방식 – 대규모 공동주택단지 재건축의 대안 제시

블록개발 방식은 나누어진 단지별 사업 단위를 몇 개의 메가 단위(Mega Unit)로 묶고, 메가 단위 내 특정 공간을 건축면적으로 지정하여 전체 메가 단위 내 건축용적률을 모두 몰아주고, 용적률을 몰아준 특정 공간 외의 나머지 공간은 용적률 제로(Zero)의 녹지로 대체 조정하는 단지통합 개발 방식이다.
〈참고 - 「도시 및 주거환경정비법 개정안」황희 의원 발의, 현재 국토위 법안소위 상정, 2025.3.24.일 기준〉

A, B, C, D 4개 단지를 하나의 메가 블럭으로 묶어 통합 개발하는 경우를 예를 들어보면,
용적률 상한 300%를 적용할 수 있는 3종 주거용지, A, B, C, D 4개 단지 중, 1개 또는 2개 단지의 공간을 건축면적으로 지정한다. 1개 단지를 건축면적 지정 시 용적률 1,200%, 2개 단지를 건축면적 지정 시 용적률 600%의 상한 용적률을 건축 부지면적으로 지정하여 적용한다. 그리고 건축 부지 외 나머지 공간에 대해서는 1개 단지 건축면적 지정 시 3개 단지 규모의 면적을, 2개 단지 건축면적 지정 시 나머지 2개 단지 규모의 면적에 대해 용적률 0%(Zero)의 녹지공간으로 변경 조정한다.

2개 단지 규모의 면적을 건축면적으로 지정하는 경우, 2개 단지는 철거

하여 600% 용적률의 재건축을 진행하고, 2개 단지 공간에 건축하는 동안, 나머지 2개 단지는 일상적 생활을 한다. 건물이 완성되면 이주한 2개 단지와 현재 살고 있는 2개 단지, 모두 4개 단지의 주민들이 새집에 입주하고, 이주하고 남은 나머지 2개 단지를 철거하여 녹지공원이나 숲으로 조성하여 공사를 최종 마무리하는 개발방식이다.

블록개발 방식은 재건축으로 이주하는 주민의 규모가 일반 개발방식의 1/4 또는 절반 수준으로, 대체도시(代替都市) 부재로 인해 발생하는 전세대란과 교통대란, 지역경제 추락, 지역 정체성 붕괴 등의 부정적 요인을 그만큼 완화 시키는 효과가 있다.
재건축 공사 기간 중에도 주민의 3/4 또는 절반 정도가 지역 내에 거주하기 때문에 지역경제가 상대적으로 덜 타격을 받게 되고, 지역 정체성도 어느 정도 유지가 가능하다.

블록개발 방식은 대체 도시가 없는 조건 하에서, 대규모 공동주택단지 재건축 사업에 도입을 검토해볼 만한 최적의 대안이라 기대해 본다.

(4) 자치와 분권, 국토균형발전 정책의 최종 목표

참여정부 시절 추진하기 시작한, 국토균형발전 정책은 철학적 관점에서 바라볼 필요가 있다. 국토의 균형적 발전은 특정 지역에 쏠리거나 편중되지 않으며, 지역 특성과 형평성 등을 고려하여 전국을 골고루 성장시키는 상생과 공정, 그리고 보편의 가치가 담겨 있다. 아울러, 국토균형발전의 궁극적 목표와 확장적 가치는 자치(自治)와 분권(分權)이다. 국토균형발전이 잘 안되는 배경에는, 중앙정부가 지방의 자치와 분권을 허용하지 않는 이유도 있다고 본다.

행정적 개념에서 중앙과 지방의 차이는 권한(權限)과 역할에서 오는 수직적 관계 속에서 규정이 되고, 국토균형발전의 정책적 관점에서 중앙과 지방은 도시의 기능과 역할에 따른 수평적이고 상호 보완적 관계 속에서 그 차이를 설명할 수 있다.
그래서 국토균형발전을 이야기하려면, 전 국토를 각 지방의 특색과 정체성에 맞게 성장시켜야 하지만, 중앙의 권한을 지방으로 이양하고 지방의 자치력을 높이는 조치가 병행되어야 할 것이다.

미래 문명과 미래 사회를 대변하는 스마트시티를 이야기할 때 우리는 '탈중앙화(Decentralized)'를 말한다.
지식과 생산성이 비약적으로 성장하면서, 공동체의 규모가 커지고 다양화되고 있다. 이해에 대한 요구와 갈등이 첨예해지면서 공동체 전체의 가치에 모든 것을 담아내기 어려워진다. 소공동체 중심으로 개인의 행복과 가치의 소중함이 점차 비중을 높여가야 할 것이다.

중앙화의 취지는 신뢰와 효율이다. 중앙 집중을 통해 신뢰를 확보하고 그 신뢰를 바탕으로 효율적인 의사결정이 효과를 발휘한다. 그러나 사회의 규모가 커지고 다변화되는 가운데 지식과 정보의 양이 많아지면, 요구의 수준도 높아지고, 이해도 다양해지며 갈등도 잦아진다. 몸집이 크고, 복잡·다양한 공동체에서 중앙화 전략은 오히려 부담스러운 시스템이 될 수 있다. 중앙에 대한 의존도가 높을수록 중앙의 붕괴가 전체의 붕괴로 이어질 가능성도 있기 때문이다.

세계는 바야흐로, 도시와 지방의 경쟁력이 모든 것을 좌우하는 '지방 글로벌화(Glocalization)' 시대를 향하고 있다.
미래를 준비하는 우리의 입장에서는 정부 행정조직의 권한도 당연히 지방으로 분산·이양되어야 한다.

이제 중앙에 집중된 권한만으로, 커지고 다양해지는 모두의 요구와 가치를 담아내기는 부족하다. 만족도를 높이기 위해서는 단위를 더 나누고, 단위마다 독립된 권한의 부여를 통해 지속 가능한 동력을 확보해야만 한다.

각자의 다양한 성장과 시너지(Synergy) 효과를 통해, 더 큰 모두의 번영을 만들어 가는 것이 공동체 전체의 경쟁력을 강화하고 효율을 높이는 최선의 방법이 될 것이다.

#1.
메가시티(Mega City) 전략

지난 총선을 앞두고, 정치권발 메가시티 논쟁이 뜨거웠다. 메가시티(Mega City)는 인구 천만 명 이상 규모의 거대도시를 의미한다. 이미 천만 명 규모의 인구를 구성하고 대한민국 인프라의 대부분을 점유하고 있는, 지금도 세계에서 손꼽히는 메가시티 서울특별시에, 주변 소도시를 더 붙여보겠다는 주장은 다분히 선거를 겨냥한 정치적 메시지일 수 있다.
그러나 그런 불량스러운 의도라 할지라도 국토균형발전 측면에서는 고민해 볼 만한 의제이다. 다만, 서울만 하지 말고 이 기회를 빌려 그동안 추진하다 중단된 국토균형발전을 위한 진정성 있는 정책을 전국단위로 펼쳐서 논의해 볼 것을 제안한다.

수도권과 강원도 및 제주특별자치도 외에 부산·울산·경남권, 대구·경북권, 대전·충청권, 충북권, 광주·전남권, 전북권 등 6대 거점 메가시티를 설계하고, 중앙에 집중된 예산 집행 권한을 대폭 지방으로 이양하는 방안을 검토할 필요가 있다. 메가시티는 물리적 개념의 광폭화 의미에 걸맞는, 중앙정부의 지방정부에 대한 권한 이양도 필수적으로 동반되어야 완성 시킬 수가 있다.
해외투자자들 그리고 해외 지방정부가 국내 지방정부와 접촉할 때 가장 민감하게 거론하는 부분이, 사업에 대한 지방정부의 권한과 책임성 여부이다. 지방정부가 해당 사업을 보장할 수 있는 인허가와 예산 집행 능력에 대한 실질적 권한을 가지고 있다고 판단해서 일 것이다.
그러나 현재는 아쉽게도 대부분의 이런 권한들 대부분이 중앙정부에 집중되어 있다. 글로벌 지방화 시대에 우리의 광역단위 도시들이 세계시장을 향해 경쟁력 있게 대응할 수 없는 이유이기도 하다.

글로칼(Global+Local) 시대이다. 도시의 규모가 커지면서 이제는 국가와 국가 간의 교류보다는, 국가별 지방자치단체 간 교류의 시대가 되고 있다. 메가시티를 만들겠다는 포부의 목적 중에는 글로벌 경쟁을 통해, 더 큰 도시의 성장과 도약을 이루겠다는 의미도 담겨져 있을 것이다. 예산 집행 권한도 없는 메가시티 행정부가, 세계를 무대로 경쟁할 수는 없을 것이다.

아울러, 메가시티 정부의 권한이 높아진다는 의미는 메가시티 내 거주하는 주민들의 자치 권한이 높아지는 것을 의미하기도 한다. 해당 지역에 살고 있는 주민의 자치권 제고는 자치를 통한 지역의 발전과 지속가능성의 제고로 이어질 것이다.

따라서, 중앙의 권한을 지방으로 이양한다는 것은 지방의 자치와 분권을 더 강화한다는 의미로, 민주주의의 환경을 더 지속 가능하게 하고 공고하게 만들어 가는 과정이라 할 수 있다.

정치권의 포퓰리즘으로 시작된 메가시티 정책을 통해, 부디 국토균형발전과 자치와 분권이라는 진정성 있는 풀뿌리 민주주의 철학이 그 모양을 갖출 수 있기를 기대해 본다.

#2.
관광지표 개발을 통한 지방화 전략
문화체육관광부 장관 시절, 지방의 관광산업 활성화를 통해, 국토균형발전정책을 실현하는 방안에 대해 고민한 적이 있어 소개해 보겠다.

참여정부 시절, 국토의 균형적 발전을 위해 서울과 수도권에 집중된 인프라의 지방 이전을 추진했었다. 수도를 세종으로 이전할 계획도 제안되었고, 상당수의 국가기관 및 공기업·공공기관 등이 지방으로 이전하게 되었다. 이전한 공기업들이 이전한 지역 내에서 기금을 출연하고 투자를 할 수 있는 제도적 근거들도 마련되었다. 수도 이전은 불발로 종료되었지만, 공공기관 이전은 지속적으로 추진되어, 전국에 기업도시, 혁신도시 등 다양한 형태와 컨셉의 도시 리모델링이 진행되었다.

행정수도의 이전이 헌법재판소의 판결로 중단되긴 했지만, 수도 서울의 역량과 기능의 지방 분산은 여전히 유효하다. 우선적으로 국회가 세종시 분원을 추진 중에 있다.
행정수도 이전은 서울에 집중된 경제기능과 행정기능을 분리하여 경제기능은 서울에 남기고 행정기능을 세종시로 이전한다는 계획이다. 프랑스의 파리와 라데팡스, 미국의 뉴욕과 워싱턴, 호주의 시드니와 캔버라, 중국의 상하이와 베이징 등 경제와 행정수도(首都)가 분리된 대표적 국가들이 그 모델이 되고 있다.

그러나, 참여정부 이후 국토균형발전 정책이 사실상 중단되면서 더 이상의 진전이 없는 상황이다.

문체부 산하기관인 한국관광공사가 발표한 '한국 관광 100선'이 있다. 전국 지도에 충남의 대천해수욕장, 안면도 꽃지해변, 부여 백제 유적지 등, 전북의 내장산 국립공원과 전주 한옥마을, 전남의 섬진강 기차마을과 순천만 습지, 경북의 불국사와 석굴암, 경남의 김해가야 테마파크와 통영 디피랑(DPIRANG), 강원도의 남이섬과 대관령 등의 대한민국의 문화관광 콘텐츠가 포함되었다.

우리가 해외 관광을 준비할 때, 의사결정하는 요소들을 생각해 보자. 참고로 코로나 이전, 한 해 국내로 들어오는 인바운드(In-bound) 관광객 수가 약 1,700만 명이고, 연간 해외로 나가는 아웃바운드(Out-bound) 관광객 규모가 3,000만 명이다. 우리는 인구의 60% 정도가 매년 해외를 나간다고 보면 되겠다.

우리가 해외를 나갈 때, 선택하는 요소들은 대략 다음과 같을 것이다. 먼저 가고자 희망하는 나라에 가서 무엇을 보고 무엇을 할지를 결정한다. 가고 싶은 나라와 그 나라에서 가볼 만한 관광 콘텐츠가 결정되면, 다음은 그 나라까지 가는 항공편 등의 교통수단을 결정해야 한다. 가급적 저렴하면서도 편하고, 안전하고 빠르게 갈 수 있는 조합의 항공편을 선택하게 된다. 물론 마일리지까지 챙길 수 있는 항공편이면 더없이 좋을 것이다.

두 번째는 숙박 시설이다. 호텔, 펜션, 에어비엔비(Airbnb) 등, 조식 제공 여부부터 호텔 내 식당과 수영장, 운동시설 등의 각종 편의시설 조건과 관광입지 등의 여건을 고려하여 가급적 가성비 높은 숙소를 선택할 것이다.

세 번째는 여행지 내에서의 이동성 문제의 해결이다. 여행사를 통해 단체 관광을 하는 것이면 이동에 별다른 문제가 없지만, 자유여행의 경우 객지에서의 이동성은 선택의 폭을 넓히고, 안전의 문제와도 직결된다. 기차와 버스, 택시, 렌트카, 킥보드 등 여행 동선에 맞는 안전하고 가성비 높은 교통수단을 선택하게 된다.

그리고 나머지 선택 사항들은 음식과 쇼핑, 문화콘텐츠 등의 옵션 사항들을 종합 고려하여 결정하게 된다.
앞선 조건에서 우리는 여행지를 선택하고 관광을 실행에 옮기게 된다.
한국을 찾는 외국 관광객이나 국내 관광을 계획하는 국내 여행객들도 모두 마찬가지 형편일 것이다.
관광객들이 관광할 때 대체로 선택하는 기준과 요소들을 우리나라 관광지의 경우, 골고루 갖추고 있는지를 살피고 점검해봐야 한다.

대부분의 국가는 자국을 방문하는 관광객을 위해 국가와 고장을 상징하는 굿즈(Goods), 기념품 등이 다양하게 구성되어 있다.
유럽 국가들을 방문할 때 기념품 가게가 즐비하게 거리를 채우고 있는 것을 흔하게 볼 수 있다.
우리의 경우, 어느 관광지를 가 봐도 해당 관광지와 관련된 굿즈(Goods)나 기념품 찾기가 쉽지 않다. 알려진 브랜드나 그 지역만의 특산물을 판매하는 쇼핑몰도 제대로 갖추지는 못한 형편이다.

숙소의 경우, 최근 들어 펜션과 비즈니스 호텔, 캠핑장 등이 대폭 증가하면서 여행객들을 위한 숙박 시설이 많이 개선되고 보완되고 있는 편이다.
그러나 국내에서 흔히 찾아볼 수 있는 모텔이나 여관처럼 가족과 함께 가기 불편한 숙박 시설도 여전히 많은 형편이다.

큰 규모의 다자회의나 국제행사를 위해서는 행사를 유치하는 해당 도시의 규모 있는 숙박 시설의 확보가 필수적이다. 현재 그만한 국제행사를 유치할 수 있는 국내 도시는 서울과 제주, 그리고 부산 정도라고 보면 되겠다. 부산과 제주도마저도 단독으로 행사하기에는 숙박 시설이 충분하지 않은 관계로, 몇 해 전에 개최된 APEC 행사를 제주와 부산이 공동 개최하기도 했다.

교통 인프라도 서울과 제주 등 주요 관광지를 제외하고는 불편하기는 마찬가지 상황이다.

강원도의 경우, 고속철도를 이용하면 차량으로 이동하는 소요 시간의 절반밖에 되지 않는다. 명절이나 주말, 휴가철 등에는 그보다 훨씬 많은 시간을 절약할 수 있을 것이다.

강원도는 산과 바다 등 다양한 자연환경과 각양각색의 관광 콘텐츠들이 있기는 하지만, 광범위한 지역 내에 여기저기 산만하게 흩어져 있어, 강원도 관광을 위해서는 도내 이동성의 확보가 매우 중요하다. 그래서인지 강원도를 찾는 사람들 대부분은 자가 차량을 이용하고 있다. 고속철이나 항공노선이 있어도, 이용률이 높지 않은 이유이기도 하다.

이런 경우, 제주도처럼 렌트카 서비스 등이 활성화된다면, 강원도까지는 대중교통을 이용하고 강원도에 도착해서는 렌트카 등의 로컬 서비스를 활용할 수 있어, 교통 부하는 줄어들고, 이용객들의 편의와 만족도는 높아질 수 있을 것이다.
국내 관광지의 경우, 서울과 제주 그리고 강원 일부 등을 제외하고는, 앞서 언급한 조건(관광지를 선택하는 요소)들을 충족할 수 있는 독립적인 관광지를 찾아보기 어렵다.

이 부분들만 보완이 된다면, 대한민국은 국제사회에서도 최고의 관광지가 될 수 있을 것이다. 한류의 대세를 타고, 세계는 지금 'K-OO'의 열풍이 불고 있다. 코로나 시기 세계인들을 대상으로 조사한 설문에서도, 코로나가 끝나면 가고 싶은 나라 부동의 1위는 한류의 나라 대한민국이었다.
코로나 시기를 거치면서, 한국의 인바운드(In bound) 관광압력은 상당히 높은 수위에 있다는 평가가 일반적이었다. 그러나, 어떤 이유에서인지 코로나가 끝나도, 한국의 인바운드 관광객 수가 여전히 증가하지 않는 점에 대해서는 우리 스스로가 깊이 고민해봐야 할 문제이다.

필자가 문화체육관광부 장관 시절에, 콘텐츠만 있는 관광 100선을 소개하기보다는, 지역의 관광 콘텐츠를 중심으로 관광객이 선뜻 여행지로 선택할 수 있는 다양한 조건과 인프라 환경이 갖추어진 관광지 개발계획을 기획했었다.
통상적으로 관광객들이 여행지를 선택하는 요소들을 기준으로 지역관광 발전지수를 지표화하는 작업을 추진했다. 이런 지수와 지표를 기준으로 중앙정부와 지자체가 지역 관광지 개발을 위한 중장기적 설계를 기획해야 한다는 제안도 했었다.

지역에 관광객이 온다는 의미는 그 지역에서 먹고 살 수 있는 지역 상권의 조성과 지역 경제 활성화를 의미한다. 그렇게 되면 많은 사람들이 지방의 관광지를 중심으로 자기 삶의 터전을 이전할 수도 있을 것이라 생각한다.

지방 이주하면 귀농(歸農)만 생각했던 기존 사고에서 벗어나, 자신의 다양한 삶과 미래를 지방에서 설계하고 실현할 수 있게 되는 것이다.

지역관광 발전지수 지표개선을 위해, 교통, 숙박, 음식, 볼거리, 쇼핑, 안전 등 6개 분야의 관광요소 항목들을 중심으로 다양한 지표를 구성해 봤다. 여기에 관광객의 통신, 신용카드, 내비게이션, 하이패스 등의 자료를 통한 소비패턴 데이터와 비정형 데이터(소셜미디어 등) 등에서 추출한 빅데이터화된 자료의 분석을 통해 추가로 정책 방향을 제시하기로 하였다.

이렇게 지역관광 지수와 지표의 개발을 통해 국토균형발전의 정책 목표에 접근해 볼 수 있다.

관광은 작은 규모로 압축된 일상의 향유와 시장의 형성을 의미한다. 관광을 위해 그 지역을 찾는다는 것은 지역 경제의 활성화로 연결된다.

지역에서 창출된 콘텐츠를 중심으로 교통과 숙박, 쇼핑(상권)과 음식(식당) 등의 환경 구축을 통해 전 국토의 균형적인 발전을 도모할 수 있는 것이다.
중앙정부와 지방정부의 중장기적인 통합적 계획과 적극적인 협업이 필수적으로 요구된다. 어떻게 하면 사람들이 찾아올 것인가에 대한 중앙과 지방의 중장기적인 계획과 협력이 필요하다.

반강제적 기관 이전 등을 통한 인위적인 국토의 균형발전보다는 관광을 통한 현실적이고 능동적인 도시 활력의 제고를 통해, 고효율의 지속 가능한 국토균형발전 정책을 기획해 볼 수 있을 것이다.

#3.
자치와 분권
국토균형발전 정책의 최종 목적지는 자치와 분권이다. 자치와 분권이 국토균형발전의 동력이 되고 지속가능성을 보장하기 때문이다.
또 자치와 분권은 민주주의의 원칙이고 본류이다. 시민의 의견이 온전하게 국정에 반영되고, 중앙의 권력은 견제와 균형을 이루는 것이 민주주의의 본질이기도 하기 때문일 것이다.

장차 제7공화국이 출범하는 개헌의 내용에는 국민자치권과 지방정부 자치권을 확실하게 보장하는 장치가 포함되어야 할 것이다. 높아진 민도(民度) 만큼이나 주권자의 민주주의에 대한 요구도 커질 것이다. 민주주의가 가지고 있는 철학과 정신을 지방화를 통해 좀 더 적극적이고 직접적인 방법으로 추진할 필요가 있다.
중앙정부가 대의성(代議性) 높은 간접적 정치구조라고 하면, 상대적으로 직접적 정치구조라고 할 수 있는 지방정부를 통하여 풀뿌리 민주주의의 취지를 충분하게 살려볼 필요가 있다.

주권자가 직접 법안을 발의하고, 국회의원을 소환하고, 사법 시스템에 참여하는 권한과 함께, 지방정부에 의회 구성, 정부 유형, 단체장 선출 방법의 선택권을 부여하고, 자치조례 제정권과 자치재정 권한을 위임하는 방향의 개헌안을 적극적으로 검토할 필요가 있겠다.

9. 미래기술 개발 생태계 구축

미래기술이 연구·개발되고, 실증(實證)되고, 제도적 뒷받침이 마련되는 일련의 과정을 선순환적이고 지속 가능하게 하는 체계화가 필요하다. 연구자가 연구하고 개발할 수 있는 R&D 환경의 개선과 엑셀러레이터(Accelerator) 지원체계 등 모든 개발환경의 구축과 개발된 기술을 시험하고 실증할 수 있는 환경의 마련, 그리고 개발된 기술이 제작·유통되는 과정에서의 투자 및 제도지원 환경의 구축 등 미래기술 개발의 전반적인 생태계 구축이 요구된다.

본 장에서는 각국이 추구하는 미래기술의 성격과 미래기술을 실현하는 데 요구되는 방향성 등에 대해서 기술해 보기로 하겠다.

(1) 미래기술의 방향성, 가치(Value) vs 기술(Technology)

각국은 4차산업혁명의 미래기술을 완성하기 위해 다양한 노력을 추진하고 있다. 통상적으로 기술 발전이 뛰어나고 부유한 선진국일수록, 기술보다는 삶의 질이나 주민의 의사 결정권 등의 가치에 집중하고, 그렇지 못한 국가들의 경우 첨단기술 분야에 상대적으로 높은 관심을 보이는 것으로 나타났다. 후자의 경우, 기술개발 및 고도화를 통해 자국의 국가역량을 단기에 도약시키기 위함일 것이다.

부유한 국가들일수록 기술보다 가치에 중점을 두는 또 다른 이유로는, 부유한 국가일수록 이미 안정기에 접어든 기성 도시에 새로운 기술을 적용하고 도시를 재구조화 하는데 따른 복잡·다양한 제약과 갈등이 있을 수 있기 때문일 것이다.
기성 도시에 새로운 제도나 문화, 새로운 산업이나 인프라, 시스템 등을 도입할 때는, 개인정보 노출 등으로 인한 사생활 침해, 전통 기득권 산업과의 충돌과 갈등, 불편함과 비용 지출 등 다양한 거부감과 저항감 등이 표출될 것이다.
민주주의가 더 성숙되고, 도시가 안정적으로 발달할수록 새로운 기술을 도시에 적용하기가 상대적으로 어렵다는 결론이다.

그러나 사회주의 국가나 저개발로 인해 민도가 상대적으로 낮은 국가들의 경우, 개인정보를 저항감 없이 활용할 수 있고, 비용 문제만 해결된다면, 기존에 없었던 인프라의 구축은 오히려 환영받을 일이다.
아이러니하게도 개발이 덜 되고, 민주화가 덜 성숙한 도시와 국가일수록, 미래기술을 적용하기에 더 수월한 구조로, 실증적 성과를 더 빠르고 효과적으로 낼 수도 있는 것이다.

유럽 도시들의 경우, 도시마다 오래된 문화유산과 자연환경 자산이 많은데, 이것은 관광 등을 통한 당장의 국가의 비중 있는 수익구조와도 연결되어 있다. 개발보다는 보존이 우선되는 나라들이다. 이런 국가들일수록 신기술을 적용하면서 도시를 재구조화하기는 쉽지 않을 것이다.

오스트리아 수도 빈의 경우 150년까지는 신도시에 해당된다. 150년 이상된 도시공간이 많이 존재한다는 의미이기도 하다.
영국의 수도 런던에는 도심을 가로질러 흐르는 강가에 즐비하게 정박한 수많은 보트를 주택으로 사용하고 있다. 배 안에서의 생활은 강물을 오염시키지 않는 다양한 형태의 환경 기술들이 적용되고 있다.
네덜란드는 도시 어느 곳에서도 자전거로 10분이면 녹지공원에 도착할 수 있도록 도시가 설계되었다. 우리 새만금처럼 산에서 돌과 흙을 채취하여 단기간에 바다를 메꾸는 간척방식이 아닌, 제방을 쌓고 물을 빼낸 다음, 50여 년에 걸쳐 소금기를 걷어내며 목초지와 농지 순으로, 갯벌을 옥토로 만들어 가는 자연의 흐름을 거스르지 않는 자연 친화적인 간척방식을 선택하고 있다.

도시는 인류 삶의 모든 것이 포괄되고 축적된 공간적, 제도적, 문화적, 사회학적 개념의 통칭이다. 도시의 발전은 인류 삶의 사회과학적, 기술과학적 진보와 성장의 흐름을 그대로 보여주는 플랫폼 같은 존재이다.
그래서 스마트시티(Smart City) 개념은 4차산업혁명의 미래기술과 가치관이 총망라되어 총합된 집합적 개념으로 볼 필요가 있다.

나는 물리적 의미로 축소 규정된 스마트시티(Smart City)보다는, 스마트라이프(Smart Life)라는 용어를 더 선호한다. 미래기술의 전반적 의미를 시티(City)라는 행정적이고 물리적인 개념에 담기에는 다소 부적절하고 미흡하다고 판단되기 때문이다.
미래기술로 인한 우리 삶의 전반적인 내용과 형태를 총칭하는 개념인 라이프(Life)가 우리의 미래 문명을 대표하는 개념으로는 오히려 더 적절하다는 생각이다. 유럽의 도시재생 및 스마트시티 대표자들도 나의 이런 취지에 적극적인 공감을 표시했다. 그들도 스마트시티라는 용어보다 미래도시(Future City) 등 인류가 지향해야 할 포괄적 미래 개념의 용어를 선택하는 것이 더 적절하다고 했다.

스마트시티(Smart City)에 대한 개념은 국가마다 매우 다양한 의미로 규정되고 있으며, 기술, 복지, 보건의료, 교육, 민주주의, 환경 분야 등 각각의 개별 가치들을 부각시키며 나라마다 자국의 이해와 사정에 맞게 스마트시티를 정의하고 있다. 각국이 정의하고 있는 스마트시티의 개념이 200개도 넘는다고 한다.
특히 유럽의 스마트시티는 민주주의와 복지, 그리고 환경 등을 지향하는 반면, 미국과 주요 아시아 국가들에서는 기술적 의미를 부각하는 측면이 크다.

그러나 최근 들어, 유럽의 여러 선진 국가들도 가치 지향적 개념과 기술 지향적 개념들이 통합되는 경향이다. 아무래도 기술을 빼놓고는 미래와 진보를 논할 수는 없기 때문일 것이다.
스페인과 포르투갈 등도 미흡하지만 디지털 트윈(Digital Twin) 기술을 활용한 교통관리 시스템을 서둘러 도입하는 상황이다. 도로 곳곳에 센서(Sensor)를 설치하고 라이더(Lidar, Light Detection and Ranging)로 스캔한 도심과 구글 지도를 활용하여 도시 내 교통량 흐름을 관제시스템상에서 관리하고 있다.

결국, 기술과 가치로 조합되어 디자인된 도시가 미래 문명의 완성된 모습일 수밖에 없는 것이다.
개인정보 데이터의 사회적 공유가 미래 민주주의의 모습일 것이라는 '데이터 민주주의' 또한 미래의 기술과 가치가 잘 조합된 미래 문명의 단면을 보여주는 것이다.

이 밖에도 주민자치 거버넌스의 체계를 최적화하는 기술환경의 지원은 민주주의와 지속가능성의 가치를 제고하고, 재생에너지 및 폐기물과 오물 등의 재활용 기술을 통한 환경적 가치의 지향, 예술(Art)과 기술(Tech)의 결합을 통한 더 다양하고, 더 광범위한 가치관의 공유와 연대 등, 기술의 개발을 통해 가치를 높이는 과정과 성과들이 우리 사회 전면에 등장하고 있다.

(2) AI(인공지능), Metaverse(메타버스), Digital Twin(디지털트윈) 통합 지원

미래기술은 과연 어떤 모습으로 완성될 것인가?
우리의 삶에 어떤 기능과 형태로 자리 잡게 될 것인가?
그리고, 대한민국은 그런 미래기술들이 개발되고 성장하기에 충분한 환경과 조건을 갖추고 있는 것인가?

미래기술은 상호 간 연계성이 높을뿐더러, 융·복합되는 형태와 구조 또한 다양하다. 다양하게 개발되는 기술들이 어떻게 연계되고 융·복합되면 우리 삶에 소중한 수단과 자산으로 이어질까?
점과 점이 이어져 선을 이루듯, 기술과 기술의 조합으로, 보다 높은 완성도의 기술이 개발되고, 이렇게 개발되고 조합된 기술은 우리의 삶이 되고 문명을 이룰 것이다.

미래기술은 정부 차원의 강력한 의지와 민간의 창의와 노력들이 모아져 성과를 이루게 된다. 특히 4차산업혁명을 준비하는 기술 경쟁 시대는 각국의 국가역량이 총동원되고, 복잡·다양한 전략과 셈법이 상호 작용하며 성과와 주도의 우위가 결정될 것으로 예측된다.

기술 경쟁을 주도하는 미국과 중국을 보더라도, 정부의 의지와 민관(民

官)의 역량 결집은 대단하다.

연간 R&D 예산만해도 미국은 1,100조 원을 넘었고, 중국도 800조 원에 가깝다. 양국 모두 엄청난 규모의 예산을 해마다 투입하고 있고, 미국은 민간의 연구개발 역량이 독보적인 가운데, 국제사회의 패권적 지위를 십분 활용하며 판을 주도하고 있다. 중국은 공교육부터 단단한 기본기를 다져가며, 미래기술을 실증하는데 사회주의 국가라는 매우 유리한 환경적 조건을 갖추고 있다.

우리의 경우, ICT 인프라가 좋고, 관련 분야 인재 층이 비교적 두터운 편이다. 미래기술의 플랫폼 역할을 하는 스마트시티에 대한 역량도 어느 정도 갖추고 있다. 미국과 중국에 비하면 상대적으로 초라하지만 연간 30조 원대의 정부의 R&D 예산도 글로벌 수준이다(다만, 윤석열 정부에서 2025년도 R&D 예산 4.5조원 가량을 삭감하는 퇴행적 모습을 보였다).

세종과 부산 두 곳의 스마트시티 국가시범 도시는 특례법(황희의원 발의)이 적용되어 입주기업과 주민들에 대한 혜택과 기술을 실증하기 위한 법적 지원이 가능하고, 다양한 미래기술을 실증할 수 있는 제도적 물리적 환경도 구축되어 있다.

다만, R&D를 평가하는 기준이 실패를 용인하지 않는 평가구조인 관계로 성과로 이어지기에는 어려운 한계점을 안고 있고, 기술의 적용과 응용 등을 위한 국내의 규제 관리 환경이 상당히 보수적이다. 정부와 민간의 협력적 연계성의 저하로 기술개발의 방향성이나 진행 과정이 다소 산만하고 효율성이 떨어진다는 평가도 있다.

지난 30년 간 정당과 국회, 정부와 청와대 등에서 경험한 나로서는 이 부분을 극복하기 위한 공공영역에서의 기능과 역할은 미흡하다 못해 부재인 상황이라 평가하고 싶다. 그래서 저비용으로 고효율을 얻기 위한 몇 가지 제안을 해 본다.
현재까지 정부가 하지 않거나 미진한 부분들을 보완하기 위해 제안하는 차원이고, 미래기술의 진흥과 지원을 위해서 개념화(Conceptualization), 제도화(Legalization), 표준화(Standardization)를 목표로 국내 미래기술 개발의 생태계 구축을 위한 제언이다.

#1.
개념화(Conceptualization)
효율적인 기술개발을 위해서는 기술에 대한 상상력과 시나리오에 기반한 개념화가 요구된다. 개념화는 상상력이 현실에 접근하는 방향성을 의미한다.

방위사업청 산하 연구개발 기관인 국방과학연구소(ADD)는 미래 전투체계인 '아미 타이거(Army Tiger)' 프로젝트를 추진하고 있다.
아미 타이거 프로젝트 내 개별 병사의 생존력과 전투력을 높이는 '워리어 플랫폼(Warrior Platform)' 개발이 진행 중에 있다.

워리어 플랫폼은 온도조절 기능을 통하여 외부 기온 등에 상관없이 최적의 환경에서 전투 수행이 가능한 전투복, 야간에도 피아(彼我) 식별이 가능한 적외선 고글(Goggle), 신속한 조준과 명중률의 소총, 무거운 짐도 거뜬히 옮길 수 있는 웨어러블(Wearable) 근력 증강 시스템, 방탄모와 방탄복 등 병사 개인의 생존력과 전투력을 최적화시키는 개별 전투 체계 요소로 구성되어 있다.

국회 국방위원회 간사 시절, 워리어 플랫폼의 개발 목표를 영화 아이언맨(Iron-Man)에 둘 것을 국방과학연구소 관계자들에게 주문한 적 있다. 아이언맨은 수퍼맨이나 원더우먼 등의 다른 슈퍼히어로(Super Hero)처럼 선천적 초능력을 지닌 비현실적 존재는 아니다. 과학기술이 발전하면 가능할 수도 있을 법한 개연성을 지닌 존재이다. 당장은 현실성 있는 목표 대상은 아니라도, 아이언맨의 개념 설정은 누구나 쉽게 이해할 수 있는 컨셉과 방향성이 될 것이다.

실제 워리어 플랫폼(Warrior Flatform)의 방탄(防彈), 방수(防水), 방온(防溫), 방한(防寒) 기능의 전투복과 적외선 탐지기능, 웨어러블(Wearable) 근력 증강 시스템, 신개발 개인화기 등은 영화 아이언맨의 기능과도 상당 부분이 유사하다.

산업 및 국방 등의 수요를 기반으로 연구개발자의 연구 컨셉과 방향성을 제시하는 일련의 과정을 모으는 작업을 '개념화'라고 규정한다. 이 과정들은 구체적인 개발 성과의 모델 완성으로 이어지고, 밸류체인(Value Chain)과 산업의 후방 효과를 일으키는 생태계 구축에도 영향을 미칠 것이다.

내가 초등학생이었던 1970년대, 어린이 잡지 책에 종종 등장하며 미래기술의 상상력을 자극했던 내용들이 하늘을 나는 자동차, 청소하는 로봇, 휴대용 전화기 등이었다. 당시는 말도 안되는 비현실적 상상이었지만, 지금은 현실화가 되었거나 일부는 이미 철 지난 기술이 되었다.
휴대용 전화기의 경우, 내가 본 어린이 잡지 책이 1970년대 중후반이고, 휴대폰의 등장이 90년대 초반이니, 상상만 했던 비현실적 기술이 현실화되는데 걸린 시간은 20년이 채 안 된다는 결론이다. 앞으로 이 기간은 더욱더 단축될 전망이다.

향후, 통신 기술의 기반 위에 인공지능(AI), 빅데이터, 드론, 메타버스, 디지털트윈, 2차전지, 블럭체인 등의 미래기술이 서로 융복합되면서, 어떠한 형태로 우리 일상에서 활용될 것인지, 상상력을 동원하고 그 상상에 기반한 성과물들에 대한 시나리오와 모델링(Modeling)이 필요할 것이다.

개별기술 자체만으로도 그 난이도가 높고, 개별기술들의 융·복합 시너지 효과와 형태를 가늠하기조차 어려운 상황에서, 미래기술이 어떤 모습으로 우리에게 다가올지는 짐작하기 어렵다. 이렇게 상상하기 힘든 영역을 상상하고 가늠하여 우리가 이해와 공감이 가능한 현실적 수준으로 구현하고 비주얼화하는 것이 개념화(Conceptulization) 과정의 목표라고 할 수 있겠다.

모터쇼(Motor Show)에 가면 출시를 앞둔 차량 모델 가운데, 컨셉카(Concept car)들의 전시를 볼 수 있다. 당장 실생활에 적용되어 상품으로 이어지는 단계는 아니지만, 현재의 기술 수준에 기반하여 다가올 미래에 현실 가능한 상상력을 구체화한 제품들이다. '컨셉카(Concept Car)'는 상상 가능하고, 향후 등장 가능한 생각 속의 제품을, 현재 수준의 기술들을 모아 개념화시켜 보여주는 단적인 사례이다.

#2.

제도화(Legalization)

19세기 중반 영국의 빨간 깃발 법(Red Flag Act)은 차량의 사고 위험성이 높다는 이유로 모든 차량이 진행하는 선두에는 빨간 깃발을 든 사람이 배치되었고, 차량은 깃발을 든 사람의 걸음과 달리는 속도에 맞추어 뒤따라 이동해야 함을 강제한 규제법안이었다.

시골에서의 차량 최고시속 6.4km/h, 도시에서는 최고시속 3.2km/h로 속도가 제한되었는데, 통상적으로 사람의 보통 걷기 속도는 4.83~6.44km/h인 것을 감안하면, 대략 깃발을 든 사람이 굳이 달리지 않아도 충분히 다닐 수 있는 속도이기도 하다.
쉽게 말해 모든 차량은 차량 전방에 있는 사람의 속도를 초과하여 주행할 수 없었던 것이다. 이것은 마차보다도 느린 차량 속도를 의미했다.
이 웃지 못할 상황의 배경은 당시 기득권이었던 영국의 전통적 산업인 마차 산업을 보호하기 위한 일련의 조직적인 조치들이었다. 그런 이유로 영국의 자동차 산업이 다른 유럽 국가들에 비해 한참 뒤처지는 결과를 초래하기도 하였다.

내가 초선 국회의원이었던 2018년 2월에 자율주행 자동차의 상용화에 대비해 안전기준과 운행요건, 보험제도 등을 담은 자동차관리법, 도로교통법, 자동차손해배상보장법, 공간정보의 구축 및 관리 등에 관한 법률 개정안 등 4개 법안을 패키지로 대표 발의하였다.
당시 현행법에는 자율주행 자동차의 종류 및 안전기준 등에 관한 규정이 없고, 운전자가 제동장치 등을 직접 조작하는 것을 전제하고 있었기 때문에 운전자의 조작 없이 운행이 가능한 자율주행 자동차에 적용하기 어려운 문제가 있었다. 기술은 이미 개발되어 있는데, 그 기술을 사용할 수 있는 제도가 마련되지 않아, 자동차 회사의 상품화가 안되고 있는 상황이었다.
실제 현대자동차는 필자가 발의한 법안이 통과된 이후에 준비해둔 기술을 적용하여 자율주행 자동차를 상품화하기도 하였다.
기술을 개발하는 것 보다, 기술을 사는 것이 오히려 가성비가 높을 정도의 기술변화 시대에, 제도가 기술을 못 따라가는 상황이 반복되고 있었다.

그래서 기술 도약의 대전환 시대에 과연 대한민국은 기술 발전의 속도에 맞추어 제도를 마련하는 환경이 어떠한지 살펴보았다.

제도에는 법률과 시행령, 시행규칙이 있다. 법률안은 국회를 통해 발의되고 통과되어 시행된다. 시행령과 시행규칙은 법률안에 기초하여 행정부의 관련 부처가 마련한다.
우선 법률을 입법·발의하는 단위는 입법부 국회의원과 행정부이다. 행정부에서도 법안을 발의(제출)하고, 시행령과 시행규칙을 만든다. 세 번째는 금융위원회 내 금융규제 샌드박스 제도이다. 금융규제 샌드박스는 시범사업 등을 통해 특례법 내에서 새로운 기술과 시스템을 검증하고, 실증된 결과를 중심으로 그 적용 여부를 판단하겠다는 취지이다.
마지막으로 혹시나 해서 규제개혁위원회 위원장을 만나 면담을 했다. 규제개혁위원회는 기존의 규제를 개혁하는 차원이지 새로운 기술과 시스템에 맞추어, 제도화를 하는 곳은 아니라는 답변이었다.
결국 국내에 변화하는 기술환경에서 제도를 만들어 갈 수 있는 단위는 입법부와 행정부 그리고 행정부 내 금융위원회 정도가 되겠다.

그러면, 국내 제도를 주관하는 기관들이 개발되는 기술환경에 맞추어 시의적절한 제도 마련 조치가 진행되고 있는지에 대해 확인해 보겠다.
국회와 행정부는 변화하는 기술 속도에 맞추어 제도를 만든다는 것이 통상적으로 쉽지 않은 구조이다. 기술을 연구하는 연구자들이 기술이 완성되는 시점까지 입법부나 행정부와 업무 연계성이나 소통이 원활하지 않기 때문이다.
기술 R&D가 연구자들이 과제를 제안하고 선정되는 상향적 방식이 아니고, 정부가 과제를 결정하고 공고하면 연구자가 신청해서 선정되는 하향식 프로세스이기 때문에, 연구개발의 소요 단계나 개발과정에서 입법을 준비하기란 어려울 것이다.

금융위원회의 샌드박스는 3년 정도의 시범 기간도 있고, 신기술과 새로운 시스템을 진흥하고 지원하기 위한 제도임에도 불구하고, 상당 부분 보수적으로 운용되어, 샌드박스 취지에는 미흡하다는 의견이 많다.

결론적으로 국내에는 여전히 기술의 진보와 병행하여 제도 마련을 고민하는 단위가 없다고 보면 되겠다.
앞서 언급했지만, 미국의 경우 학자 등의 법률전문가와 기술 연구개발자, 그리고 벤처캐피탈 등 3자가 연계하여 기술이 처음 개발되는 단계부터 제도화 준비는 물론이고 기술이 사용되어야 하는 당위적 논리까지 개발하면서 기술의 활용을 견인하고 있다.

어떠한 형태라도 좋으니, 우리도 기술의 개발과 그 기술의 사용을 위한 제도의 고민 그리고 그 기술이 실현될 수 있도록 후원하는 투자그룹 간의 연계성 제고에 대해 진지한 고민과 준비가 있어야 할 것이다.

#3.

표준화(Standardization)

기술에 있어 표준화는 매우 중요하다. 표준화는 기업과 기관 그리고 단체 간 원활한 소통과 협력, 그리고 협업을 위해 특정 분야에 대한 규격화된 규칙과 가이드라인의 수립을 의미한다. 동시에 표준화는 모든 변수를 균등하게 측정하고 평가하여, 분석의 왜곡을 줄이며 개발의 속도를 높여준다.

표준화는 상호 비교가 가능한 동일 체계의 기준을 통해, 운용 방향성에 대한 가이드라인을 제시하고, 기술의 안정성과 신뢰성을 제고 한다. 기술 간 연계성과 상호 운용성을 높이고 밸류체인(Value Chain) 형성을 위한 기준 마련의 원칙으로 작동한다.
아울러, 표준으로 채택된 기반을 통해 기술의 호환성과 확장성을 촉진한다. 표준기술의 선점은 상품화되고 대중화된 기술의 확장성을 통한 시장에서의 장악력(Market Share)을 의미하기도 한다.

특정 기술이 다양한 분야에서 적용되고 발전되다 보니, 더더욱 표준화에 대한 필요성이 대두되고 있다. 인공지능(AI)의 경우, 자율주행 자동차, 드론, 챗-지피티(Chat-GPT), 메타버스, 디지털트윈, 로봇기술 등의 주요 요소기술 분야가 보건의료, 환경, 교육, 헬스케어(Health Care), 문화, 산업, 국방, 관광, 체육, 에너지 등 우리 일상의 다양한 분야와 융복합되면서 시너지 효과를 일으킬 것으로 전망된다. 분야가 다양화되고 발전 속도가 빨라지고, 확장성이 커지면서 표준화에 대한 중요성이 더욱더 부각되고 있다.

기술 발전 속도에 맞춰 표준화 교체 시기도 급변하게 되면서, 표준화에 대한 조율 및 협력체계 또한 중요해지고 있다.
표준화의 진행은 사전 조율, 협의를 통한 역할 분담과 설계 및 수행을 통해 진행되기도 하고, 시장 내에서의 경쟁과 선점을 통해 유통되는 과정에서 표준으로 사실상 확정되는 경우도 있다.
최종 생산물의 기술 표준화를 통한 연계 기술의 동반 성장과 산업 전후방 효과의 제고 그리고 기술 패키지의 확산을 기대한다.

특히 남미, 아프리카, 동남아시아 국가들의 경우, 미래기술 시대를 맞아 단기에 국가가 도약할 수 있는 절호의 기회라고 판단하고 있다. 4차산업혁명 시대에 돌입하면서, 그동안 국제사회가 지원해오고 있는 시혜적 원조와 도움보다는 자국 스스로, 기술 확보를 통한 독립적 성장을 기획하고 있다.

이들 국가들을 대상으로 대한민국 기술의 세계화를 통한 표준화를 계획해야 할 것이다.

2016년 촛불집회

2016년 11월 박근혜대통령 퇴진 결의대회, 청계광장에서

2025년 3월 범국민대회 출정식, 광화문에서

2025년 3월 헌법재판소 앞 기자회견

2021년 한복 국무회의를 제안하고 김부겸 국무총리와 국무회의장으로 향하며

2025년 한복으로 막을 연 제4기 민주정부 정기국회
개원식에 앞서 국회의사당 앞에서

기 술 시 대 위 기 와 **대 한 민 국**

Ⅴ. 갈등 완화와 문화의 역할

V. 갈등 완화와 문화의 역할

1. 서론

위기(危機)의 어원적 의미는 위험(危險)과 기회(機會)라는 상호 배치되는 개념의 공존을 포괄하고 있다. 매우 위험하지만, 그래도 반전의 기회를 엿볼 수 있는 상황이다는 정도의 의미가 되겠다.

지금의 기회(Opportunity)는 4차산업혁명으로 인한 인류문명의 비약적 성장이 예고되는 부분이다. 지금보다 훨씬 더 풍요롭고 편리한 삶을 영위할 수 있는 문명의 시대를 앞두고 있는 것이다.
그리고 지금의 위험(Threaten)은 혁명적이고 비약적 성장이 기대되는 미래문명 사회에 지금보다 더 큰 갈등과 대립이 인류의 안전을 위협할 수 있다는 우리 경험과 역사에서 축적된 걱정과 우려의 현실화 가능성이다.

큰 기회가 원인이 되어, 더 큰 위험을 걱정해야 하는 시대에, 우려를 불식시키기 위한 지속적인 노력들이 필요하다.

지금까지, 본서에서는 일관되게 4차산업혁명의 미래기술로 비약적 성장을 예고하는 인류문명 대전환의 시대를 앞두고, 도약의 기대와 성장으로 인한 갈등과 대립의 우려에 대하여 서술했다.
아울러, 변화와 전환의 시대에 한류와 스마트시티로 대변되는 문화와 기술의 세계적 경쟁력을 갖추고 있는 대한민국이, 선도국가가 되기 위해 개선해야 할 문제점과 해결방안에 대해서도 살펴보고 있다.

이제 인류에게 불어닥친 위기와 기회 앞에서, 한류 문화로 국제사회에 역대급 영향력을 발휘하고 있는 한국 주도 역할론에 대해 이야기해 보겠다. 기회를 잡기 위해서, 동반될 수도 있는 위기를 거둬내는 해법을 제시해 보고자 한다.

문화는 우리 일상에서 벌어지는 모든 사고와 행위 등을 포함한다. 또 문화는 시대적 흐름과 철학, 정신 그리고 문명을 이루는 지식, 관습, 제도, 유행을 함의한다. 자연과 인류의 모든 것을 창의적으로 표현하면서 문화가 예술의 영역을 만들었다.
그래서 문화와 예술은 그 공동체가 오랜 기간 공유하고 축적해온 가치관의 총합이라고 말할 수 있는 것이다. 문화가 가치관이고 가치관을 표현한 것이 예술이다.

본 장에서는 문화가 국가 공동체의 라이프 스타일(Life Style)이고 가치관임을 전제하고, 문화의 교류는 국가 간 또는 집단 간 가치관과 삶의 패턴을 공유하고 공감하게 하며, 이러한 공감대가 상호 간의 오해와 갈등을 풀고 화해와 연대의 주요한 고리가 될 수 있음을 입증할 것이다.

가치관을 총의(總意)하고 있는 문화가 갈등과 공격성을 완화하는 기능을 수행함으로, 문화 교류를 통해 상호 간의 갈등과 분열을 줄이고 공감과 연대의 길을 함께 갈 수 있음을 설명하고자 한다.
더 나아가 문화 교류가 4차산업의 기술혁명 시대에, 다가올 생산성 도약으로 인한 대립과 갈등의 장벽을 극복하는 해법과 기제로 작동되기를 기대한다.

본래는 문화가 갈등을 완화한다는 전제를 바탕으로, 문화예술 활동이 인간 뇌 변화에 어떤 영향을 미치는지에 대한 실험을 추진하려고 계획했었으나, 기(旣)발표된 유사 연구 결과가 많고, MRI상 물리적 뇌 구조 변화의 포착 가능성 여부 등 상관관계를 과학적으로 단정할 수 없어, 본서에서는 기존 연구 결과들을 내가 주장하고자 하는 바의 근거로 대체할 것이다.

2. 의학적 연구결과들(기존자료)

본 장은 문화가 긴장 완화 및 갈등 해소 등 공동체에 긍정적인 영향을 미칠 것이고, 공격성, 폭력성, 우울함 등의 부정적 성향을 완화하는데 유의미하다는 기존의 연구 결과들을 열거하고 있다.
필자가 진행하려던 특정 실험보다는 다양한 유사 연구 결과들의 종합적 견해가 문화가 갈등을 완화한다는 근거자료로서 더 많은 신뢰를 줄 수 있다는 판단에서이다.

다음은 「예술의 가치와 영향연구: 국내외 담론과 주요 연구결과 분석」(양혜원, 김현경, 윤지연, 한국문화관광연구원(2019))에서 발췌한 내용들이다.

1) 「About the arts in 2018 : An in-Depth Look at Perceptions and Attitides About the Arts in America」
온라인 설문조사를 진행하고 기술통계 분석 실시
미국인의 73%는 예술을 경험하고 예술 활동에 참여하는 것이 순수한 즐거움을 제공한다고 느낌.
미국인의 81%는 예술로 하여금 어려운 세상에서 긍정적인 경험을 얻는다고 생각함.

2) 「Johnson. J. etal.(2013). Qulity of Life(QOL) of older adult community coral singers in Finland. International Psychogeriatrics」

노인(170명) 대상 설문진행(삶의 질, 우울증, 합창단에서 노래하는 것의 이점 등) 선형회귀분석 모델 활용, 예술 활동의 이점 간 상관성을 분석함

상관 및 회귀분석 결과, 예술 활동을 하는 것(합창단에서 노래를 하는 것)이 삶의 질(QOL)의 3가지 영역(심리적, 사회적 관계 및 환경)과 정적 상관이 있음. 이러한 연관성은 연령과 우울 증상을 조절한 후에도 유의미함. 이러한 결과는 예술 활동이 사회적 관계, 사회적 지지, 감정적 표현과 이완을 위한 기회를 제공하기 때문임.

3) 「TNS BRMB(2011). Encouraging involvement in big Society Cultural and sporting perspective. TNS UK」

문화 및 체육 분야 자원봉사자들이 평균적으로 지역공동체에 더 깊게 개입하고 영향을 미치는 것으로 나타남. 또한 이들은 일반시민들에 비해 지역 문화시설이나 전반적인 지역 환경에 대해 더 많은 영향을 미치는 것으로 인식하고 있는 것으로 나타남.

4) 「Culture and Sport Evidence Programme(CASE)(2010b). Understanding the value of engagement in culture and sport : a systematic review of the lerning impacts for young people, Department for culture, Me-

dia an sport : Cultural Learning Alliance(2011), Key reaserch findings : the case for cultral learning, Cultral Learning Alliance」

학교에서 예술교육을 받은 고등학생들이 그렇지 않은 학생들에 비해 자원봉사활동(volunteer)을 할 확률이 2배, 투표할 확률이 20% 더 높게 나타남

5)「Gregg, M., Gupta, R., & Bach-Coulibaly, M(2014). After-School Programs & the Arts as Tools for Youth Development」

설문조사를 통해 방과 후 활동에 참여한 데이터를 수집, 청소년 범죄 데이터는 FBI의 보고서를 활용. 1) Instrumental Variable(IV) 모델, 2) Fixed Effects(FE) 모델, 3) Ordinary Least Squares(OLS) 모델 세가지 통계적 접근방법을 활용

OLS 모델을 통한 분석에 따르면, 청소년들이 방과 후 예술 프로그램에 참여하는 비율이 10% 증가하면, 청소년 범죄는 평균 4.2% 감소하며, 특히 저소득층이 사는 도시에서는 범죄율이 더 감소함(5.4%).

FE 모델 및 IV 모델을 통해 분석한 결과는 예술 참여의 증가가 범죄율 증가와 관련이 있음을 보여주긴 하지만 통계적으로 유의미한 수치를 도출하지는 못함.

효과의 크기와 통계적 유의성이 세 가지 통계 모델에 따라 다르지만, 예술 활동 참여가 청소년 범죄에 유의하고 단기적인 인과 관계가 있음을

분명히 보여주고 있음.

※ FE와 IV는 잠재적 편향 요인을 통제하고, 역인과 관계 등의 통계적 문제를 다룰 수 있기 때문에 경제학자들이 일반적으로 사용하는 엄격한 방법.

6) 「Tebes, J., Matlin, S., Hunter, B., Thompson, A., Prince, D., & Mohatt, N(2016). Porch Light Program: Final Evaluation Report [Electronic version]. New Haven, CT: Yale University School of Medicine」

지역민을 대상으로 구조화된 질문지를 사용한 인터뷰를 실시(사회 통합력 및 신뢰, 비공식적 사회 통제, 지역의 안전성, 공공 벽화에 대한 의견 및 평가 등). 공공 벽화가 있는 지역과 없는 지역을 비교 분석하여 벽화(예술 프로젝트)가 사회 통합력 및 신뢰 수준에 미치는 영향 분석.

공공 벽화를 설치한 지역과 그렇지 않은 지역을 비교한 결과 시간이 경과할수록 공공벽화를 설치한 지역은 사회적 통합과 신뢰 수준이 높아졌음($F=8.06$, $p<.005$).

7) 「한가영 외 (2016). 음악활동이 노인의 건강노화에 미치는 영향, 보건사회연구 36(3), 363-392」

음악 활동을 하는 노인들은 하지 않는 노인보다 통계적으로 낮은 수준의 우울감, 높은 수준의 주관적 건강상태, 낮은 빈도의 병원 방문 횟수를 보임.

2014년 노인실태조사를 활용, 활동이론을 연구의 분석틀로 설정. 성향 점수매칭(Propensity Score Matching)을 활용하여 노인실태조사 자료를 매칭한 후, OLS 회귀분석을 이용하여 음악 활동이 건강 노화에 미치는 효과를 검증.

전체 자료에서 음악 활동을 여가활동의 가장 최우선 순위라고 밝힌 노인 116명을 대상 집단으로 선정하고, 비교집단은 특정한 여가 활동을 영위하지 않는 노인 2,861명 가운데 116명을 성향점수 매칭함.

음악이 없는 조건보다 부정음악 조건의 대인거리가 더 멈(t=6.54, p〈 .001). 즉, 긍정적 음악이 사회불안의 완화와 대인관계 향상에 도움이 됨을 확인.「Clinical Psychology, 36(3), 315-324」

8)「정경은, 조영미(2015). 청소년 문화예술 돌봄 프로젝트 효과 분석 연구. 청소년문화포럼(43), 109-134」

실험집단이 통제 집단에 비해 문화예술교육 효과성이 높아짐. 인터뷰 결과, 참여자들의 진술 내용에서 즐거움, 안정의 '심리적 안정', '어울림과 공감의 소통', 향상된 사고, 감정표현, 자신감, 꿈과 미래의 '자기발견', 활력과 부정적 행동 감소의 '행동변화' 등의 주제들이 내용분석으로 추출.

돌봄 프로젝트에 참여하는 청소년과 프로젝트에 참여하지 않은 청소년을 대상으로 프로그램 운영 전 사전 조사와 프로그램 운영 후 사후 조사를 실시하여 프로그램 효과성을 증명함.

최종 실험집단 92명, 통제집단 42명, 총 134명(사전, 사후 각각 134명).

참여자들의 기본현황을 파악하기 위해 기술 통계 분석을 실시하였으며, 프로그램의 효과성을 검증하기 위해 실험집단과 통제집단의 사전측정치를 공변인으로 통제하고 사후 측정치의 차이

9)「이건욱 외 (2016). 집단미술치료가 인터넷게임과몰입 초등학생의 공격성과 정서조절능력에 미치는 효과. 한국콘텐츠학회논문지, 16(9), 769-778」

집단미술치료가 인터넷게임 과몰입, 초등학생의 공격성 완화 및 정서 조절능력 향상에 긍정적이고 지속적인 효과가 나타남.

초등학생 16명을 실험집단과 통제집단에 각각 8명씩 배치. 실험집단을 대상으로 주 2회, 총 12회 미술치료 실시. 인터넷 게임중독 척도, 공격성 척도, 정서조절 척도 설문 후, 실시 시기와 집단에 따른 차이를 반복측정 변량을 분석함.

10)「차미선, 신지현(2016). 집단미술치료가 성인지적장애인 이용시설 사회복지사의 직무스트레스와 심리적 소진에 미치는 효과. 한국콘텐츠학회논문지, 16(11), 154-165」

집단미술치료 프로그램은 성인 지적장애인 이용시설 사회복지사의 직무스트레스와 심리적 소진 감소에 효과가 있었고, 그 효과가 긍정적으로 지속되는 것으로 나타남.

사회복지사 8명을 대상으로 주 1회, 70분씩 총 13회기의 집단미술치료

프로그램 실시. 프로그램 실시 전·후 그리고 4주 후에 직무 스트레스와 심리적 소진 검사 실시. 집단 간 동질성을 알아보기 위하여 맨 휘트니 U 검정(Mann Whitney U test)을 실시하였으며, 이후 사전·사후·추후 차이를 알아보기 위해 윌콕슨 부호 순위 검정(Wilcoxon's Signed Ranks Test)을 실시함.

11)「두은영 외 (2018). 일 종합병원 신규간호사의 예술치료 프로그램 효과. 간호행정학회지, 24(2), 118-129」

예술치료 프로그램에 참여한 대상자의 스트레스 점수는 사전-사후 유의미한 차이 없음(t=-1.12, p=.270).

예술치료 프로그램에 참여한 신규간호사는 이전보다 *자아탄력성 점수가 높게 나타남(t=-2.13, p=.041).

예술치료 프로그램의 효과에 대해 면담한 결과, 참여자들은 프로그램을 통해 자신을 들여다보고, 동료들과 동지애를 느끼며, 심신이 치유되고, 위축되었던 자아가 변화됨을 느꼈다고 보고함.

(자아탄력성 - 어떠한 문제를 맞닥뜨렸을 때 긍정적으로 적응하고 스트레스와 내면적인 불안감, 긴장 등에 대해 융통성 있고 효과적으로 대처하는 능력)

양적 자료와 질적 자료가 연구결과에서 통합되는 혼합 방법 설계(Mixed Method Design)를 활용. 신규 간호사를 대상으로 예술치료를 제공하고 사전-사후 측정을 통해 양적 자료를 확보, 대상자 중 자발적 면담을 원하는 간호사를 대상으로 면담하여 질적 자료 확보.

12)「이인선, 박형숙(2019). 음악중재가 간이식 환자의 환경 스트레스와 수면의 질에 미치는 효과. 기본간호학회지, 26(2), 75-85」

음악 중재를 제공받은 실험군은 제공받지 않은 대조군보다 환경 스트레스가 감소함(Z=-3.21, p<.001).

음악 중재를 제공받은 실험군은 제공받지 않은 대조군보다 수면의 질이 향상됨(t=3.29, p=.001).

(음악중재 - 불안 해소를 위해 진행되는 상담과 프로그램의 일종으로 역시 음악 청취, 연주, 노래 등 다양한 방법을 활용함)

전체 37명의 간이식 환자를 실험군과 대조군에 무작위 할당한 후, 실험처치로 음악중재를 제공한 후, 각 집단의 실험 전후 환경 스트레스와 수면의 질 차이 분석.

13)「곽홍란(2019). 문학치료가 초등학생 공감능력에 미치는 효과. 국제언어문학(42), 199-233」

문학치료 프로그램은 초등학교의 공감 능력을 향상시키는데 효과적임.

- 인지적 공감능력 : 실험집단(2.98 → 3.48), 통제집단(3.1 → 2.95)
- 의사소통적 공감능력 : 실험집단(1.74 → 2.0), 통제집단(1.65 → 1.74)

독서치료 프로그램을 실시한 실험집단(20명)과 아무 처치도 하지 않은

통제집단(20명) 간의 프로그램 실시 전과 후 비교

14)「고범석, 배미현(2018). 음악이 정서에 미치는 조절 효과에 대한 체계적 문헌고찰 : 신경화학적 측면을 중심으로. 한국음악치료학회」

이 연구는 음악이 정서에 미치는 조절 효과에 대한 신경화학적 측면의 문헌들을 체계적 문헌고찰을 통해 통합적으로 살펴보고자 하였음. 데이터베이스 검색을 통해 확인된 총 355편 중에서 논문 선정 및 배제 기준에 따라 최종적으로 20편을 선정하였음. 신경화학적 변인과 음악 변인을 중심으로 자료를 추출하였으며 QATQS를 사용하여 선정된 연구의 질 평가를 수행. 정성적 합성 수행을 통한 자료 분석에 있어서는 사용된 음악의 특성 및 대상자의 특성에 대해 종합적으로 분석.

연구 결과, 신경화학적 변인에 있어 도파민 4편, 엔도르핀 4편, 옥시토신-바소프레신 6편, 노르아드레날린(노르에피네프린) 11편, 세로토닌 1편으로 노르아드레날린 관련 연구가 가장 많았으며 콜린 관련 연구는 없었음. 신경화학적 변인과 관련하여 언급된 정서적 주제에 있어서는 모든 변인에서 스트레스가 언급되었는데 이를 통해 스트레스가 정서와 밀접하게 관련된 주요 관심사임을 확인할 수 있었음. 음악적용의 형태에 있어서는 음악 감상의 적용이 대부분을 차지하였는데, 음악중재에 있어 긍정적 정서를 유발하는 음악의 조절 효과에 주로 초점이 맞추어졌음을 알 수 있었음. 연구의 질 평가에 있어서는 선택 비뚤림과 눈가림에 대한 고려가 더욱 필요하다는 점을 확인할 수 있었음. 음악이 정서에 미치는 조절 효과에 영향을 주는 것으로 고려되는 변인들로 음악 특성과 대상자 특성에 대한 내용을 종합적으로 분석한 결과에서는 정서와 각성에 따른 반응 차이가 신경화학적 측면에서 확인되었음. 이를 통해 근거 중심의 음악치료 중재를 위한 이론적 토대로서 기초연구의 가치를 실제적으로 확인할 수 있었음. 이 연구는 체계적 문헌고찰을 통해 음악이 정서에 미치는 조절 효과에 대한 신경화학적 측면의 객관적 근거를 확인하고 임상적 함의에 대해 살펴보았다는데 의의가 있음.

15)「Zhang Lingling(2017). 중국 청년세대의 문화예술 활동이 스트레스와 생활만족도에 미치는 영향 : 체면민감성 및 예술적 역량의 조절효과를 중심으로 (The effects of culture-art activities of Chinese youth generation on stress and life satisfaction : with moderating effect of social face sensitivity and artistic competency). 중앙대학교 대학원」

본 연구는 중국 청년세대의 문화예술 활동이 스트레스와 생활만족도의 관계를 살펴보았음. 중국 '80후'와 '90후'세대 263명을 연구대상으로 2016년 9월 30일부터 10월 13일까지 2주 동안 온라인을 통해 설문조사를 진행하였다. SPSS 23.0과 AMOS 21.0을 사용하여 구조방정식 모형을 검증하였음. 연구결과는 다음과 같음. 먼저 문화예술 관람활동은 스트레스에 부(-)의 영향을 미치는 것으로 나타났으며, 문화예술 참여활동은 스트레스에 부(-)의 영향을 미치는 것으로 나타났음. 스트레스는 생활만족도에 부(-)의 영향을 미치고 있음을 확인하였음. 개인의 성격특성 중 체면민감성이 문화예술 관람활동과 참여활동 및 스트레스 사이에서는 조절효과가 있는 것으로 분석되었음. 마지막으로 개인의 예술적 역량이 문화예술 관람활동과 스트레스 사이에서는 조절효과가 있는 것으로 나타났고 문화예술 참여활동과 스트레스 사이에서는 조절효과가 없는 것으로 나타났음.

이러한 연구 결과를 토대로 중국 청년세대의 문화예술 활동은 스트레스를 해소시키고 생활만족도를 높인다는 결론을 얻을 수 있었음. 따라서 중국 청년세대의 스트레스를 해소시키고 생활만족도를 높일 수 있는 다양한 문화예술 콘텐츠 구성의 노력이 필요할 것임. 문화예술 참여활동에 예술적 역량이 약한 사람이 참여하게 되면 오히려 스트레스 해소에 부정적 영향을 미치므로, 참여형 문화예술 활동 콘텐츠 기획 측면에서 본 연구의 결과를 활용할 수 있을 것으로 기대됨.

CULTURE
UNITES
THE WORLD

2021년 7월 G20 문화장관회의 개막식

2021년 7월 G20 문화장관회의 본회의 기조연설

2021년 7월 G20 문화장관회의

2021년 8월 한중일 문화장관 비대면 화상회의

2021년 11월 OECD 국제관광포럼

2022년 3월 우크라이나 사태관련 스포츠장관 비대면 화상회의

2022년 1월 신년인사회를 마치고

기술시대 위기와 **대한민국**

Ⅵ. 위기대응 해법, 한국문화의 역할

VI. 위기대응 해법, 한국문화의 역할

1. 서론

#1.

소통이 원활한 시대에 세계인의 공감력은 더 높아진다.

교통수단과 통신 기술 등의 발달로 인류는 이동이 자유롭고 소통이 원활한 시대를 맞이했다.

말과 마차에서 선박과 자동차, 기차와 고속열차, 그리고 비행기까지, 인류는 속도를 높여가며 이동시간을 단축해 왔고, 이제는 지구 밖 행성에까지 도달하는 이동성 분야 기술 진보의 신기원을 보여주고 있다.

점차 고도화되는 모바일, 컴퓨터 등 디바이스(Device) 기술과 지속적으로 속도와 용량을 높이고 있는 통신 기술의 발달로 소통 및 유통 분야에서도 인류는 전에 없는 큰 변화와 전환의 시대를 맞이하고 있다.
이제는 개인 누구나 다양한 매체와 플랫폼을 통해 자유롭게 콘텐츠를 유통하는, 장벽 없는 소통 시대를 맞고 있다.

기술 시대에는 도약과 성장이 공유와 확산으로 이어지면서, 더 큰 변화의 대전환 시대를 맞이하는 것이다.

지난 팬데믹 기간 동안, 기술 발전이 가져다준 자유롭고 빨라진 교류와 소통 환경이, 인류에게 반드시 좋은 것만은 아니라는 것을 알게 되었다. 이동이 수월하다 보니, 전염병의 확산 속도 또한 빨랐다. 발병한 전염병은 수일 만에 지구 반대편에 있는 사람에게까지 전염되었고, 이제 지구촌 어디에서든 발생한 질병이나 환경문제는 단순히 발생한 국가만의 문제가 아니게 되었다. 순식간에 지구 전체로 확산될 수도 있는, 모두가 함께 풀어야 할 공통의 숙제임을 인식하게 된 것이다.

미사일이 무서운 이유는 폭발력도 큰 것이 멀리까지 날아간다는 점이다. 가뜩이나 전염성이 강한 병균이 이동성까지 수월한 환경에서는 전염의 효과가 배가되는 것이다.
그러나 반대의 경우도 마찬가지일 것이다. 긍정적인 콘텐츠가 빠른 확산력과 만나면 그만큼 긍정의 효과도 배가 된다.

중요한 것은, 빠르게 확산되는 환경이 구축되었다는 점이다. 이 환경만 잘 활용한다면 인류에게는 또 다른 기회가 주어질 수 있다.

아울러, 자유롭고 빠른 소통 환경은, 기존의 전통적인 유통구조 장벽의 붕괴를 의미한다. 기득권과 높은 장벽이 존재하던 기존의 유통 지배구조와 달리 지금의 유통구조는 매우 자유롭고 개별적이며, 상대적으로 복잡한 허들이 없어 수요자와 공급자 간의 직접거래 의미가 크다.

그래서, 더 구체적이고 다양한 분야의 소통과 공감이 가능하고, 과거에는 국가 단위에서나 가능했을 법한 일도, 이제는 민간의 개별적 단위에서도 얼마든지 가능한 일이 되고 있다.
공식적이고 큰 단위에서는 이해와 조건이 앞서게 되지만, 비공식적이고 개별적인 단위에서는 정서와 공감이 중심이 되기 때문에, 진정성과 신뢰를 바탕으로 더 강한 연대와 협력을 이끌어 낼 수가 있다.
빠른 소통과 확산의 환경은 어쩌면, 이해가 복잡하지 않은 구조에서 더 쉽고 용이하게 갈등을 완화하고 결속을 강화하는 고리를 제공할 수도 있을 것이다.

#2.
문화가 갈등을 해소한다. 문화강국 대한민국의 역할이 주요하다.
문화는 예술의 범주를 넘어, 한 국가 공동체가 오랫동안 공유하고 축적해 온 가치관의 총합이라고 했다.

프랑스를 머리부터 발끝까지 개혁하겠다고 선언한 미테랑 대통령이 첫 번째로 추진한 프로젝트가 루브르 박물관의 리모델링 작업이었다.
프랑스의 가치관을 가장 압축적으로 상징하고 대표하는 곳이 루브르 박물관이고, 그런 루브르가 세계적 박물관으로 평가받는 것에 무한한 자긍심을 갖고 있었기 때문이다.
루브르 박물관을 찾는 전 세계인들에게 프랑스의 가치관을 알리고 공감하게 하는 루브르 박물관의 재구조화는 프랑스의 가장 중요하고 필수적인 개혁작업이라고 판단한 것이다.

프랑스인들의 사고처럼 문화의 교류는 가치관의 교류를 의미하고 가치의 교류는 공감과 연대로 이어질 수가 있다.

문화는 공동체 내 구성원들의 삶의 질서와 일상, 그리고 상호작용(Interaction)들이 한겹 한겹 쌓여 만들어진 결과물이다.
의식주 문제를 해결하고, 오랜 관습을 유지하고, 동일한 언어와 문자를 사용하며, 교류·소통하는 삶의 전 과정에서 인류는 질서와 규칙을 만들고 지켜간다.
공동체 스스로가 해야 할 것과 하지 말아야 할 것에 대한, 가치와 판단을 공감하고 공유하게 된다. 공동체가 공유·공감하는 철학과 정신은 시대를 이어가며 기록되고 보존된다. 지나간 것은 공동체의 역사와 전통이 되고, 다가올 것은 공동체의 잠재력과 가능성으로 기능과 역할을 다하게 되는 것이다.

대한민국 가치관의 총합인 한국문화, 한류의 인기가 세계 전역에서 연일 상종가(上終價)를 치고 있다.
K-팝과 K-영화, K-드라마로 시작된 한류는 K-뷰티(Beauty), K-푸드(Food), 게임, 한글 등 우리 일상의 다양한 분야로 확산되면서 K-컬쳐(K-Culture)의 영역이 더 깊고 넓게 확장되고 있다.

국제사회에서 한류의 등장과 유명세는 대한민국을, 단 한 번도 다른 나라를 침략하지 않으면서, 세계 곳곳에 가장 큰 영향력을 미치고 있는 세계사적으로 유일무이(唯一無二)한 나라로 만들었다.

팬데믹 시기, TV에서 나오는 버스킹(Busking) 프로그램을 보면서. 나 스스로가 무척 힐링(Healing)이 된다는 느낌을 받았다. 당시 전 국민 대상 여론조사에서도 코로나가 끝나면 가장 하고 싶은 것, 1위가 해외여행, 2위가 공연관람, 3위가 스포츠 활동 및 관람이었다. 문화의 향유를 통해 사람이 위로받고 힘을 얻기 때문일 것이다.

코로나 기간은 우리 삶에서 그동안 부차적이고 보조적이라고만 여겨왔던 문화가, 사실은 우리 일상에서 가장 중요한 가치임을 일깨워준 소중한 시간이었다.
문화는 내가 속한 공동체가 축적해 온 가치관이었기에, 팬데믹 비대면 기간을 거치면서 우리는 우리들의 가치적 행위가 중단된 것에 대해 몹시 힘들어하고 답답해했던 것은 아니었을까? 라는 생각을 해보게 된다.

흔히 갈등은 서로의 목표와 가치, 의견 등이 불일치 하는 경쟁적 대립 관계 속에서, 차이와 다름을 부정하고 자신의 주장과 이해를 관철시키기 위해 발생한다.
반대로 다양성이 존중되고 차이와 다름이 공존하는 타협과 양보를 통한 더 큰 공동체의 지향은, 당연히 대립과 갈등을 완화하고 해소하게 된다.
특히 국가 간, 민족 간, 인종 간, 계층 간 '문화의 교류'는 공동체 간 가치의 다양성을 서로 인정하고 존중하며, 공감과 연대를 통해 더 큰 공동체를 형성하고자 하는 인류의 가장 의미 있는 노력이 될 것이다.

국가 공동체의 이해관계는 다소 복잡하다 하더라도, 개인 등 개별단위의 공동체 간 공감과 연대는 상대적으로 복잡하고 불편할 일이 없다.

#3.
기술과 문화 두 축으로 크게 변화하는 대전환의 시대, 기술로 성장하고 문화로 연대한다.

향후 기술과 문화, 두 축은 전에 없는 인류의 비약적 도약과 변화를 가져올 핵심적 요소가 될 것이다.
세계의 '거대변화(Great-Transformation)'는 문화와 기술, 두 축을 중심으로 크게 변화하는 대전환의 시대를 맞이할 것이고, 그런 변화의 한가운데, 두 분야 모두에서 글로벌 경쟁력을 가지고 있는 대한민국이 미래 시대의 선도국가가 될 것임을 확신한다.

거대변화를 통해 국제사회의 패권 질서 재구성이 예고되면서, 각국의 경쟁은 본격화되고 있다. 거대변화는 단순한 외형적 변화를 넘어선 기반 자체가 송두리째 바뀌는 것을 의미한다. 그 기반 변화의 방향은 네트워크와 플랫폼, 콘텐츠를 구성하는 디지털 생태계로의 변화이다.
이러한 거대변화는 기존의 기준과 그에 따른 규칙은 물론이고 체계 전체의 변경을 요구하고 있다.

인류는 몇 차례의 거대변화를 통해 문명적 발전을 거듭해 왔다. 문명은 인류가 이룩한 물질적, 기술적, 사회적 발전의 총합을 의미한다. 또한 인류문명은 도시를 중심으로 진화하고 발전하며, 도시 플랫폼은 인류문명 발전의 그릇 같은 역할을 한다.

원시사회에서 농경사회로, 농경사회에서 산업사회로 인류의 문명은 발전과 변화를 기록하며, 다양한 사회구성체를 형성해왔다. 생산수단의 발달과 생산물의 증대, 그리고 사회학적 구조의 형성이 인류문명의 역사로 이어져 온 것이다.
세상이 변화하고, 새로운 미래 문명을 맞이하는 길목에 우리가 서 있고, 그 길에서 변화를 주도하며 성과를 장악하는 세력이 세계질서를 주도하게 될 것이다.

농경사회기에 제국주의 로마와 몽골, 그리고 대항해 시대를 열었던 스페인과 네덜란드, 영국 등은 농경사회 문명의 봉건적 사회 기반을 토대로 끊임없는 생산수단 확보를 위한 확장적 약탈을 통해 세계 패권을 주도할 수가 있었다.
산업사회 시대로 들어서며 1차, 2차, 3차 산업혁명을 주도한 유럽과 미국을 중심으로 한 서구열강 국가들도 비약적 생산량을 가능케 한 생산수단의 개발과 시장의 선점을 통해 지금까지 세계 패권의 맨 상층부에 위치할 수가 있었다.

지금은 4차산업혁명의 시대이다. 패권의 열쇠를 거머쥔 4차산업혁명의 기술과 표준을 장악한 국가들이 중심이 되어, 세계는 새로운 패권을 만들며 질서 재구성에 나설 것이다.

미·중(美中) 간의 치열한 기술전쟁 과정에서 중국은 AI로 돌파하겠다던, 중국 주석의 말이 새삼 떠오른다. 미래의 문명을 좌우할 AI 분야에 중국은 미국보다 더 많은 재정을 투입해오며 부단한 노력을 하고 있다. 선제적으로 미래 시대 경쟁력을 준비해오던 중국의 실상을 미국은 뒤늦게 깨달았을 것이다.

지금까지 이 책은 시종일관 세계가 크게 변화하고 있고, 그 변화는 세계의 질서를 재편할 만큼의 중요한 변곡점임을 강조하고 있다.

대전환 시대라고 할 만큼의 이 변화는 인류 미래 문명에 최고의 선물이 될 수도, 최악의 재앙이 될 수도 있을 것이다.

위험과 기회의 기로에서 인류는 어떤 선택을 하고, 어떤 과정을 겪을 것인가? 그리고 대한민국은 모처럼 찾아온 절호의 기회를 잡고, 변화를 주도하는 리더 국가로 자리할 수 있을 것인가? 에 대한 물음 앞에, 인류가 또 대한민국이 개선하고 준비해야 할 과제와 해법에 대한 이야기를 하고 싶다.

이 이야기는 기술적 진보만으로 인류가 발전하고 행복할 수 있는가에 대한 질문이기도 하다.

인류는 1차, 2차, 3차 산업혁명을 거치면서 기술의 발전을 통한 풍요로움과 편리함, 건강과 지식의 확장성을 이루었다,

그러나 성장과 번영의 다른 한편에는 더 많은 전쟁과 테러, 더 많은 빈부격차와 환경오염, 자살과 마약 등 부정적 상황이 연출되고 있다.

인류가 더 풍요로워질수록 더 많은 갈등과 대결 구도가 동시에 출현하

고, 전에 없는 성장과 번영만큼이나 전에 없는 갈등과 대립도 예견되고 있는 것이다.
과연, 인류 역사상 초유의 성장이 인류의 행복을 보장해줄 것인가?
이 대목에서 정말 우스운 상상 하나를 해보자. 인류는 먼 미래에라도 시간여행이 가능한 타임머신(Time Machine) 개발에 성공했을까?
현재까지는 아니다가 답일 것이다. 지구 나이를 통상 46억 년이라고 보면, 46억 년 전부터 지금까지 단 한 차례도 미래로부터 시간 여행자가 왔다는 기록이나 전언을 접해보지 못했기 때문이다.

그러면 미래에서 시간 여행자가 오지 못하는 데에는 몇 가지 이유가 있을 것이다. 기술을 개발하지 못했거나, 기술을 개발할 사람이 없거나, 둘 중 하나이다. 후자가 이유라면 인류와 지구의 파멸을 의미한다.
논리도 근거도 없고 와닿지도 않는 상상이지만, 갈수록 예민해지는 국제사회의 갈등과 대립을 보면 가볍게 웃고 넘길 사안만은 아니다.

기술과 문화, 두 축으로 이루어지는 대전환의 시대는 기술로 성장하고 문화로 연대하는, 인류 미래 문명에 대한 문제와 답안지 같은 관계이다.
위험성 없는 성장만 있다면 최고일 것이다. 그러나 그렇지 않은 경우가 더 많았던 인류의 역사를 보면, 성장에 따른 부작용을 막을 수 있는 문화 교류에 대해 좀 더 깊고 진지한 대화가 필요해 보인다.

2. 문화의 힘

기술의 혁명적 변화만큼이나, 인류의 미래 문명을 좌우할 또 하나의 축은 문화가 될 것이라고 했다.
앞장에서 문화의 사회적 의미와 갈등 완화를 위한 역할과 기능에 대해서 언급했다. 본 장에서는 그 역할과 기능에 가장 근접할 수 있는 국가 공동체의 문화가 바로 한국의 문화이고 '한류'임을 주장한다.

나는 초등학교 1학년 때 읽었던 동화책 한 권에 대한 기억이 지금까지도 생생하게 남아 있다.
동화책의 주인공 '라스무스'는 9살의 가출 소년이었다. 라스무스가 가출해서 길을 걷던 중, 어느 길가 풀밭에 앉아 집에서 가져온 햄샌드위치를 먹는 장면과 표현들에 대한 기억이 아직도 또렷하게 남아있다.
가출한 어린 라스무스가 샌드위치 한입을 베어 물고, 빵 속 햄 맛이 짭조름하다고 느꼈다는 표현부터, 샌드위치를 한입 먹고, 빵 속 햄을 쳐다보고 또 다시 먹었다고 기술된 장면들, 추운 날 샌드위치와 함께 마셨던 찬 우유가 목과 배를 지나 뱃속 깊은 곳까지 전달되는 것이 느껴진다는 등의 대목이 내 머릿속 기억에는 분명하게 남아 있다.

당시 라스무스를 따라 하기 위해, 집에 있던 식빵에 햄을 두툼하게 집어넣고, 차가운 우유와 함께 햄샌드위치만 라스무스가 먹었던 장면대로 매일 먹었던 기억이다.

나중에 알았지만, 그 동화책 제목이 '라스무스와 방랑자'였고, 동화책을 쓴 작가는 '말괄량이 삐삐'의 작가로 알려진 스웨덴의 '린드그렌(Astrid Lindgren)'이라는 유명 여류작가였다.

사고를 친 9살의 라스무스가 혼날 것이 두려워 고아원 탈출을 했었고 오스카라는 방랑자를 만나 함께 유랑을 하게 된다는 책의 줄거리도, 나중에 인터넷을 찾아보고야 다시 알게 되었다.

내가 오랫동안 기억하고 있던 그 장면은 고아원을 가출한 라스무스가 방랑자 오스카와 만나기 직전, 혼자 시장기를 때우던 장면이었다.

50년 동안 내 기억 한구석에 오래도록 선명하게 자리 잡고 있던 것이, 어쩌면 '문화의 힘'일 것이라는 생각을 해본다.

왜? 9살짜리 어린 라스무스가 찬 우유에 짭조름한 햄샌드위치를 먹었던 장면이, 그토록 오랜 세월 내 기억 속에 남게 되었는지는 여전히 모를 일이다. 아마도, 내 입장에서는 감히 상상조차 하기 힘든 또래 아이 라스무스의 가출 사건 그 자체와 길에 앉아 샌드위치를 먹고 있다는 자유로운 라스무스의 여정에 대한 부러움 같은 것을 느꼈을 것이다.

아무튼 지구 반대편에 있는 스웨덴 작가의 동화책 한 장면이, 1970년대 아시아에서 살고 있던 한 소년의 기억 속에 오랫동안 자리했고 영향을 준 것은 틀림없는 사실이다.

동화책은 그 나라의 가장 익숙한 문화와 가치가 담긴 이야기이다. 유럽의 오랜 문화와 가치가 스웨덴 작가를 통해 아시아 소년의 기억 속에 수십여 년간 자리하고 있었던 것이다. 아시아에 살던 그 소년은 자라서 성인이 되었고, 유럽의 익숙한 문화를 공감하며 살아왔을 것이다.

이렇게 문화는 아무런 예고도 없이 그저 스며드는 것이다. 이렇게 스며드는 남의 나라 문화에 무작정 익숙하고 친숙해질 수도 있는 것이 바로 문화의 힘이라고 하겠다.

이집트에 가보면, 왠지 이탈리아에서조차 느끼지 못했던, 옛 로마시대 분위기를 감지할 수 있다. 아주 오래전 이집트를 침략하고 점령했던 로마제국의 영향 탓일 것이다. 이탈리아에서도 흔치 않은 고대 로마의 그 무엇이 이집트에서 자국의 문화로 자리 잡고 있는 것이다.
지중해를 사이로 마주하고 있는 이탈리아와 이집트 양국은 양국의 역사 어느 부분에선가 공통된 코드에 서로가 공감하는 부분들이 있을 수 있을 것이다. 물론 양국 교류의 출발이 어느 한쪽에는 일방적인 상처였을 수도 있겠지만, 어디까지나 전후 사정보다는 국가 간 문화적 교류와 상호작용의 결과만 놓고 보면 그렇다.

6.25 전쟁 직후 미국의 풍요롭고 자유분방한 문화는 우리에게는 따라 하고 싶은 선망의 대상이었을지 모른다.

유럽과 우리에게 여전히 남아 있는 몽골의 흔적들, 인도와 베트남에 남아 있는 영국과 프랑스의 흔적들, 남부 스페인 등에 남아 있는 이슬람 문화들, 이제는 남미국가들의 정체성과 문화로 자리 잡은 스페인의 언어와 풍습들, 그리고 유럽과 아프리카 국가들의 관계처럼...

남의 나라에 전파된 문화는, 대부분이 물리적 침략을 통해, 아픈 기억 속에 전달 되어진 통증과 상흔(傷痕)들이다. 그런 통증과 상처가 오랜 시간 아물고 딱지가 내려앉아 혼혈(混血)된 문화로 재구성 되었다.
국가 간 문화와 문명의 전파와 영향이 대체로 물리적인 침략의 유산들인 가운데, 다른 나라를 단 한번 침략하지 않으면서도, 전 세계 구석구석까지 자국 문화를 전파하고 확산한 세계사적으로 유일한 나라가 바로 대한민국이라고 했다. 그만큼 한국의 문화는 강제성도 없고 애써 주입하지도 않아도 각자의 취향과 자유의지에 따라 선택적으로 수용했다는 측면에서 그 영향력의 본질을 남다르게 평가할 수 있다.

인류가 각국의 문화적 교류를 통해 나와 다른 가치를 공유하고, 공감하고, 연대하는 가운데, 더 큰 인류 공동체에 다가설 수 있을 것이라는 희망을 대한민국의 문화 한류가 입증하고 있는 것이다.

3. 한류 인기의 비결

한류의 인기는 그야말로 대단하다. 2000년대 초, 드라마를 시작으로 1차 한류의 붐이 등장했다. 겨울연가, 대장금 등의 한국 드라마와 빅뱅, 소녀시대, 슈퍼주니어 등 국내 아이돌 가수들이 일본, 중국, 동남아 등 아시아권을 중심으로 인기를 얻게 되었고, 국내 드라마 촬영지는 아시아 전역에서 몰려오는 한류 팬들의 성지(聖地)가 되기도 하였다. 우리나라 배우와 가수가 그 나라를 방문할 때면 공항은 현지 한류 팬들로 가득 메워지는 진풍경을 이뤘다.

2차 한류의 강풍은 그 규모와 파장 면에서 더욱 강력한 폭발력과 확산세를 보였다. 가수 싸이(PSY)와 BTS를 중심으로 K-pop은 각국의 정상들과 셀럽들로부터 연일 러브콜이 들어왔고, 지구 반대편의 초등학생들조차 모르는 사람이 없을 정도로 그 인기가 급상승하였다. 오징어 게임과 기생충 등 한국의 드라마와 영화는 할리우드(Hollywood) 콘텐츠를 넘어서는 대이변을 일으키며, 한국 영화와 드라마 시장의 새 장(場)을 열게 되었다.

이제 한류는 K-pop과 K-드라마를 넘어, K-뷰티(Beauty), K-푸드(Food), K-댄스, 한글 등, 더 한국적이고, 더 전문적이고, 더 다양한 분야까지, 그 범위가 확대되고 내용도 깊어졌다.

‘이날치 밴드’와 ‘앰비규어스’의 ‘범 내려온다’를 시작으로 ‘머드맥스’ 등 한국관광공사의 대한민국 홍보영상 ‘Feel the Rhythm of Korea’ 1탄과 2탄이 연이어 터지면서, 우리의 전통과 세계의 현대가 어우러진 ‘한국 글로벌 콜라보 콘텐츠(Korean Global Collaboration Contents)’인 소위 ‘코글코 콘텐츠’가 세계인의 조회수 기록을 연일 갱신하였다.

이런 한류의 인기 비결이 무엇인지 궁금하지 않을 수 없다. 세계인들이 왜 이렇게 한류 콘텐츠를 좋아하고 공감하는지에 대해서는, 아직까지도 체계적으로 분석된 바는 없는 것으로 알고 있다.
다만, 내가 문화체육관광부 장관 시절, 해외 언론 등에서 한류의 인기 비결과 원인에 대해 물어보면 매번 답변하던 내용을 소개해 본다.

대략 세 가지 정도의 요인으로 한류 인기의 원인과 비결을 가늠해 본다.

첫 번째는 다이나믹 코리아(Dynamic Korea)가 가지고 있는 역동성이다. 대한민국의 정치와 경제를 보면 한국 사회가 짧은 시간에 얼마나 굴곡이 심하고, 역동성이 있는 과정을 거쳐왔는지 금방 알 수 있다.

한국의 정치 분야는 해방 이후 80년 넘게, 정부 수립을 시작으로 대통령제와 의원내각제의 두 거버넌스(Governance)를 모두 경험했고, 정권의 성격도 군사독재부터 문민 민주화 정부까지 극과 극이다. 대통령 선출

방식에 있어서도 소위 체육관 선거라는 간접 선거부터 87년 이후 직접 선거까지 대통령 직·간접 선거를 모두 치렀고, 시민들이 거리에서 들고 일어나 한 번의 하야(下野)와 두 번의 탄핵을 통해 대통령을 권좌에서 쫓아낸 혁명적 경험도 있었다. 현직 대통령의 암살 사건이 있었고, 두 번의 군사 쿠테타와 열 한 번의 전국단위 비상계엄(출처, 연합뉴스)이 선포되었다. 임기 이후 사법 심판을 통해 감옥에 간 대통령은 전체의 40%를 넘고 있다.

대한민국은 왕권이 종식된 지, 불과 100년이 채 안 됐다. 왕권이 끝나고 일제강점기와 6.25 전쟁을 거쳐 30여 년의 군사독재와 30여 년의 민주화 정부가 교차했다. 100년도 안되는 기간 동안 매우 다양하게 급변하고, 점진적으로 개선되면서 굴곡 심한 역동성을 보여 오고 있다.

경제 분야도 다르지 않다. 6.25 전쟁 직후 폐허의 잔해에서 시작하여, 1인당 GDP 3만 달러 이상, 인구 5천만 명 이상의 경제 규모를 가진 '30-50클럽'의 7번째 가입 국가가 되었다.
미국, 영국, 프랑스, 독일, 이탈리아, 일본 등 기존 30-50클럽 국가들의 면면을 보면 더더욱 놀라울 일이다.

경제력, 군사력, 외교력, 문화력 등 전체 국가역량을 평가하는 강력한 국가 순위는 2022년과 2023년 연이어 우리가 프랑스, 일본을 제치고 미국,

중국, 러시아, 독일, 영국에 이어 6위를 기록하였다. 그동안은 넘사벽(도저히 넘을 수 없는 장벽)이었던 국가들을 추월하거나 어깨를 나란히 하는 수준에 이르고 있다.
불과 70년이라는 짧은 기간 동안 후진국에서 선진국까지의 다양한 경제면모를 지니고 있는 나라가 바로 대한민국이다.

지난 70~80여 년간 대한민국은 정치적, 경제적으로 매우 가파른 변화가 있었던 격변기였고, 매우 다양한 스펙트럼이 공존하는 역동적인 나라로 평가받는다. 그만큼 많은 것을 경험하였기 때문에 그만큼 많은 것들에 대해 공감한다. 바로 이러한 점이 우리가 콘텐츠를 제작할 때 다양하고 창의적인 상상력을 발휘하고, 더 많은 사람들이 공감을 하게 되는 원동력이 아닐까 라는 분석을 해본다.

실제 K-pop 음악을 보면 8마디 안에 재즈(Jazz), 발라드(Ballad), 힙합(Hip-Hop), 록(Rock), 블루스, R&B 등 매우 다양한 장르가 융·복합되어 구성되었고, 중독성 강한 멜로디의 반복으로 화성학 측면에서 역동성의 최적화를 이루고 있다고 한다.

역동성이 사람들의 관심과 집중력을 높이는 사례는 스포츠에서도 쉽게 목격할 수 있다. 이종격투기 인기가 높아지면서 권투경기가 사람들의 흥미를 잃고 있다. 이종(異種) 무술 간의 대결과 온몸을 사용하며 높은 파괴력을 보여주는 이종격투기가 권투보다 훨씬 더 큰 호기심을 자극하고 역동적이기 때문이다. 그래서 이종격투기를 한번 보게 되면 상대적으로 느슨하고 소프트해 보이는 권투경기에 흥미를 잃게 되는 것이다.

더 역동적인 것이, 덜 역동적인 것보다 비교우위가 있다고 하겠다.

대한민국의 정치와 경제 분야를 중심으로 한, 다양한 스펙트럼과 경험들은 한류 콘텐츠에 다양한 소재와 스토리로 활용되었고, 다양한 국가와 계층들에 공감을 불러 일으켰다.
정치와 경제 분야는 다른 분야에로의 영향력과 파급력이 높기 때문에, 더 흥미롭고 다채로운 한류 콘텐츠 생산을 가능하게 하였다.

두 번째는 글로벌 코리아(Global Korea)로, 글로벌한 공감력을 갖춘 나라이다. 이웃 나라 일본만 보더라도, 연간 해외로 나가는 일본 내국인 수는 인구의 5% 정도의 수준이다. 이 정도면 거의 폐쇄사회 수준으로 진입한 것이라 해도 과언(過言)은 아닐 것이다.

우리의 경우, 인구의 60%에 해당하는 3천만 명이 해마다 해외를 나가고 있다. 비록 우리나라를 찾는 인-바운드(In-Bound) 방문객 수는 1,700만 명으로(코로나 기간 이전 기준) 다소 저조하지만, 아웃-바운드(Out-Bound) 숫자만큼은 해외에서 관광 분야 러브콜이 들어올 정도로 인구

대비 어마어마한 수치이다.
한·중·일 3국을 비교해 볼 때, 인구수는 두 국가에 비해 우리가 턱없이 작은 규모이지만, 스페인을 방문하는 한해 방문객 수는 70만 명으로 한중일 3국 중 절대적으로 많은 규모이다. 스페인 관광 장관의 우리나라에 대한 태도는 언제나 최고 대우를 넘어선 특별대우 수준이다.

보통, 해외에서 국내로 사람들이 들어오면서 국제적 감각과 문화들이 생겨나지만, 거꾸로 우리는 우리가 해외를 많이 나가서, 글로벌 기준과 글로벌 공감력을 확보하는 경우에 해당된다.

다양한 해외 국가들에서의 우리 국민들 다수의 경험들은, 그들이 다시 국내에 들어와 다양하게 교류되고 공유되면서 또 다른 경향들이 창출된다. 각각의 경험들이 공유되고, 상호 간 공감을 일으키면서 더 많은 경험들로 재탄생하게 되는 것이다.
그래서 인구의 60%에 육박하는 한해 해외 방문객 규모는 그 규모를 넘어서는 공감력 배가의 효과를 가져오게 된다.

마지막 세 번째는 디지털 코리아(Digital Korea)이다. 대면이 어려운 코로나 팬데믹 기간 동안 대한민국의 강점인 디지털 생태계와 세계인이 공감하는 한류 콘텐츠가 결합되며, 한국의 문화가 전 세계 곳곳에 광범위하게 전파되고, 한국의 위상과 품격을 한층 더 높은 수준으로 올려놓았다.

더욱 고도화된 디바이스 성능과 통신 환경이 한류 확산의 직접적인 원인으로 작동되었다.
특히, 모바일 폰(Mobile Phone) 성능의 고도화와 5G, 6G 같은 통신 네트워크 환경의 발전으로, 콘텐츠 유통의 기존 장벽이 허물어지고 누구나 직거래가 가능한 유통혁명을 가져왔다.
이러한 디지털 환경의 출현과 변화는 문화의 확산 속도를 더 가속화하고 확산 범위를 광폭으로 넓히는 역할을 하였다.

디지털 강국, IT 강국으로 알려진 한국의 본질은 통신 인프라에 있다. 촘촘한 통신 인프라가 사용자(User)들로 하여금 다양한 IT 관련 서비스를 이용 가능하게 하기 때문이다.
그래서 한국은 ICT 개발품들의 테스트 천국이라는 평가도 받고 있다.

디지털 생태계는 네트워크(Network), 플랫폼(Platform), 콘텐츠(Contents), 디바이스(Device) 등으로 구성된다. 5G, 6G 등 네트워크 기술의 고도화로 인해, 많은 양의 데이터가 빠른 속도로 소통된다. 안정된 네트워크 환경을 기반으로 다양한 콘텐츠가 플랫폼에 얹혀져 운영되고, 사용자(User)는 디바이스(Device)를 통해 콘텐츠를 소비한다.

네트워크와 플랫폼을 공급 기반으로, 콘텐츠를 공급물로, 디바이스를 소비 수요 수단으로 역할과 기능을 하고 있다.

디지털 생태계는 통신망의 속도와 용량에 달려있다. 네트워크의 고도화는 다양한 콘텐츠가 플랫폼에서 운영될 수 있게 만들기 때문이다.

한류의 확산과 영향력은 대륙간탄도미사일처럼 멀리까지 날아가는 디지털 네트워크 환경과 폭발력 강한 한류 콘텐츠의 결합이다.
한류의 세계적 확산에는 세계인이 공감하는 콘텐츠도 있지만, 누구나 손쉽게 접근할 수 있는 디지털 기술환경의 등장이 있었기에 가능할 수 있는 것이다.

4. 창·제작 및 유통환경의 지속가능성 확보

그러면 한류는 언제까지 지속 가능할 것인가?
과거, 홍콩의 느와르(Noir) 영화의 인기가 한국을 비롯한 아시아 영화시장을 강타한 적이 있다. 할리우드 영화만 국경을 넘어서 통할 줄 알았는데, 아시아의 영화가 해외시장에서 인기를 누릴 거라고는 아무도 상상하지 못했던 시절이다.

그러나, 그 인기는 오래가지 못했다. 홍콩의 몇몇 정상급 배우들이 오히려 할리우드 영화시장에 진출하는 계기가 되었을 뿐, 홍콩의 영화시장은 할리우드 시장에 흡수되는 결과를 낳았다.
이유는 간단했다. 홍콩 영화계가 지속 가능한 생태계 조성에 실패했기 때문일 것이다. 창·제작 및 유통을 중심으로 한, 시장 창출에 성공하지 못한 것이다.

문화체육관광부 장관 시절, 한류의 지속성 확보를 위해 다양한 방안들을 시도했었다. 우선 창·제작자들에 대한 대우 측면에서 예술인 등록을 하게 하고, 예술인들을 위한 고용보험 제도를 신설했다. 아울러, 자유로운 창·제작 활동을 보장하기 위해 정부의 간섭을 배제하였고, 블랙리스트(Black List), 미투(Me Too) 등 예술계 부적절한 문화와 제도를 개선하기 위한 예술인권리보장법도 통과시켰다. 지식재산권(IP-Intellectual

Property)과 저작권 보호를 위한 다양한 노력도 뒤를 이었다.

아울러, 유통구조의 생태계를 마련하기 위해, 한류의 선두 주자였던 K-pop과 드라마 분야의 어워드(Award) 시상식과 축제 프로그램을 설계하였다.
참여정부 시절 필자가 주관하여 제안했던 월드 드라마 어워드(World Drama Award)가 '서울 드라마 어워드'로 변신하여 한국방송협회가 주관하고 있었다.
드라마 어워드를 처음 설계하고 제안했을 당시에는 겨울연가 등으로 큰 인기를 얻은 드라마 중심의 한류 바람을 지속화하고 확대·강화하는 것이 우선적 목표였다.

2개월간의 월드 드라마 축제(World Drama Festival)를 개최하고 축제 마지막에 월드 드라마 어워드 시상을 한다는 계획이었다.
할리우드 영화시장처럼, 글로벌 드라마 시장이 국내를 거점으로 형성되고, 세계적인 드라마 스타들이 배출될 것이다. 글로벌한 드라마 시장과 스타들의 출현은 뷰티와 관광 등 유관 산업 분야는 물론이고, 산업의 후방효과도 클 것으로 기대했다.

같은 이유로 K-pop 축제를 기획했다. 무엇보다, K-pop 생태계와 시장을 만들면 한류의 지속성을 확보하게 되고, 한류의 성지(聖地)로서 기반 역할을 통해 인바운드 관광을 견인할 수도 있겠다는 생각이었다. 당장 문체부가 예산을 만들어 2021년도에 제1회 페스티벌을 개최하였다.

드라마와 K-pop을 망라하는 축제와 시상이 구성되었고, 축제와 시상식에서 배출되는 스타들을 중심으로 K-드라마와 K-pop 생태계와 시장이 창출될 수 있을 것이라는 기대감도 컸었다.

이건희 컬렉션의 경우도, 사실 출발부터 잡음이 컸다. 2만 3천여 점 중 최소 3천 5백여 점을 전시할 수 있는 이건희 컬렉션은 세계 어느 미술관과 비교해도 손색이 없을 만큼, 규모와 내용 면에서 문화 예술적 가치가 크다는 평가를 받는다.

시비(是非)를 줄이기 위해, 전문가들을 중심으로 '국가기증 이건희 소장품 활용위원회(김영나 위원장)'를 구성하고, 미술관의 건립과 운용, 그리고 소장된 작품들의 활용방안에 대한 검토를 시작하였다.

수도권에만 모든 문화예술 인프라가 집중되는 것에 지방 도시들의 반대가 거셌다. 사실 이 부분이 주무 부처 장관인 나도 가장 아픈 부분이었다. 지방 도시들의 볼멘소리가 틀리지 않기 때문이다.
그러나 위원회의 결론은 기증자의 철학을 반영하고, 국내외 가장 많은 사람들이 관람하고 향유 할 수 있는 접근성이 확보되는 공간을 선정하게 되었다.
또, 기증자 집안이 운영하는 리움 미술관과의 접근 등을 고려한 연계성도 고려되었다. 경북궁 옆에 자리한 송현동 부지가 최종 선정되었다.

대신에 지방의 턱없이 부족한 문화예술 인프라 구축 요구를 반영하기 위해, 광주 아시아문화전당과 국립현대미술관 청주 개방형 수장고를 활용하고, 대구에 소재한 문체부 소유의 舊경북도청 건물을 미술관으로 리모델링 하는 방안과 경남지역을 위해 창원에 국립미술관 분관을 설치하는 용역 예산을 마련하였다.
그래서, 서울 송현동 부지를 중심으로 호남권(광주), 충청권(청주), 대구경북권(대구), 경남권(창원) 총 4곳에 '이건희 컬렉션 네트워크 뮤지엄'을 개관하는 계획을 발표하였다.
네트워크 뮤지엄의 취지는 이건희 컬렉션 소장품을 일부는 분리·전시 또는 일부는 순회 전시하면서 기증품에 대한 관람과 연구를 통합적으로 추진하겠다는 계획이었다.

우여곡절 끝에 이건희 컬렉션은 부지 확보를 시작으로 설계 및 공사 추진을 계획하였고, 현재는 지역을 순회하며 작품을 시민들에게 先공개 하고 있다.
해외 유명 미술관 등도 이건희 컬렉션과의 교차 전시에 큰 호응을 보이고 있는 상황이었다. 이런 분위기 속에서 아트 바젤(Art Basel), 프리즈

(Frieze) 등 세계적인 아트페어(Art Fair)도 국내에서 개최되었다. 한때, 인천공항 내 면세구역에서 아트페어전을 기획하기도 하였고, 코로나 기간 철수한 면세점 일부 공간은 미술 전시 공간으로 재구성되기도 하였다. 온라인상에서는 다양한 형태의 미술품 NFT 시장도 활성화되고 있는 상황이다.

이 모든 것이 미술 관련 시장이 국내에도 조성되고 있다는 의미이기도 했다. 시장 형성의 의미는 예술가들의 예술 활동이 활성화되는 창·제작 환경이 구축되고, 작품을 관람하고 관객이 모여들고, 다양한 부가가치를 높이는 일련의 유통구조가 창출되는 것을 의미한다.

한류 지속화를 위한 우리의 가장 경쟁력 있는 요소 중 하나가 디지털 분야를 손꼽을 수 있다. 대한민국이 네트워크, 플랫폼, 콘텐츠로 구성된 디지털 생태계가 가장 제대로 조성된 국가 중 하나라는 평가를 받고 있기 때문이다.
코로나19 비대면 기간 동안, 문화예술을 간접적으로 대면할 수 있는 다양한 디지털 기술들이 문화예술 분야와 융·복합 되었다. 온라인 전용 공연장이 만들어지고, AR, XR, VR 및 메타버스 기술 등을 통해 온라인상에서 현실 공간을 대체하는 공연을 관람할 수도 있게 되었다. 문화예술 분야에 적용되는 디지털 기술은 작품의 다양성과 작품에 대한 이해도를 제고시킬 뿐 아니라, 접근성을 위한 다양한 방법들도 시도되었다.

5. 아트-테크(Art-Technology) : 문화의 확장

4차산업혁명의 기술 고도화 시대에 미래기술과 우리 생활의 모든 분야가 융복합되는 과정들이 진행 중이다. 우리 일상 전체와 미래기술이 융합되는 새로운 시도는 새로운 문명을 의미한다.

특히, 코로나 19라는 팬데믹 비대면 기간을 거치면서, 우리의 일상이 무너지고, 일상을 통해 얻어지고 쌓이는 모든 가치들이 파괴되었다.
우리는 일상을 통해 문화를 습득하고 공유하고 축적한다. 우리 문화는 우리 공동체가 공유하고 공감하는 가치관의 총합이다. 비대면 상황으로 문화생활 하기가 어려워지고, 문화를 접하지 못하는 가운데 우리 일상에서의 가치사슬이 끊기는 것이다. 코로나 기간은 문화가 우리 일상의 소중한 가치임을 다시 한번 깨닫게 해주는 시간이 되었다.

그럼에도 한편으로, 코로나 비대면 기간은 우리가 일상을 다시 이어갈 수 있도록 새로운 대안들이 등장했던 시간들 이기도 했다. 그 대안 중 하나가 디지털 환경의 출현이다. 디지털 기술과 문화의 융복합으로 우리의 문화는 더 다양해졌고, 접근성은 높아졌다. 새로운 창작의 장르가 탄생하기도 하고, 문화를 이해하는 폭도 넓어졌다.

문화에 접목되는 기술이 고도화되면서, 이종 간 문화의 직·간접 교류 방안들이 활성화되었다. 서로가 대면하지 못해, 문화 접근성에 대한 갈증이 높았던 코로나 시기가 오히려 수요를 더 재촉하고 대안을 강구 하는 촉진제 역할을 하게 된 것이다.

RCC 같은 영화산업과 게임산업의 통합된 시장의 출현, 온라인 공연과 버추얼 공연 등 접근성 높은 관람문화의 등장, 미술계 새로운 유통과 마케팅을 위한 NFT(Non-Fungible Token) 시장의 활성화, AI가 그림을 그리고, 음악을 작곡하고, 문학을 집필하는 디지털 창작의 세계, 미디어아트를 중심으로 한 다양한 실감형 콘텐츠의 활용 등 다양한 기술과 문화예술이 융복합된 디지털 문화 시대 개막을 통해 한 차원 다른 창·제작과 유통 그리고 향유의 생태계가 구축되는 것이다.

특히, RCC(Reality Connected Cinema)는 CG(Computer Graphics) 기술과 디지털트윈(Digital Twin), AR(Augmented Reality), VR(Virtual Reality), MR(Mixed Reality), XR(Extended Reality) 실감형 기술을 중심으로, 영화를 보는 개념(Watch)에서 체험하는 개념(Experience)으로 전환 시킨다.
우리는 상영관 기술을 통해 영화산업이 발전한 대표적 국가이다. 세계적인 CG 기술자도 한국인이 대세를 이루고 있다. 한국의 드라마가 넷플릭스 플랫폼을 통해 세계적인 인기를 구가하고 있다.
한편 코로나 기간에도 꾸준한 상승세를 이어오던 한국의 게임산업은 글로벌 경쟁력 1위, 2위를 차지하고 있는 상황이다.

상영관 중심 영화시장과 세계적인 CG 기술, 게임산업 강국과 영화·드라마 경쟁력 확보 등의 요소는 RCC 출현으로 향후 게임시장과 영화시장을 통합하는 새로운 시장을 한국이 창출하고 주도하는 시대를 맞이하게 될 것이다.

K-pop의 인기가 상승하면서, 한국 아이돌들의 공연을 온라인 전용 공연장 등을 통해 비대면 공연을 시청할 수가 있게 되었다. 굳이 한국에 오지 않고도 케이팝의 감동을 그대로 느낄 수 있는 것이다.
코로나 기간동안 한류의 인기가 더 높아지고, 국내 인바운드 관광의 취약함을 고려하면 문화와 기술이 만나는 지점에서 새로운 형태의 공연시장을 기획할 수 있는 것이다.

기술과 문화의 융복합은 관광 분야에서도 역할을 한다. 국내 관광지를 직접 방문하는 느낌을 전달하는 버추얼(Virtual) 실감형 관광 콘텐츠는 온라인을 통해 간접 관광의 효과를 얻을 수가 있다.
온라인을 통한 간접 관광은 향후, 직접 방문의 관광수요를 높이는 역할을 할 것으로 기대한다.

버추얼 관광은 현재 존재하지 않는 과거 한국의 풍광도 체험할 수 있을 것이다.
조선시대로 돌아가 보는 상상을 해보자.

색감이 매우 남달랐을 것 같다. 봄과 여름, 하늘은 파랗고, 산과 논은 녹색의 물결이었을 것이다. 사람들의 옷은 모두 흰색이고 사람들의 머리칼과 머리에 쓴 갓은 검은색이다. 양반집 기와도 검은색이고 평민의 초가는 옅은 갈색이다.
조선시대 전체가 매우 단순하고 담백한 색감으로 구성되어 있었을 것이다. 블루(Blue), 그린(Green), 블랙(Black), 화이트(White), 브라운(Brown)만 존재하는 세상이다. 겨울도 크게 다르지 않다. 블루, 그린, 브라운과 화이트, 블랙의 세상이다.
지금처럼 컬러풀(Colorful)한 시대에는 절대로 체감할 순 없지만, 그래서 그 시대의 색동과 단청은 한없이 화려했을지도 모른다.

옛 조선의 아름다움이 디지털 시대에 현대적 감각과 기술이 어우러져 화려하게 복제되어 복원될 것이고, 영화처럼 또는 게임처럼 버추얼 관광(Virtual Travel)의 콘텐츠로도 기능하게 될 것이다.

기술은 전통과 현대, 동양과 서양, 국가와 국가 간의 문화 교류를 더욱더 활발하게 융합시키며 혼혈의 새로움과 이질의 연대감을 통한 문화의 다양성과 확장성을 추구한다. 디지털 기술은 그런 문화에 대한 이해와 접근성을 높여준다.

국립중앙박물관이 선보이고 있는 '정조대왕 능행차도'나 '고구려고분벽화' 등의 실감형 콘텐츠화는 작품의 이해를 높이는 데에도 큰 역할을 하고 있다. 실감형 콘텐츠는 모션캡쳐(Motion Capture) 기술을 활용하여 정지된 그림을 동영상화 한 것이다.

활자처럼 펼쳐있던 정조대왕 능행차도는 능 행차 행렬에 등장하는 사람 하나하나를 모션캡쳐(Motion Capture) 기술로 제작하여, 그림 속 1,779명 개개인의 동작과 얼굴 표정까지 다르게 묘사하고 있다. 행렬에 참여한 사람들의 표정과 걸음걸이에서 수많은 상상과 궁금증을 불러일으키게 하는 그날의 생생한 현장감을 그대로 전달하고 있다.

예술작품의 디지털화를 통해 능 행차라는 하나의 그림 전체에서, 그림 속 개인의 일상과 내면을 상상하게 만드는 부분까지, 문화와 기술의 조합이 관객의 시선을 사로잡게 만든다.

고구려 고분 벽화에 그려진 그림의 동영상화를 통해, 벽화에 등장하는 무용수들의 의상과 춤사위 등 작품 속의 고구려 문화를 더 쉽게 이해하고 공감할 수 있다.
고구려 고분 벽화 중 춤추는 사람들을 보면, 춤을 추는 사람들이 한 줄로 서서 팔을 직각 형태의 위아래로 꺾고 있는 모습이 있다. 벽화라서 표현이 거친 것인지, 그림 실력이 없는 것인지 도무지 벽화 속 그림을 이해하기 어렵다. 그러나 실감형으로 복원된 동영상을 보면 충분한 이해가 간다.
실감형 콘텐츠의 가치는 작품 자체에 대한 이해를 높일 뿐 아니라, 실감 동작을 통해 더 많은 상상을 펼칠 수가 있어, 작품에 대한 향유의 폭을 확장 시키는 효과가 있다.

문화와 기술이 만나, 문화에 대한 향유의 폭이 확장되고, 향유의 확장은 곧 가치의 확장성으로 이어질 것이다.

박물관과 미술관, 도서관 등의 실감형 콘텐츠는 작품의 해석과 이해를 높이는 것은 물론이고, 현장에 가보지 않고도 충분히 문화콘텐츠를 향유 할 수 있는 관람환경을 조성한다.
박물관이나 미술관의 건물 구조와 작품 전시의 동선 등의 설계는 박물관의 입장부터 퇴장까지, 전시된 작품을 가장 쉽고 편리하게 이해할 수 있는 최적의 환경으로 구성될 것이다. 기술은 이런 박물관의 목적을 극대화하고 최적화하는데 기능한다.

아트-테크 영역에서의 기술은 문화에 대한 이해와 접근성을 높여가며 문화에서의 새로운 영역을 창출한다. 문화에서 새로운 영역의 창출은 그만큼 우리 일상이 다양하고 풍부해지며 우리의 가치가 확장되는 과정이다. 우리의 일상과 가치 그리고 우리의 문명을 풍성하게 만드는 문화와 예술의 융합은 그래서 중요하고 필요한 것이다.

필자는 문화체육관광부 장관 시절, 한국예술종합학교(한예종)와 한국과학기술원(KAIST)간 MOU를 맺었다. 국내 최고의 문화예술 교육기관과 국내 최고의 과학기술 교육기관 간 협업시스템을 구축한 것이다.
문화와 기술의 협업을 통해, 문화를 위한 기술, 기술로 더 창의되고 확장되는 예술의 탄생을 기대해 본다.

2021년에 이탈리아 로마 콜로세움에서 G20 세계문화장관 회의가 열렸다. 주최 측에서는 한국 측에 문화의 디지털화(Digitalize)를 주제로 기조연설을 요청하였다. 대한민국이 문화와 기술 분야 모두에서 국제사회의 신뢰를 받고 있다는 의미로 이해가 되었다.
디지털 기술과의 융복합을 통해 다양한 형태의 문화예술을 창출하고, 문화의 사회적 가치를 높이는 방안들에 대하여 한국의 문체부 장관인 필자가 기조연설을 했었다.

디지털화를 위해서는 문화예술 분야와 융·복합하는 디지털 생태계의 구축이 주요하다.
디지털 생태계는 네트워크(Network), 플랫폼(Platform), 그리고 콘텐츠(Contents)로 구성된다.
문재인 정부 시절, 5G와 메타버스 등을 통해 네트워크와 플랫폼 구축을 위한 사업들이 추진되었다. 5G를 통해 무거운 데이터양을 속도감 있게 구동이 가능해지면서 메타버스 기술의 현실성도 높아지게 되었다. 다양한 콘텐츠을 담는 플랫폼이 원활하게 기능하기 위해서는 통신이 자유로운 네트워크 인프라의 구성이 중요하다.

문체부는 디지털 생태계 중에서도 데이터를 모으고 콘텐츠를 제작하는 부분에 지원을 집중하는 부처이다.
먼저, 다양한 예술 분야와 미래기술의 융·복합을 위해서는 예술과 미래기술 분야 모두에 이해가 높은 인력양성이 절실했다. 당시 예술인들과의 현장 간담회에서 주로 나온 의견은, 문화예술을 다양한 경로로 접근할 수 있는 콘텐츠와 플랫폼의 개발이 관건인데, 문화예술 콘텐츠를 디지털화하기 위한 전문인력의 필요성이 시급하다는 것이었다. 지금까지는 기존 엔지니어 분야의 기술과 인력을 차용하고 활용하여 문화예술에 끌어다 응용하고 적용하는 것이 대부분이었다. 그러다 보니, 엔지니어들의 문화예술 분야에 대한 이해 부족으로 작업 자체가 더디고 복잡할 수밖에 없는 형편이었다.

문화예술과 미래기술의 융·복합을 위해서는 모든 생태계 주기가 그렇듯이, 지속가능성 차원에서 연구 및 교육 영역에서의 기반 조성이 주요하다는 판단으로, 한국예술종합학교와 한국과학기술원(KAIST)간 MOU 체결을 하게 되었다. 문화예술과 과학기술 분야에서 각각, 국내 최고를 자랑하는 두 국립대학 간의 협업시스템을 통해, 예술과 기술의 융·복합 생태계 토대를 구축하게 된 것이다.

이 분야에서 연구 교육을 시작으로 분야별 콘텐츠의 창·제작은 매우 창의적이고 다양하게, 계획되어 진행 중에 있다.

6. 문화올림픽(Culturalympic)

본 장은 이 책이 시종일관 주장해온 기술 시대의 위험성을 문화 시대라는 기회로 보완할 수 있다는 논리의 최종 종착지이다.

생산성이 높아지고 갈등이 증폭되는 기술 시대에, 각국의 문화적 교류가 갈등을 완화하고 공감과 연대를 높일 것이라는 구체적 대안으로 문화올림픽을 제안한다.

아울러, 문화올림픽은 세계무대에서 한류 인기에 지속성을 부여하고, 한국문화의 주도권을 공고히 하는 효과도 얻게 될 것이다.

문화올림픽(Culturalympic)은 필자가 문체부 장관 시절 바흐 IOC 위원장과 프랑스 문화부 장관에게도 제안했던 내용이다.
영문표기 'Culturalympic'은 문화의 형용사형 Cultural과 명사 올림픽(Olympic)의 합성어로, 국제사회에 문화올림픽 제안을 위해 가칭으로 만든 용어임을 밝힌다.

동계·하계 올림픽(Olympic)과 장애인올림픽(Paralympic)에 이어, 문화분야 올림픽의 개최를 통해, 올림픽이 추구하는 평화와 인류애라는 올림픽 정신에 좀 더 완성도를 높여보자는 취지가 담겨있다.

동계·하계 올림픽은 스포츠 엘리트 선수들을 통해 인간의 체력적 한계에 도전하고, 그 한계를 극복하는 과정에서 인류의 공감대와 연대를 이끌어 낸다. 장애인올림픽은 장애와 비장애의 차별을 극복하고 인간의 존엄성을 통한 인류애적 가치를 추구한다.

문화는 가치관의 또 다른 표현이다. 나라마다 자국 공동체의 역사와 삶의 가치들이 총합된 결과가 문화이다. 그러므로 국가 공동체간 문화의 교류는 가치관 전체의 공유이며 공감이라 할 수 있다. 서로 간의 차이를 좁히고 이해는 높이며 배려하고 협력하는 가운데, 상호 공감의 축적과정이 될 것이다.

올림픽의 취지와 정신이 인류가 서로 화합하고 평화를 지향하는 것이다. 경쟁은 하지만, 기록과 순위보다는 참여와 스포츠맨십(Sportsmanship)에 의미를 더 둔다.

매번 감동의 드라마가 등장하는 올림픽은 경쟁을 통해 결과를 확인하는 짧은 순간의 연속이지만, 고통 속에 4년을 준비해온 전체 과정의 노출이고, 인류 레거시(Legacy)의 산실이다.

올림픽을 통해 인류는 본질을 확인하고, 화합하며 결속을 위해 서로 노력한다. 올림픽의 개막식과 폐막식은 그해 열리는 올림픽과 올림픽 개최도시가 추구하는 가치와 문화를 상징하며, 지구촌 전체가 연대하고 공감하는 축제의 장으로 기획된다.

얼핏 경쟁과 대결, 승자와 패자의 구도 같아 보이지만, 참여와 연대, 화해와 협력 그리고 평화와 공존이 올림픽이 추구하는 본래 정신이다.

체력과 인내의 한계에 끊임없이 도전하고 극복하는 선수들의 모습 그대로, 인류가 도전받는 수많은 문제점을 공유·공감하고, 한계와 갈등을 극복하면서 함께 해답을 찾아가는 인류 화합의 장이다.

동계, 하계올림픽에 이어 곧바로 열리는 장애인올림픽은 인간이 지니고 있는 각자의 체력적 한계를 끊임없이 넘어서고, 장애와 비장애의 차별적 인식까지 극복하며 하나가 되는 숭고한 의미가 담겨져 있다. 어떠한 상황에서도 한계에 도전하고, 함께 참여하고 극복하는 것이 진정한 올림픽 정신인 것이다.

이제 인류는 올림픽에서 체력적 한계를 넘는 감동만큼이나, 문화와 가치관의 차이를 극복하며 갈등과 대립의 한계를 넘어야 한다. 다름을 인정하고, 서로가 공감하며, 인류의 다양성이 모여 만들어 내는 조화로운 하나를 창출해야 한다.

문화올림픽은 각국의 문화와 가치관 공유를 통해 인류 화합과 세계평화라는 올림픽이 추구하는 가치와 정신을 더욱 온전하게 극대화시킬 것이라 확신한다.

필자는 한류의 영향력이 전파되고 확산되는 과정에서, 문화를 매개로 인류가 연대하고 협력하며, 갈등을 완화하고 대립을 극복할 수 있음을 확인하였다.
한국문화의 힘은 세계인을 끌어모을 수 있는 매력이 있다. 한국의 문화, 한류가 인류사회가 문화를 통해 교류하고 공감대를 형성하는데, 마중물이 되고, 견인차 역할을 할 것이다.

기술은 고도화되고 생산성이 도약하는 시점이다. 갈등이 증폭되고, 질서와 원칙이 파괴되고 있다. 각자도생의 세계는 양보와 배려보다, 경쟁과 갈등의 시대를 살고 있다.

세계 각국의 국가 공동체가 각자의 문화를 서로 교류하기 위해서는 구체적인 프로그램이 필요했다. 각국을 대표하는 사람들이 모여 자국의 가치를 정례적으로 교류하고 공감할 수 있는 자리가 필요하다. '올림픽'이 가장 효과적인 공간이라고 판단했다.

올림픽의 정신 그 자체가 대립과 갈등을 완화하고 평화와 인류애를 지향하므로, 4년을 주기로 전 세계를 돌며 개최되는 올림픽대회는 인류 화합의 장이고 감동의 서사이며 인류사의 기록이다.
문화와 올림픽의 조합은 올림픽 본질에 가장 충실하면서도, 올림픽의 본래 취지를 가장 확장적으로 최적화시키는 구성이 될 것이다.

이제, 올림픽의 개념이 전면적으로 바뀌고 확장되어야 한다.

올림픽은 기본적으로 순위 경쟁이고 기록 경쟁이다. 금은동 메달을 기준으로 국가별 순위가 매겨지고, 올림픽 기록과 세계 신기록을 갱신하며 인간 체력과 정신의 한계에 도전한다.

그러나, 올림픽 대회의 기저에 흐르는 본질은 연대와 협력이다. 평화를 지향하고 인류애 가치를 우선한다. 그래서 올림픽은 기록과 순위의 경쟁구도 같지만, 더불어 함께 하는 '참여' 그 자체에 더 큰 의미를 두고 있다.

일부 엘리트 체육인의 행사에서 세계인 모두의 축제로 진화해야 한다. 체육계만을 대표하는 대회에서, 우리 일상의 가치 모두를 대변하는 대회로 거듭나야 한다. 올림픽에서 참여의 의미가 선수들의 참여를 넘어, 선수들을 바라보고 응원하는 세계 시민 참여의 장으로 올림픽의 개념은 확장되어야 한다.

문화올림픽의 종목은 매우 다양하고 광범위하다. 우리의 일상생활 전반이라고 보면 되겠다. 문화예술 분야를 비롯하여 문학, 음식, 뷰티, 게임, 콘텐츠 등 분야도 다양하고, 해당 분야별 세부 종목은 더 많을 것이다.

문화올림픽에는 기록과 순위 경쟁이 가능한 경연 중심의 종목도 있을 것이고, 전시와 공연 퍼포먼스, 축제와 박람회 형태처럼 참여의 의미를 통해 분야별 경향성을 제시하고 공감대를 형성하는 것만으로도 올림픽의 정신은 충분히 구현될 수 있을 것이다.

흥행적 측면에서도 선수와 관계자, 관객과 언론 등을 포함하여 불과 수십만 명 규모가 개최도시를 방문하게 되는 기존 올림픽에 비해, 문화올림픽의 다양한 종목과 경쟁방식은 더 많은 집중도를 보이게 될 것이다. 우리 일상의 모든 부분을 포괄하는 문화올림픽은 올림픽 과정에서 해당 분야의 경향성과 방향성을 제시하게 된다. 이는 세계 시민들의 가치관 공유는 물론이고 산업적, 사회적 가치 측면의 후방 효과도 매우 클 것으로 기대하고 있다.

무엇보다도 문화올림픽은 문화와 가치의 교류를 통해, 서로가 더 공감하고 연대하며, 기술로 성장하고 문화로 연대하는 인류의 건강한 미래문명 구축에 기여하게 될 것이다.

7. 문화자유교류협정(C-FTA) 체제

문화자유교류협정(C-FTA, Culture-Free Trade Agreement) 체제를 제안한다.

세계 2차대전 이후, 공산주의·사회주의와 민주주의·자본주의 진영간 이념적 가치를 대립점으로 패가 갈리었던 국제사회가, 소비에트연방의 붕괴와 중국공산당의 시장경제 편입 등으로 그 대립의 경계가 모호해지거나 사라지게 되었다. 그간에 유지되어왔던 세계의 패권 구도가 사실상 명분을 상실하고 질서가 흔들리기 시작한 것이다.

최근 들어서는, 4차산업혁명의 치열한 기술 경쟁 구도는 글로벌 패권 질서에 불확실성만 더욱더 가중시키게 되었고, 당분간은 명분 없는 자국이익 중심의 각자도생 시대를 개막하게 되었다.

그동안 지켜져 왔던 국제사회의 질서와 규칙들도 하나둘씩 무너지고 있다. 국제 사회내 공존의 약속이자 질서였던 자유무역협정(FTA) 체제가 무너지고, 군사적으로 미국 의존도가 높았던 유럽은 이제 스스로의 자구책을 강구해야 할 처지가 되었다.

미국은 그동안 주장해오던 시장개방과 자유무역을 철회하고, 각국을 대상으로 미국의 이해에 맞는 관세정책을 도입하고 있다. 국제사회의 안보를 도맡아 담당해온 세계의 경찰, 미국이 이제는 당사국들에게 보호비 계산서를 요구하고 있다.

그동안 세계를 상대로 인심 후하고 넉넉했던 미국의 칼과 금이 갈수록 무뎌지고 순도가 떨어지고 있는 것이다. 그만큼 세상이 풍요로워지는 것도 사실이지만, 불확실성도 커지고 있기 때문일 것이다.

기후변화에 가장 큰 책임이 있는 선진국들을 중심으로 환경적 가치를 무역 장벽화하고, 각국이 배타적으로 보유하고 있는 자원은 경제적 무기가 되고 있다.
현재의 상황이 모두에게 녹록하지 않고, 미래가 불확실한 가운데 인정사정없는 자국 이익 중심의 구심력이 갈수록 거세지는 상황이다.

전에 없는 혼란과 갈등의 시대를 맞은 인류사회가 공멸하지 않고 생존할 수 있는 공존공생(共存共生)의 공통과제 추진을 합의해야 한다.

기후변화로 인한 탄소중립은 단 하나뿐인 지구를 살리는 우리 모두의 책임과 의무가 동반되는 필수과제이다. 아울러, 각국의 문화교류를 통한 공감대 형성과 연대의 강화는 인류사회가 갈등과 반목의 위기를 넘어 화합과 연대를 위한 평화 공존의 선택지가 될 것이다.

기후변화와 문화교류 아젠다는 인류가 생존하고 공생하기 위한 최소한의 전략이고, 세대를 이어가며 지속되어야 할 필수적 과제가 되어야 한다. 개별 국가의 국익보다 앞서는 '세계의 공익'이 되어야 하고, 그 어느 가치 보다 우선하는 '세계의 가치'가 되어야 할 것이다.

기후 문제는 RE100(Renewable Electricity 100%), IRA(Inflation Reduction Act), 24/7CFE(24hous, 7days, Carbon Free Energy) 등의 용어와 거버넌스가 국제사회에서 무역장벽을 동반한 강압적 기준으로 등장하고, ESG 경영 등 기업의 지속가능성과 사회적 책임의 평가 기준에도 포괄되고 있다. 기후 대응이 환경적 가치를 고리로 일측면 또 다른 형태의 패권과 강압적 수단으로 활용될 수도 있지만, 그럼에도 불구하고 환경을 보호하고 지구의 생명을 연장하자는 근본적 취지가 바탕에 깔려있음을 의심할 필요는 없다.

이제 문화도 환경 이슈처럼, 인류사회의 조건 없는 불가역적인 공통 의무 아젠다가 되어야 한다.

각국의 문화는 각국 공동체의 관습과 가치를 포괄하고 있다.
국가간 또는 민족간 문화의 교류는 공감대를 형성하고, 차이를 줄이고, 결속을 강화하는 연대의 끈으로 작용한다. 갈등을 완화하고 반목을 줄이는 지름길이다. 화해와 협력을 향한 평화공존의 선택이다. 더 나아가 인간의 존엄성과 가치를 회복하고, 증진시키는 모태가 될 것이다.

문화교류는 그 어떠한 조건에도 흔들림 없이 유지되고 지켜져야 할 인간 본연의 권리적 영역이다. 인간은 사회적 동물이라고 했다. 사회를 형성하고 상호작용을 하면서 인류사회는 진보하고 성장해 왔다. 서로의 문화를 알아가고 상호간 작용하면서 인간의 사회적 영역은 확대되고 재생산되는 것이다.

미래기술의 기계 시대에 인간의 존엄성과 가치를 회복하고, 갈등의 시대에 화합하고 연대하는 문화교류의 중요성은 최근 글로벌 위기의 상황에서 더욱더 그 중요함이 높아지고 있다.

경제산업 중심의 FTA(Free Trade Agreement, 자유무역협정) 체계가 무너진 바로 그곳에서, 인류는 새롭게 C-FTA(Culture-Free Trade Agreement, 문화자유교류협정) 체계를 세워야 한다. 탐욕적 물질주의의 실패 위에 배려있는 인문주의를 구축해야 한다.

문화의 영역은 예술적 창작의 범주를 넘어, 우리 생활 전 분야의 삶과 가치를 담고 있다. 그래서 문화의 교류는 우리 머릿속의 사고와 지식, 역사와 관습, 그리고 행동과 유행까지 모든 것의 교류함을 의미한다. 그러므로 문화교류는 공감력이 크고, 신뢰와 연대의 힘도 그만큼 강하게 된다.

C-FTA는 환경적 가치를 중심으로 기후변화의 위기에서 인류가 공동으로 환경을 보호하고 보존하자는 가치만큼이나, 갈등과 반목의 시대에 인류가 화해하고 협력할 수 있는 평화공존의 가치를 지켜가야 하는 인류 공동의 핵심과제이고 가치가 될 것이다.

FTA를 국가 단위의 공공영역에서 맺어지는 협정체계라면, C-FTA는 민간 영역에서 이루어지는 국가간 교류협력 체계이다.
'지원하되 간섭하지 않는다'는 문화 본연의 독자적 영역을 존중해야 하듯이, 모든 국가는 문화교류를 적극적으로 지원하되, 민간 영역에서 진행되는 문화교류에 결코 간섭하지 않는다는 원칙을 합의하고 준수해야 할 것이다.

문화가 긴장과 갈등을 완화한다는 논리는 이미 상식이 되었다. 기술 시대와 갈등 시대에 살고 있는 우리의 위험적 환경을, 문화의 교류와 연대를 통한 기회의 환경으로 준비하고 대비해야 할 것이다.

민주주의가 한층 성숙해진 시기에 주권자 시민의 여론이 큰 몫을 하고 있다. 세계 시민의 여론은 높아진 기술과 성숙한 교류 협력과 만나, 더 큰 세계 민주주의의 힘을 발휘하게 될 것이다.

2021년 10월 대한민국 대중문화예술상 시상식

2021년 11월 프랑스 현지 한류 팬들과 함께 월드 케이팝 콘서트를 관람하며

THE
MET

2021년 김정숙 여사, 대통령 미래문화특사 BTS와 뉴욕 메트로폴리탄 미술관에서 ©연합뉴스

2022년 1월 국가대표 훈련 개시식

2022년 2월 베이징 동계올림픽 스피드스케이팅 경기 중 ©연합뉴스

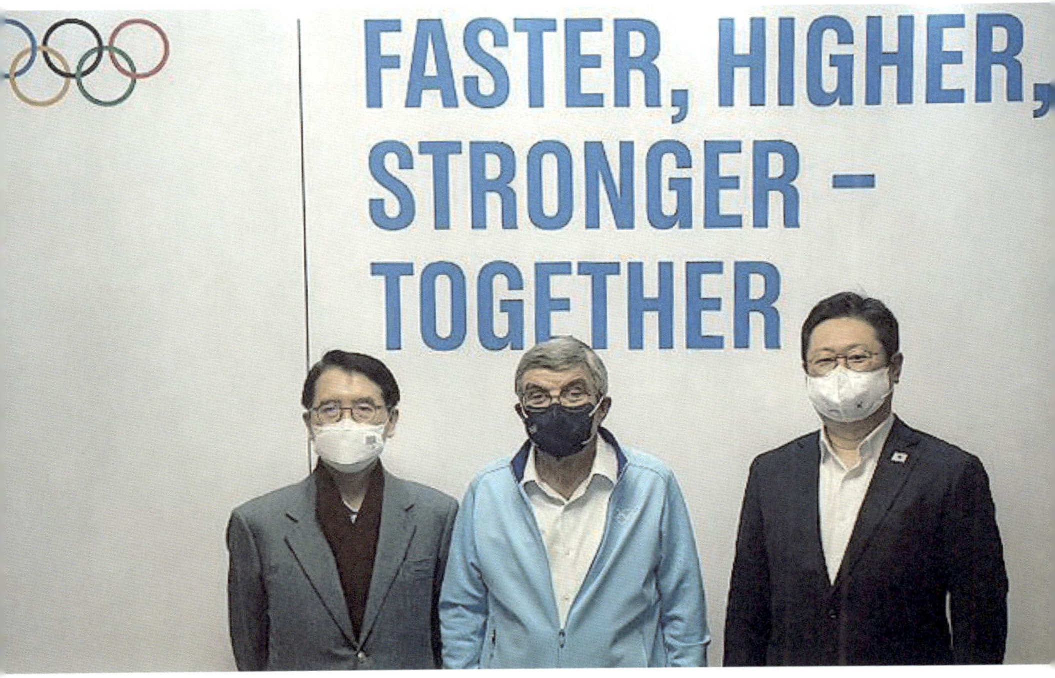

2022년 2월 토마스 바흐 IOC 위원장과

기술시대 위기와 **대한민국**

Ⅶ. 부록(1)
RECI 3차총회 기조연설문
(2023, 스페인)

Ⅶ. 부록(1) - RECI 3차총회 기조연설문 (2023, 스페인)

미래 기술과 문화적 연대를 통한 스마트 시티 구현 (Smart Cities through Future Technologies and Cultural Solidarity)

다음은 내(필자)가 2023년 10월 19일 스페인 마드리드에서 개최된 RECI 제3차 총회 개막식 첫 번째 기조연설자로 초청되어 연설했던 연설문 전문이다. RECI 제3차 총회는 스페인과 유럽의 150여개 도시 대표자들이 모여 스마트시티 등 미래도시에 대한 경험과 비전을 논의하는 자리다.

〈본문〉

세계는 지금, 기술혁명과 문화융성의 두 축을 중심으로 대도약을 준비하는 '대전환의 시대' 이다.
두 분야는 각각, 전에 없는 발전과 상호작용을 통해 인류문명의 더 큰 변화를 예고하고 있다.

AI와 자율주행차, 디지털트윈과 메타버스, 챗GPT 등의 기술혁명 시대에, 기계가 인간과 무선으로 Interaction을 하며, 방대한 양의 지식과 경험을 축적한다. Big Data를 기반으로 세계시민은 더욱 고도화된 지식을 학습하고 습득하며, 더 큰 지식 공동체를 만들어 갈 것이다.
이제까지의 단순한 편리함과 비약적인 생산성 증대를 넘어선, 어쩌면 인류 스스로를 위협할지도 모르는 공포에 가까운 기술 문명의 발전이 예견되고 있다.

다양한 기술환경의 변화는 각국 문화의 거침없는 확장성을 제고 한다. 다른 나라를 상대로 단 한번의 물리적 침략 없이도 인류 역사상 가장 광범위하게 자국 문화를 지구촌 구석구석까지 확산시킨 유일한 나라가 대한민국의 한류이다. 대한민국은 경제적으로 후진국부터 선진국까지, 정치적으로 군사독재부터 시민민주주의까지 매우 다양하고 폭넓은 스팩트럼이 공존하고 있다. 그래서 사회가 다양하고 다이나믹 하다는 평가를 받고 있다.

아울러, 인구의 60%가 매년 해외를 방문하면서 글로벌한 공감력도 가지고 있다. 애플과 안드로이드의 출현은 기존의 유통장벽이 허물어지고, 소비자와 공급자 간 직거래 시장이 형성되었다.

다양한 콘텐츠와 글로벌한 공감력, 그리고 새로운 유통구조는 4차산업혁명 시대에 문화와 기술이 융복합된 신개념 창제작 및 유통 생태계를 탄생시켰다.

대한민국의 한류는 통해 세계 각국의 고유한 문화가 갈등 없는 평화적인 방식으로 서로 교류하고 하나의 공감대를 형성할 수 있다는 선례를 만들어가고 있다.

인류는 기술 문명 발전을 통해, 물질적 풍요를 이루었고, 더 오래 살고, 더 많이 배우고, 더 편리하고, 더 다양한 일을 하게 되었다. 그러나 인류의 문명이 발전할수록, 고도화된 생산수단과 폭발적으로 증가한 생산물을 차지하기 위한 패권경쟁의 갈등과 분열의 양상은 악화되었다.

풍요로워진 만큼 빈부의 격차는 더 벌어졌고, 전쟁과 테러의 공포는 인류를 더욱 거세게 협박했다. 다양한 형태의 차별은 늘어만 가고, 빈곤과 기아, 억압과 착취, 마약과 자살, 환경오염과 저출생 등 인류의 삶 자체를 위협하는 사회적 갈등과 긴장은 더욱 확대되고 심화 되었다.

빛과 그림자처럼, 기술 발전을 통해 이루어지는 인류문명의 풍요로움의 '빛'이 화려하고 밝을수록, 동시에 그런 성과를 차지하기 위한 패권 다툼의 어두운'그림자'는 더욱 짙고, 길게 드리워지고 있는 것이다.

왜? 세상은 진보하는데 행복하지 않고 불행해 지는가?
왜? 문명이 발전하는데 빈곤층은 늘어나는 것인가?

이제 우리는 1, 2, 3차 산업혁명보다 훨씬 더 크고 거대한 변화와 도약의 문턱에 서 있다.
4차산업혁명은 지금까지의 중화학공업 기반의 제조산업의 구조를 디지털과 신산업이라는 전혀 새로운 생산구조의 형태로 전환 시키고 있다.
인류의 생활도, 가치도, 개념도 이제 모두 바뀔 것이다.
더 강력하고 다양한 생산수단과 더 비약적으로 증가한 생산물, 그리고 더 지속가능한 에너지의 출현 등은 인류문명을 한 단계 높은 성장의 도약판에 서게 하였다.

어쩌면 인류는 더 늘어난 풍요 앞에, 더 많은 것을 차지하기 위해, 더 치열한 싸움을 할지도 모른다. 최소한 지금까지 경험으로는 그래왔다. 심지어 당연시되어 오기도 했다.

부의 축적은 힘의 논리가 지배하는 세계질서에 가장 중요한 근간이 된다. 각국은 더 많은 부를 얻기 위해, 이룩한 부를 유지하기 위해, 그리고 더 큰 격차를 벌리기 위해 최선을 다한다. 때론 직접적이고 노골적인 방식으로, 때로는 질서와 규칙을 통한 합법적인 권력 행사 방식으로 이루어진다.

평소에는 국제사회 내 규칙을 준수하고 합리와 신뢰가 모든 것을 지배하지만, 언제든 다급해지면, 모든 것은 노골적인 힘의 논리로 회귀한다.

예를 들어, 기후변화는 인류 생존을 위한 공통의 해결 과제이다. 모든 나라와 세계시민들의 책임과 의무가 뒷받침되어야 한다. 그러나 더 중요한 것은 배려와 연대이다. 탄소를 줄이기 위한 인류의 노력은 숭고하고 절대적이지만, 이러한 인류의 노력이 경제 무기화되어 또다시 국가 간 격차를 더 벌리는 패권의 수단이 되는 일이 결코 있어서는 안 될 것이다.

힘 있고, 여유가 있는 국가들은 그렇지 못한 국가들의 탄소배출을 줄이기 위해 더 배려하고 연대해야 한다. 어쩌면 그들의 책임이 더 클 수 있기 때문이다.

이제 인류는 전에 없는 더 큰 도약의 지점에서 평화적이고, 민주적인 방식으로 번영의 시대를 맞이할 준비를 해야 한다.

기술과 문화가 병행되어 발전하는 시대가 되어야 한다. 기술을 통해 번영을 이루고, 문화를 통해 더욱 강하게 연대해야 할 것이다.

문화는 하나의 국가 공동체가 오랜 기간 공유하고 축적해온 가치관의 총합이다. 각국의 문화 교류는 국가 간, 민족 간, 인종 간 가치관을 공유하고, 공감하고, 연대하는 의미가 될 것이다.
가치관의 연대와 공감이야말로 갈등을 화합으로, 대결을 결속으로 만드는 지름길이다.

세계인의 문화 교류와 가치관의 공감대 형성을 위해 '문화올림픽(Culturalympic)'을 제안한다.

문화올림픽은 음악, 미술, 무용, 문학, 패션, 영화, 드라마, 콘텐츠, 음식 등 인류 삶의 모든 분야를 포괄한다. 아울러, 문화는 사람이 도시공간을 살아가는데 중요한 가치를 이룬다.
'스마트시티'는 물리적, 공간적 개념을 넘어, 이제 '스마트 라이프'라는 인류 삶의 형태와 가치에 미래 문명의 초점을 맞춰야 할 것이다.
스마트시티에서 영위하는 인류의 모든 삶의 형태와 가치가 세계인이 함께 치루는 문화올림픽을 중심으로 모아져, 교류하고 연대하게 될 것이다. 미래 문명의 기술이 우리 삶에 반영되고, 그 기술이 반영된 우리 삶의 가치관이 문화올림픽을 통해 상호 교류하고 연대하면서, 공감대가 형성될 것이다.

문화올림픽의 활성화는 지금 만들어 가고 있는 주민자치와 사회적 가치의 표준화에 영향을 미칠 것을 확신합니다.

기술의 발전을 통해, 표준화된 사회적 가치가 갈등과 대결보다는 연대와 화합을 가져올 것입니다. 기술의 발전을 통해, 주민자치의 거버넌스는 더욱 큰 시너지 효과와 지속가능성은 제고하게 될 것입니다.

민주주의와 평화, 그리고 경제번영은 세계가 공통으로 추진해야 할 삼위일체의 철학입니다.
문화올림픽을 통한 세계시민의 가치관 연대로 구축되는 평화적 토대 위에, 미래기술을 통한 경제적 성과와 번영이 자리하고, 민주적 운영체계인 주민자치 거버넌스가 그 지속성을 담보하게 될 것입니다.

미래기술을 만들어 가는 전문가와 기업, 그리고 각 나라 정부 관계자에게 말하고 싶습니다. 여러분들이 연구하고 개발하는 찬란한 기술 수준만큼, 우리에게 다가올 갈등과 불행에 대해서도 같이 고민해 주시기 바랍니다.
최근 핵 개발자로 알려진 미국의 천재 물리학자 로버트 오펜하이머의 영화가 개봉되었습니다. 세상을 구하기 위해 세상을 파괴할 위험을 감수해야만 했던 오펜하이머의 고뇌와 갈등을 깊이 고민해 주시기 바랍니다.
오펜하이머의 아이러니가 다시는 반복 되어서는 안 될 것입니다.
4차산업혁명 시대에 찬란한 미래기술로 인한 평화와 번영이 함께 꽃피울 수 있도록, 세계시민의 문화 교류에도 앞장서 주시기 바랍니다. 세계인의 가치관이 공감대를 이루고, 연대와 화합의 길로 나설 수 있게 길을 열어 주시기 바랍니다.

못해서 안 되는 것이 아니라, 안 해서 못하는 것입니다.
우리가 추구하고 연구하고 실천하는 스마트시티는 미래기술의 개발과 문화적 연대 안에서, 인류와 후대에 더 큰 행복과 더 큰 성장을 안겨줄 것이라 확신합니다.

<영문본>

Smart Cities through Future Technologies and Cultural Solidarity

Hwang Hee
Member of the National Assembly
Former Minister of Culture, Sports and Tourism
Republic of Korea

The world is preparing for a great leap forward with technological revolution and cultural prosperity as two pillars. We are undeniably living in an "era of profound transformation." The sectors of technology and culture have seen an unprecedented level of development and interaction, projecting further changes in human civilization.

Technological breakthroughs, such as AI, autonomous vehicles, Digital Twin, Metaverse and ChatGPT, enable wireless communications between machines and humans. This leads to the accumulation of a massive amount of knowledge and experience. Based on Big Data, global citizens learn and acquire more advanced knowledge, building a greater knowledge community. As we witness the rapid development of technological civilization, we must also consider the possibility that these advancements could pose risks beyond mere convenience and productivity growth.

Various changes in the technological environment have contributed to the relentless growth of some cultures. A case in point is Korean culture. Korea has never invaded another country in its 5,000-year-old history. But the wave of its culture, known widely as the Korean Wave or Hallyu, has reached every corner of the world, which is a case of the most extensive cultural diffusion in the history of mankind.

The Republic of Korea has acquired a unique spectrum of experience since it gained independence, transforming its economy from impoverished to advanced and its politics from military dictatorship to citizen democracy. Pundits say that this distinctive path of development has given diversity and dynamism to Korean society.

Furthermore, the Korean people's global outlook has been significantly shaped by the fact that 60% of its population travels overseas every year. This extensive exposure to international cultures has led to the development of global sensibility among Koreans. Additionally, the advent of mobile operating systems like iOS and Android has brought about notable changes in content distribution patterns, creating a market for direct transactions between consumers and providers.

As we witness the convergence of culture and technology in the age of the fourth Industrial Revolution, Korea's diverse content and global sensibility supported by new distribution patterns has led to the development of a unique ecosystem for content creation, production and distribution. The spread of the Korean Wave has been setting a remarkable precedent where countries can exchange their distinctive cultures and find emotional connections in a conflict-free and peaceful manner.

We have achieved material abundance through the development of technological civilization, which allows us to live longer, learn more, enjoy more convenience, and explore more diverse job opportunities. However, as human civilization continues to advance, we have witnessed increased conflict and division stemming from hegemonic competition over more sophisticated means of production and the exponential growth in the number of products.

Despite material abundance, the gap between the haves and the have-nots has widened, and we find ourselves confronted with the growing fear of war and terrorism. Discrimination has taken on new forms, social conflicts and tensions have expanded and deepened, and our lives are threatened by a complex web of issues including poverty, hunger, suppression, exploitation, drugs, suicide, environmental degradation, and declining birth rates.

Just like the light and the shadow, the more flamboyant and dazzling the light of abundant human civilization through technological innovation becomes, the darker and longer the shadow of hegemonic competition to seize the fruit of such advancements grows.

Why, in a world marked by continuous advancements, do we find that happiness levels decline and poverty persists, challenging the very essence of human civilization?

As we contemplate the challenges and complexes of our technological civilization, it is crucial to recognize that we are standing on the threshold of changes even more fundamental and far-reaching than those brought by the first, second, and third Industrial Revolutions. The fourth Industrial Revolution is reshaping the very structure of the manufacturing industry, moving us away from traditional heavy and chemical industries to entirely new production structures characterized by digital and emerging industries.

With more powerful and diverse means of production, greater quantities of products, and more sustainable energy sources, human civilization stands on a springboard to take another leap forward. These changes will reshape our lifestyles, redefine our values, and evolve our fundamental concepts.

However, history has shown us that as abundance increases, human beings can engage in fiercer fights to possess more. This progression, at times, has been taken for granted.

The accumulation of wealth serves as a cornerstone in the world order dominated by the logic of power. In this pursuit, countries spare no effort to amass wealth, safeguard their holdings, and widen the gap with their competitors. Such endeavors take various forms; at times, nations employ direct and conspicuous methods, while on other occasions, they harness the legitimate exertion of power within established orders and rules.

In ordinary times, rules are observed, and reason and trust prevail in the international community. However, when faced with an urgent situation, the landscape can change dramatically, regressing to the blatant logic of power.

For instance, climate change is a task that we must address together to ensure the survival of humans. Every nation and every citizen should be responsible and participate in the efforts to tackle the problem. However, the qualities that matter more in this context are consideration and solidarity.

The aim of reducing carbon emissions is noble and absolute, but this objective should never be used as an economic weapon, harnessed as a tool of hegemonic control to widen gaps between countries. More powerful and affluent countries must act in the spirit of consideration and solidarity and assist other countries to reduce emissions. For they bear greater responsibility for the current climate crisis.

As we stand at a critical juncture for another great leap forward, it is imperative that we prepare ourselves to usher in the era of prosperity in a peaceful and democratic manner. In the upcoming era, technology and culture must advance in parallel, with technology contributing to prosperity through innovation and efficiency, while culture serving to strengthen solidarity and shared values among nations.

Culture represents a sum of values shared and accumulated by citizens over time within a single nation. Through cultural exchanges, different nations, and ethnic groups, and racial communities have the opportunity to share their values, find emotional connections, and express solidarity. These value-based solidarity and emotional bonds can serve as a shortcut to harmony and unity, helping us to avoid conflict and confrontation.

In this context, I propose the creation of the "Culturalympics" to facilitate cultural exchanges and build emotional connections among global citizens.

The Culturalympics, which aims to celebrate the richness and diversity of cultures worldwide, will encompass all sectors of our life, including music, arts, dance, literature, fashion, films, dramas, content, and food. It is also necessary to point out that culture is a crucial value for people living in urban spaces.

"Smart cities" need to go beyond a physical and spatial concept to create a future civilization focusing on the forms and values of "smart life." All forms and values of the life that people lead in smart cities can come together through the Culturalympics. This event will serve as a vibrant platform for cultural exchanges, where the technology of a future civilization is reflected in our daily experiences and the values shaped by this technology are exchanged and shared. Through the Culturalympics, we will build and enhance emotional connections and mutual understanding among global citizens.

I am confident that the Culturalympics will also have a profound impact on citizen autonomy and the standardization of social values. Through technological development, these standardized social values will serve as a powerful force for promoting solidarity and harmony, rather than conflict and confrontation. Furthermore, the development of technologies will empower citizen autonomy, creating greater synergistic effects and enhancing sustainability.

The collective pursuit of democracy, peace, and economic prosperity can be seen as a "trinity" of philosophical values. Building on the peaceful foundation of value-based solidarity, we can achieve economic success and prosperity through future technologies. Moreover, the democratic governance system of citizen autonomy will ensure the sustainability of our progress.

I have a vital message for the experts, companies, and government officials who play a pivotal role in shaping the development of future technologies. It is imperative that we reflect on the potential conflicts and misfortunes that may emerge as we push the boundaries of technological breakthroughs.

The movie "Oppenheimer" has recently been released, offering a compelling portrayal of the life of Robert Oppenheimer, an ingenious American nuclear physicist. He took the risk of destroying the world to rescue it, a testament to the depths of human anguish and conflict in the face of monumental decisions.

The irony of Oppenheimer should never be repeated. I hope that you will take the initiative in fostering cultural exchanges and promoting peace and prosperity through brilliant future technologies. It is my fervent hope that each of you will play a leading role in helping people around the world to build emotional connections and take the path of solidarity and harmony.

It is not our inability but the lack of will that makes things go wrong. I have no doubt that future technologies and cultural solidarity will contribute to the development of smart cities in the planning and construction phases, bringing greater happiness and growth to humanity and future generations.

Thank you for listening.

2023년 10월 스페인 스마트시티 네트워크(RECI) 총회 기조연설

#CongresoRECI
ecoembes

기술시대 위기와 **대한민국**

Ⅷ. 부록(2)
IPU 151차총회 본회의 연설문
(2025, 스위스)

Ⅷ. 부록(2) - IPU 151차총회 본회의 연설문 (2025, 스위스)

존경하는 각국 대표단 여러분 안녕하십니까
대한민국 대표단의 황희입니다.

지금 인류사회는 대전환의 시점을 맞이하고 있습니다.

AI가 이끄는 4차산업혁명의 기술시대는 인류사회의 생산성을 비약적으로 성장시키며, 그 정도를 가늠할 수 없는 수준의 도약을 예고하고 있습니다. 쾌속으로 질주하는 기술발전의 양상은 인류 사회의 기준과 질서가 자리 잡기 어려울 정도로 급변의 시대를 이어가고 있습니다.

탈진실과 정치사회적 양극화는 불신과 불평등을 조장하며, 대립과 갈등의 극단적 대결구도를 형성하고 있습니다.

기술의 비약적 발전과 사회적 양극화는 국제사회의 불확실성을 높이며, 패권구도의 재구성을 예고하고 있습니다. 본격적인 다자(多者) 갈등과 각자 도생의 시대가 되었습니다.

국제사회가 합의한 질서가 파괴되고, 환경오염으로 인한 기후변화가 인류 생존을 위협하고 있습니다.
전쟁과 테러, 마약과 폭력으로 수많은 사람들이 공포에 시달리고, 배타적 자원과 환경적 가치는 경제적 무기와 패권의 수단이 되고 있습니다.

인류 문명은 풍요와 번영을 이루고 있는데, 그만큼의 갈등과 대립도 양산되고 있습니다.

다가올 4차산업혁명의 기술도약의 시대는 기존의 산업혁명들과는 차원이 다른 효율적 생산수단과 높은 생산성을 예고하고 있습니다.
지금까지 인류의 전례를 비춰볼 때, 4차산업혁명의 성과는 어쩌면 더 큰 갈등과 대립을 불러올 수도 있습니다.
국제사회의 협력적 노력이 절실한 시점 입니다.
IPU를 중심으로, 보다 적극적인 국가간 문화교류 협력의 추진을 제안합니다.

문화는 한 국가공동체가 오랜 기간 공유하고 축적해온 가치관의 총합입니다. 그래서 문화의 교류는 세계시민의 가치관 연대로 이어질 수 있습니다. 각국은 자국의 문화정책을 활성화 시키고, 국가간 문화교류에 적극 나서야 합니다.

문화교류는 세계시민의 공감대를 높이고 연대를 강화하게 할 것입니다. 인류가 곧 맞이할 지도 모를 거대한 대립과 갈등의 시간을, 문화교류를 통한 화해와 협력 그리고 연대의 시간으로 돌려놓아야 합니다.

시민의 행복과 권리를 대변하는 의회가 할 수 있습니다. IPU가 그 책임을 다해야 하는 의무가 있습니다.

구체적 프로그램으로, IPU와 IOC가 협업하고 주도하는 문화올림픽(Culturalympic)의 설립과 개최를 제안합니다.

세계시민이 참여하고, 공감하고, 연대하는 가운데 평화를 지향하는 것이 올림픽의 기본 정신입니다.
이제 문화교류를 중심으로 올림픽의 정신을 더 확장하고 극대화시키는 방안에 대해 진지하게 고민해야 합니다.

기술성장으로 발생할 수도 있을 갈등과 대립의 구조를 문화교류를 통한 공감과 연대의 협력적 구조로 보완해야 할 것입니다.

다른 나라를 단 한번도 침략하지 않으면서, 자국의 문화를 세계 곳곳에 알린 세계사적으로 유일한 사례가 대한민국의 한류입니다. 대한민국은 문화를 통해 세계시민이 공감과 연대, 평화와 협력의 가치를 만들 수 있음을 입증하고 있습니다.

주권자의 권리와 행복을 대변하는 각국의 의회가 적극적으로 나서야 합니다.
IPU만이 할 수 있습니다.

경청해 주셔서 감사합니다.

〈영문본〉

Hwang Hee
Member of the National Assembly of the Republic of Korea

Human society is at a pivotal moment of transformation. The AI-driven technological era of the Fourth Industrial Revolution is set to enhance productivity dramatically, promising unprecedented leaps that are difficult to fully grasp. The rapid pace of technological advancement is transforming societal norms and structures so quickly that traditional standards and orders are struggling to keep up.

Post-truth and political-social polarization are fostering distrust and inequality, creating an extreme confrontational structure of conflict and opposition.

The rapid technological progress and widening social divides are increasing global uncertainty, hinting at a restructuring of power dynamics. It' s an era of multilateral conflicts and survival of the fittest. The international order, once built on consensus, is being disrupted, and climate change caused by environmental degradation poses a direct threat to human survival.

War, terrorism, drugs, and violence have driven countless people to fear and suffering. Exclusive resources and environmental values have become economic weapons and tools of dominance.

Human civilization has achieved wealth and prosperity, but there has also been an increase in conflict and confrontation.

The upcoming era of technological leaps in the Fourth Industrial Revolution promises highly efficient means of production and increased productivity, unlike any previous industrial revolutions. However, looking at human history, the outcomes of the Fourth Industrial Revolution may bring about even greater conflicts and confrontations.

This is a critical moment where the international community must work together. I suggest promoting more active cultural exchange between countries, with the IPU playing a leading role.

Culture represents the collective values accumulated and shared over time within a national community. Therefore, cultural exchange can foster shared values among global citizens. Countries must actively promote their cultural policies and engage in cultural exchange.

Cultural exchange will enhance shared understanding and solidarity among global citizens. Through cultural exchange, we can turn potential periods of intense conflict into periods of reconciliation, cooperation, and connection.

Parliaments, representing the rights and wellbeing of citizens, can take the lead. The IPU has the responsibility to fulfill this role.

As a concrete initiative, I propose the establishment of a "Culturalympic," led by the IPU and the IOC.

The fundamental spirit of the Olympics is to strive for peace through the participation, empathy, and solidarity of global citizens. Now, we must seriously consider ways to expand and maximize the Olympic spirit, with a focus on cultural exchange.

We must complement the potential structures of conflict and confrontation that could arise from technological growth with a collaborative framework of empathy and solidarity through cultural exchange.

South Korea' s Hallyu (Korean Wave) is the only historical example of a nation that has never invaded another country, yet has spread its culture to all corners of the world. South Korea is proving that through culture, global citizens can create values of empathy, solidarity, peace, and cooperation.

Parliaments, representing the rights and well-being of their citizens, must take an active role. The IPU is the only institution that can lead in this endeavor.

Thank you for your attention.

2025년 10월 스위스
국제의회연맹(IPU) 총회
본회의 연설

IPU 총회 본회의장에서 대한민국 국회 대표단 의원들과

기술시대 위기와 **대한민국**

Ⅸ. 부록(3)
담대한 도전과 깜찍한 반란

Ⅸ. 부록(3) - 담대한 도전과 깜찍한 반란

Episode 1. '철학의 기초이론'과 '이 세상 어딘가에'

고등학교 2학년 겨울방학 때였다. 서울 양천구에 소재하는 목동성당 사택에 살았던 나는, 성당에 새로 부임하게 된 신학생 형을 만나게 되었다. 카톨릭에서 신학생은 카톨릭 신학대학 재학생 신분으로, 졸업하면 대부분 신부님이 되는 분들이다. 그래서 대학생 시절부터 성당에서는 학사님이라는 호칭으로 불리우며, 신부님에 준하는 대접을 받곤 한다.

그런 신학생 형과 같은 성당 안에서 살다 보니, 밤마다 단둘이 이야기하는 시간이 많았다. 당시 그 신학생 형과 나누던 대화 주제는 주로 군사독재와 민주주의에 관한 이야기들이었다.
거리에서 데모했던 이야기, 붙잡혀서 고문당했던 이야기, 공장 노동자들 대상으로 야학하던 이야기들이다.
대부분은 독재와 강압, 부정과 부패, 특권과 반칙, 불공정과 불공평에 저항하던 이야기들, 가난하고 억울하고 핍박받던 사람들에 대한 이야기였다.
그리고 왜? 데모를 하게 되었고, 고문은 왜? 어떻게 당했고, 왜? 야학(夜學) 선생님이 되어야만 했던 이야기들이 이어졌다.

초·중학교 시절을 모두 성당 사택에서만 살았던 나에게는 그 형을 만나기 전부터 몇 가지 기억들이 머릿속에 남아 있었다.
지학순 주교님의 석방을 요구하며 머리카락과 수염을 자르지 않고 기르셨던 콜럼반 수도회 소속 외국인 신부님들의 모습, 목동 안양천의 뚝방촌 철거민들의 처절한 절규와 외침들, 1980년 5월 투석전과 최루탄이 난무했던 영등포 역전 앞에서 드러누워 데모하던 대학생 형들, 그리고 어른들 대화를 통해 들었던 끔찍한 광주의 이야기들...

이미 많은 것을 보고 들은 나에게 신학생 형의 이야기는 그동안 가졌던 확신에 대못질을 하는 격이 되었다.

고3을 앞둔 나는 그 신학생 형으로부터 대학교 신입생이 되면 운동권 선배들로부터 배운다던 '철학의 기초이론'을 공부하게 되었다. '이 세상 어딘가'에 라는 김민기 작사 작곡의 소위 운동권 노래도 배우고, 풍물패들이 하는 풍물도 배우고 그랬다.

길거리에서 아침이슬이나 상록수만 불러도 왠지 잡혀갈 것 같은 사회적 분위기였던 1980년대 중반, '이 세상 어딘가에'라는 노래는 그야말로 부르는 나 스스로가 마치 대단한 혁명가가 된 느낌이었다.
노래를 배우고 부르는 내내, 나름의 비장함을 감출 수가 없었다.
참담한 현실에서, 달라질 세상을 동경하며 다가올 험난함을 헤쳐나가겠다는 굳은 의지가 담긴 가사 한 구절 한 구절이 가슴에 무겁게 내리꽂혔다.

철학의 기초이론을 배우면서 뭔가 새롭게 사람이 깨우쳐 간다는 느낌이 들었다. 시대를 해석할 수 있는 지혜가 생기는 것 같았고, 세상을 구해야 한다는 어마어마한 임무가 나에게 부여된 것만 같았다.
지금 생각하면 책 한 권으로 세상을 모든 얻은 느낌마저 들었던 때였다.

고등학교시절 한 권의 책과 한 곡의 노래와의 만남이 나의 미래를 지배했다.

Episode 2. 정치권 최초의 전자투표 제안과 도입

밀레니엄 시대 첫발을 내딛은 2000년, 나는 김대중 정부를 탄생시킨 새정치국민회의 기획조정국 당직자로 근무하고 있었다.
대선을 앞두고 2000년 8월 30일에 개최되는 '830 전당대회'를 기획하고 있었는데, 이틀간 열리는 전당대회를 하루로 단축하는 방안을 강구해보라는 당 지도부의 주문이 있었다.
당시 전당대회는 전국의 수 십만 명에 달하는 당원·대의원들이 대거 참석한 가운데, 후보자들의 합동연설회와 참석자들의 투·개표 시간을 모두 합치면 최소한 2일의 기간이 필요했기 때문이다.

문제는 막대한 비용 지출과 끊임없이 발생하는 부정선거에 대한 시비였다. 전국에서 서울로 몰려오는 당원·대의원들의 교통편과 숙식은 물론이고 2일간 치러야 할 행사 비용이 엄청난 수준이었다.
이틀 동안 전당대회를 하면 수만에서 수십만 명의 당원·대의원들이 1박을 해야 하는데, 1박을 하는 숙소는 언제나 부정선거의 온상이 되곤 했다. 후보자마다 인사차 당원과 대의원들이 묵고 있는 숙소를 방문하고, 어김없이 금품이 오가는 거래가 난무했기 때문이다.

이런 부정선거 시비를 상대적으로 차단하고, 비용을 줄이기 위해 이틀간의 전당대회를 하루로 줄여보자는 취지이다.

전당대회 시간 중 가장 시간을 많이 차지하는 부분은 투표와 개표 시간이었다. 투·개표 시간만 줄이면 전당대회를 하루에 치를 수 있다는 결론이었다.

그래서 당시 내가 제안한 것이 전자투표였다. 전자투표 시스템은 투표 시간은 종전과 동일하지만, 개표는 마지막 사람의 투표가 끝나면 종결된다. 개표 결과를 최종 집계하는데 1분도 안 걸린다. 사실상 투표 마감 시점이 개표집계 시점이 되는 것이다.

실제 내가 최고위원회의에 제안한 최초 기획안에는 모두 3개 안이 들어있었다. 1안이 터치스크린 방식, 2안이 지문인증방식, 3안이 모바일 방식이었다. 그런데 2000년 당시 모바일 방식은 핸드폰으로 투표하는 방식으로 실제 유권자가 투표장에 오지 않아도 투표행위를 할 수가 있지만, 핸드폰 보급이 지금 같지 않았고, 또 다른 투표 부정 시비가 있을 수 있어, 3안을 제외하고 1안과 2안을 당 최고위원회의에 올렸다.

결과는 1안이 선정되었다. 그러나 터치스크린 전자투표 방식을 관철시키기 위한 나름의 어려움도 많았다. 당시 최고위원회의에서는 터치스크린 전자투표 방식은 종이 투표용지처럼 검표(檢票)가 불가능하다는 이의제기가 있었다. 터치스크린 전자투표방식은 투표 결과를 시스템상에서 로그 기록 형태로 보존하기 때문에 검표 과정에서 신뢰성이 떨어질 수 있다는 의견들이었다.

그래서 나는 당시에 은행 입출금기를 사례로 들어 최고위원들을 설득했었다. 우리 사회에서 신뢰에 가장 민감한 것이 돈거래인데, 당시에도 터치스크린 전자투표 시스템과 동일한 터치스크린 방식인 은행 입출금기를 사용하는데 일반적이었기 때문이다.

결국 우여곡절 끝에 터치스크린 전자투표 방식이 정치권에 도입되었고, 민주당 830 전당대회에 처음 적용되었다.
나는 이 시스템을 중앙선거관리위원회와 한나라당에 매뉴얼 북을 전달하며 사용해 볼 것을 권유하였었다.

사실, 그때 상당수의 내 주변 지인들이 전자투표 아이디어를 낸 나보고 터치스크린 전자투표 시스템의 특허등록을 하라고 권유했었다. 그때는 뭐 이런 것이 특허 사항이 될까 하고 흘려보냈는데, 3년 후에 중앙선관위가 이 시스템에 대한 특허등록을 내버렸다. 물론 지금 국민의힘의 전신인 한나라당도 전자투표 시스템을 당내 선거에 도입하였다.

처음 국회의원 선거를 치를 때, 후보자 명함에 "정치권 최초 전자투표 제안 및 도입"이라는 내 이력을 홍보했는데, 상대 후보 진영에서 허위사실 유포로 나를 선관위에 고발했다. 당시 선관위에 불려가서 조사받는 과정에서 자초지종을 설명했고, 내가 2000년 당시 최고위원회 회의자료로 작성했던 문건을 보여주고 나서야 무혐의 처분을 받을 수가 있었다.
아이러니하게도 당시 상대 후보 진영의 선관위 고발이 터치스크린 전자투표 시스템을 내가 정치권에 처음 제안하고 도입했다는 사실을 입증해주는 결과가 되었다.

실제 전자투표 시스템으로 민주당 대선후보 경선에서 100만 선거인단 규모의 투표가 가능하게 되었고, 민주주의가 한층 깊어지는 시점에서, 보다 많은 사람들의 정치 참여 현실화에 기여했다는 평가를 받고 있다.
아울러, 중앙당에서 고심했던 부정투표 시비도 상당 부분 차단되었고, 이틀에서 하루로 줄어든 전당대회는 비용 절감의 효과도 톡톡히 볼 수 있게 되었다.

Episode 3. 민주당 퇴직금 투쟁

노무현 정부가 들어서고, 청와대 근무하던 시절, 지금은 성공회대학교에서 교수로 재직 중인 가까운 후배가 문득 나에게 한 말이 발단이 되었다.
"형! 민주당은 왜 우리 퇴직금을 안 줘요? 돈 문제가 아니라 사무처 당직자들 전체를 위해서라도 받아야 하는 것 아닌가요?"

당시 우리들이 받아야 할 퇴직금 액수가 대략 일천만 원 정도 수준으로, 청와대 현직 직원인 처지에 돈 몇 푼의 욕심은 아니었음을 미리 밝혀두고 싶다.

사실 정당한 노동의 대가를 받는 것이고, 나 혼자의 일도 아닌 전체를 대변하는 일이었다. 그리고 앞으로도 정당에 들어와 근무해야 할 미래의 사무처 당직자 후배들의 문제이기도 했다.
당시 민주당은 퇴직금이 없었지만, 야당인 한나라당은 사무처 당직자들의 퇴직금 제도가 있었다. 노동자를 대변하는 중산층과 서민의 정당인 민주당이, 정작 사무처 직원들에게는 퇴직금을 주지 않는다는 사실이 모순이라고 판단했다.

아마도 오랜 야당의 시간을 보내면서, 중앙당이 사무처 직원들에게 퇴직금을 줄 처지도 아니었고, 직원들도 월급 받기 위해 출근하는 직장이라고 생각하지 않았기 때문에, 주는 사람도 받는 사람도 급여나 퇴직금에 대해 별다른 생각이 없었던 것 같다.
오로지 이 나라의 민주주의와 정권교체만을 위해 모인 중앙당 사무처 직원들에게는 중앙당 사무처라는 공간은 노동시간 따지고, 임금 따지고, 휴일 챙기는 일반 직장과는 사뭇 다른 시대적 소명과 사회적 책임을 다하는 곳이었다.

50여 년 만에 여·야간 수평적 정권교체가 있었고 민주 정부 2기가 연이어 출범한 당시, 중앙당 사무처 직원들에게 더 이상 열정페이만을 요구할 수는 없었다. 지금까지는 그럴 수밖에 없었던 상황들이었음을 모두가 이해하고 공감한다. 그러나 이제부터는 원칙을 만들어야 한다고 생각했다.

퇴직금을 받기 위해 당시 청와대에 근무하던 당직자 출신 직원들에게 동의를 구하는 연판장을 돌렸다. 그러나 돌아온 반응은 냉랭하기만 했다. 현실적이지 않다는 것이 대부분의 견해였다. 그냥 문제 일으키지 말고 조용하게 살라는 답들이었다. 청와대 비서실에서도 은근한 압력이 들어왔다. 청와대 출신들이 이런 요구를 한다는 사실이 언론에 기사로 나오면서, 비서실에서는 입장이 곤혹스럽다는 의견이었다.

당시 노무현 대통령이 당선되고 구민주당계와 갈등적 상황이었다. 급기야 노무현 대통령을 지지하던 친노 세력이 중심이 되어 열린우리당 창당의 말이 나오면서 구민주당과는 갈라서기 직전의 분위기였다.
자칫 당 사무처 출신 청와대 직원들의 민주당에 대해 퇴직금 요구는, 마치 친노무현계가 구민주당계를 괴롭히고 압박하는 모양새로 비쳐질 가능성도 있어 보였다.

대략 40여 명의 당 출신 청와대 직원 중에 겨우 5명만이 동참 의사를 알려왔다. 5명이라도 시작하는 것이 맞겠다는 결론에, 곧바로 지인을 통해 노무사를 소개받아 찾아갔다. 당시 노무사는 퇴직금을 받지 않겠다는 각서를 작성했더라도, 퇴직금은 지급할 의무가 있고, 받을 권리도 있다는 최종 의견을 받았다.

나는 곧바로 당시 민주당 한화갑 대표께 전화를 드렸고, 퇴직한 일부 사무처 당직자들이 퇴직급여에 대한 요구가 있음을 전달했다. 당시 대표님의 대답은 거절이었다.
퇴직금을 주기 어렵다는 당의 답변도 충분히 이해는 되었지만, 시스템을 이번 기회에 꼭 만들어야겠다는 의지 표명 차원에서, 지속적으로 당에 요구를 했었다.

시간이 꽤 흘렀고, 당에서는 아무런 응답이 없었다. 불가피하게 최후의 수단을 쓸 수밖에 없었다. 해마다 정부가 정당에 지급하는 정당 보조금 통장을 압류하는 것이었다. 통장을 압류하면, 통장에 입금된 돈을 인출

할 수 없게 된다.

시간이 더 지나고, 한 대표님으로부터 전화가 왔다. 요구를 들어줄 터이니 통장압류를 풀어 달라는 요청이었다. 괴롭지만 마지막으로 한번 더 모진 결단을 해야만 했다. 한 대표님께는 한편으로 죄송스러운 마음도 있었지만, 개인적 감정을 꾹 누르고, 먼저 퇴직금을 지급해 주시면 압류를 풀겠다는 답변을 드렸다. 사실 당시에는 워낙 높은 분과의 대화였기 때문에 대단한 용기가 필요했었고, 통화를 마치고는 떨리는 마음에 얼굴이 다 화끈거렸다,

결국, 우리 5명은 민주당으로부터 퇴직금을 받게 되었고, 이후 500여 명 가량의 전·현직 사무처 당직자들이 퇴직금을 받을 수가 있었다. 그리고 민주당은 퇴직급여 체계를 만들었고, 이제는 퇴직한 직원들에게 퇴직금을 지급하는 정당이 되었다.

Episode 4. 트럼프 측에 (OOOOO과 OOOO OO)을 제안하다.

#1.

노벨평화상

문재인 정부 들어, 북한의 핵 개발과 미국의 사드 배치 문제로, 한반도 전역에는 긴장감이 감돌았다. 일부 국가들의 한국 내 거주 자국민 철수 방침까지 뉴스를 통해 알려지고, 북미(北美)간 한 치의 양보도 없는 강경 일변도 입장은 긴장의 분위기를 더욱더 고조시켰다.

문재인 대통령이 한반도 평화의 운전자와 협상가를 자처하면서, 평창 동계 올림픽에 북한의 참가가 최종 결정되고, 남북 단일기의 등장과 아이스하키 종목 남북 단일팀이 구성되면서, 얼어붙었던 남북관계에도 훈훈한 봄소식이 전해졌다.

문재인 대통령이 주도하는 협상 테이블은 남북 정상의 다양한 소통을 통해 한반도 미래를 논의하게 되었고, 역사상 최초의 북미 정상회담까지 견인하며, 한반도 비핵화의 시계도 빠르게 돌아갔다.

한국 정부는 한반도 비핵화와 영구적 평화 체제 구축을 위해, 주요 주변국가에 대통령특사단을 파견하고, 우리 정부의 설명과 각국의 동의를 구하는데 주력했다.

미국 특사단에 포함된 필자는, 특사단 파견 수개월 전 미국을 방문해서 트럼프 측을 만났었다. - 트럼프 측 인사가 구체적으로 누구라고 언급하기 곤란한 측면이 있어, 편의상 트럼프 측이라고 하겠다 - 만난 자리에서 필자는 두 가지 제안을 트럼프 측에 전달했다.

첫 번째 제안은 트럼프 대통령의 노벨평화상 수상이었다. 내가 초선 국회의원이었던 2017년 상반기 무렵이었으니까, 트럼프 대통령의 노벨평화상 추천 제안은 아마도 내가 처음이었을 것이라고 생각한다.

한반도를 중심으로 이루어진 한미일 vs 북중러의 이념적 대립 구도는 세계 갈등과 대립의 진앙지(震央地)가 되었다.
이 구도의 출발은 납득이 되지만, 지금까지도 여전하게 이 구도가 유지되고 있는 것에 대해서는, 패권 경쟁의 의도적 과정일 수 있다는 개인적 의구심이 있다.

세계의 사회주의를 이끌던 소련이 붕괴한 지 40여 년이 지났고, 중공이 시장경제를 도입하고 국제사회에 편입된 지 30여 년이 넘었다. 소련은 러시아가 되었고, 중공은 중국이 되었다. 이제는 두 나라 모두 자유롭게 왕래하고 무역을 하는 일반적 국가로 인식 되고 있다.
그러나, 냉전 시대의 대립 구도는 여전하게 공식적으로 존재하고 있고, 그 중심에는 예나 지금이나 변하지 않는 북한이 존재하고 있다.

미·중 간 패권경쟁 구도에서는 북한이 여전히 불량국가로 존재하는 것이 오히려 미국에게는 도움이 될 것이라는 생각도 해본다. 중국과 인접한 불량국가 북한에 대한 안보적 견제는 중국을 간접적으로 견제하는 효과가 있기 때문이다(실제로 북한과 중국과의 관계는 김정일 사후에 예전 같은 동맹적 관계는 아닐 수도 있다).

과연 북한은 국제사회 고립에서 벗어나 세계질서에 편입할 의지가 있음에도 못하는 것인지, 아니면 아예 그럴 생각이 없는 것인지, 없다면 이유가 무엇인지에 대한 다양한 해석들이 있는 것도 사실이다.

그런 북한이 핵 개발에 대외적으로 성공한 것처럼 알려지면서, 핵무기 개발의 목적이 국제사회 편입을 거래하기 위한 고육지책인지, 세계를 위협하며 독자 행보를 고수하기 위함인지에 대해서도 세계는 북한의 태도를 지켜보고 있다. 아무튼 북한이 목적을 달성하기 위해 거래해야 할 주 대상 국가는 미국임에는 틀림이 없다.

각설하고, 표면적으로 한반도는 원하든 원하지 않든, 누군가 의도하든 의도하지 않든, 세계에서도 가장 불안하고 위험한 화약고가 되었다. 오랜 기간 전 세계를 두 쪽으로 가르고 대립하면서 민주주의와 평화를 위협해오던 한반도의 평화 보장은 노벨평화상이 지향하는 철학이자 그 정신의 본체에 해당된다.

한반도의 평화가 곧 인류 평화이자 세계의 평화로 이어진다. 세계평화와 직결된 한반도의 평화 보장을 위해서는 도널드 트럼프 미국 대통령의 역할이 가장 주요하고, 그런 트럼프 대통령의 한반도 평화 기여와 노벨평화상 수상은 당연지사임을 주장하는 제안이었다.

내 제안에 트럼프 측은 매우 만족스러워했던 기억이다. 기업인으로 정치인으로 큰 획을 그은 트럼프 대통령의 노벨평화상 수상은 트럼프 대통령을 세계적인 위인 반열에 올리게 될 것이고, 세계 역사는 그런 트럼프 대통령의 인류를 위한 노력과 성과를 오래도록 기억할 것이라는 확신을 전달했다.

노벨평화상을 받을 수 있는 구체적 자격요건을 파악하기 위해, 나는 직접 노르웨이에 있는 노벨위원회를 방문하였다.
노벨위원회 사무총장 만나기가 쉽지는 않다고 알려졌다. 노벨평화상 공정성에 오해와 시비의 여지가 있는 사람을 만나주지 않기 때문이다. 어렵사리 지인의 지인을 통해 만날 수가 있었다.

사무총장은 한국인인 나를 만나고 한국에 대해 낯설지 않은 감정을 가졌다고 했다. 6.25 전쟁 직후 스칸디나비아 출신 의료인들이 설립한 국립중앙의료원의 설립자 중 한 분이 본인의 부친이라고 소개하고, 그런 인연으로 자신도 6살 무렵 한국에서 1년간 생활했었다고 했다.

덕분에 분위기는 매우 자연스러워졌고, 사무실 벽면 한쪽에 걸려있는 한국인 노벨평화상 수상자인 故김대중 대통령님의 비서실에 있었다고 나를 소개하니 분위기가 더욱 화기애애해졌다.

노벨평화상의 심사와 선정은 노벨위원회 사무총장과 5인의 위원이 최종결정을 한다고 했다. 6인이 별도로 심사하는 회의실도 둘러볼 수가 있었는데, 인류 평화를 위해 헌신하신 세계의 위인들이 모두 이 방에서 선정되었다고 생각하니, 규모는 작았지만 장엄함을 넘어서 숙연함마저 느껴졌다.

사무총장은 노벨평화상을 받기 위해서는 실제 노력의 과정과 성과가 있어야 한다고 설명했다.

나는 사무총장이 언급한 이 성과를 한반도의 종전선언이라 생각했다. 한반도 종전선언은 모든 적대관계를 청산하는 의미가 담겨 있고, 남북 간의 적대적 관계 청산은 한미일 vs 북중러의 세계 갈등 구조를 완전히 청산하는 의미이기도 하기 때문이다.
구소련의 붕괴와 중국 개방에 이어, 이 시대 마지막 남은 공산주의 국가가 개방하게 되는 것이기 때문이다. 이념의 대립적 구도에 완벽한 종말을 선언하는 것이다.
노벨위원회 측에서도 한반도 종전선언과 영구적 평화정착의 방안이 마련된다면 노벨평화상의 수상을 고려해볼 만한 성과라는 의견이 있었다. 트럼프 측에는 이런 노벨위원회의 의견과 내 개인적 사견을 덧붙여 모두 전달했었다.

그러나 이 제안은 우리가 신속하게 결단을 내리지 못한 상황에서 일본의 아베 前총리가 선수를 쳤다. 아베 총리가 어디서 소식을 들은 것인지, 일본 정부도 독자적으로 그런 생각을 해서였는지는 자세히 알 수는 없지만, 우리보다 더 빨리 트럼프 대통령을 노벨평화상 후보자로 노벨위원회에 추천한 것이다. 일본 정부가 트럼프의 그런 바람을 사전에 인지한 것이고, 그런 아베 총리의 수고와 노력에 미국 정부와 트럼프 대통령도 고마운 마음을 가졌을 것이다.

나도 국회의원 신분이었기 때문에, 노벨평화상 후보 추천의 자격이 있었지만, 당시에는 일개 국회의원이 추천하기보다는, 좀 더 높은 단위에서 추천하는 것이 더 적절할 것 같다는 일말의 주저와 망설임이 실기(失期)의 원인이 된 것이다. 이후로도 내내 이 사건은 나에게 큰 아쉬움으로 남았다.

우리 입장에서 한반도 종전선언은 그 의미가 매우 크다. 국민 안전은 물론이고 대한민국의 국익은 그 효과를 가늠하기 어려울 정도로 클 것이다.

우리의 기본적인 대외전략은 한반도가 분쟁 지역화되는 것을 회피하는 것이다. 남북이 잠시 전쟁을 중단하고 대치 중인 상황에서 한반도의 긴장 고조는 한순간에 모든 것을 삼키는 블랙홀 같은 존재이기 때문이다. 그렇게 한반도를 핑계로 구축되고 있는 세계 갈등과 분쟁의 근원지가 삭제될 수 있는 최고의 기회였는데 너무나 아쉬운 부분이다.

3050클럽 7번째 가입 국가가 되고, 국가 경쟁력 5~6위에, 선풍적인 인기를 얻고 있는 K-컬처의 문화강국이 되어도, 우리가 달고 사는 한반도 리스크는 언제든 우리가 이뤄낸 모든 성과를 한순간에 물거품으로 만들 수 있을 것이다.

세계 갈등의 진앙지 한반도가 태평양과 유라시아 대륙을 연결하는 세계 평화와 인류번영의 상징적 공간으로 재탄생 되기를 간절하게 소망한다.

#2.
셰일가스 수입의 빅딜
내가 트럼프 측에 전달한 두 번째 제안은 한국이 카타르와 오만에서 수입하던 가스를 미국산 셰일가스로 대체하자는 것이었다.

"MAGA - MAKE AMERICA GREAT AGAIN(미국을 다시 위대하게)"

도널드 트럼프 대통령은 비즈니스 감각으로 철저하게 무장된 사람이다. 글로벌 경제위기 상황에서 트럼프는 염치 불구하고 미국 이익 우선주의 정치에만 전념하고 있다. 미국의 이익에 부합 하면 한없이 너그러웠고, 미국의 이익에 반하면 가혹할 정도의 무자비한 외교 전략을 구사했다.
그런 그만의 방식으로 강력하고, 풍요롭고, 위대했던 미국의 재건에 앞장서고 있는 것이다.

한미 간 무역에서 미국은 지속적인 적자를 보이고 있다. 앞으로도 한동안 그렇게 될 것이다. 그런 미국의 입장에서 볼 때, 세계 경제 10위권, 국방력 5위권 국가인 한국에, 왜? 미국은 무역적자를 보면서까지 한반도를 위해 주둔하고 있는 미군의 방위비를 공동 부담해야 하는가? 한국이 더 많은 방위비를 부담해야 하는 것 아닌가? 하는 불만이 있는 것이다.

물론 미군의 한국 주둔은 한미동맹 관계 속에서 우방국의 배려와 역할이라는 측면도 있겠지만, 외교는 현실이고 냉정한 것이다. 특히 예산이 소요되는 부분과 관련해서는 자국의 이익이 분명하지 않으면 미국 의회의 승인을 결코 받지는 못할 것이다. 다시 말해, 미군의 한반도 주둔은 미국의 이익이 분명하게 있기에 가능한 일이라고 생각해야 한다.
그러나 사업수완이 뛰어난 트럼프 대통령 입장에서는 다른 논리를 주장한다. 한반도 안보 보장을 위한 미국의 역할에 대해, 한국 측의 더 확실한 보상이 있어야 한다는 논리이다.

그래서 미국은 한미 방위비 공동 분담금의 한국 측 몫을 높이는 방식으로 우리 정부를 압박해오고 있다.
나에게는 미국의 이익도 충족시키면서 한반도의 평화를 가져다 줄 수 있는 아이디어가 필요했다.
한반도의 종전선언은 우리 국익뿐만 아니라 세계 최고의 갈등 전선을 철거하고 국제사회에서의 이념적 대립 구도를 영구히 삭제하는 조치가 될 것이다.
그러기 위해서는 미국을 달랠 수 있는 입맛에 맞는 당근이 필요했다.

당시 우리가 카타르, 오만으로부터 수입해오던 가스 물량의 계약이 만료되는 시점이었다. 가스 수입은 한번 계약을 하면 25년간 거래가 유지되는 조건이었다.
트럼프 측에 전달하려고 했던 두 번째 제안은 오만에서 수입하던 가스를 미국산 셰일가스로 대체하자는 것이었다. 미국산 셰일가스의 수입 가격은 운송비 포함해서 현재 카타르, 오만에서 수입하는 가격과 비슷했고, 가스의 질도 차이가 없었다.
미국 입장에서는 25년간의 가스 수출계약이라는 성과를 챙기고, 우리는 한미 간 방위비 분담을 현 수준에서 동결하면서, 한반도 종전선언에 보다 전향적인 미국의 태도와 결단을 얻을 수 있을 것으로 기대했다. 사실 한반도 종전선언은 한미 간 방위비 절감의 효과도 있는 것이다.
이 제안에 트럼프 측도 내심 기대가 높았던 것으로 알고 있다. 그러나 우리 정부의 적극적 대응이 미흡했고, 내가 제안하고 3년 정도 뒤에 우리 정부가 적극성을 보이긴 했지만, 이미 사우디와 일본 등에서 다양한 성과를 거머쥔 미국의 입장과 태도는 예전 같지는 않았다. 그러는 사이 북미 정상간 하노이 회담도 어떤 이유에서인지 불발로 종료되었다.

사업가 출신 트럼프 대통령과의 협상은 선명하고 합리적인 거래를 항상 고민해야 한다. 미국인들이 트럼프 대통령에게 원하는 것, 또 트럼프 대통령이 미국 국민과 약속한 것, 그것은 바로 예전의 찬란하고 화려했던 기회의 땅 미국, 강력하고 위대한 팍스 아메리카나(Pax Americana)의 재건일 것이다.

이러한 트럼프와 미국민의 니드(Need)에 부합하는 거래가 필요했다. 평화를 수호하는 선한 국가, 미국의 명분과 미국 경제에 보탬이 되는 실리를 함께 고려해야 하는 고민이 필요했던 것이다.

#3.

세계의 플랫폼 국가, 주식회사 미국의 우리 지분을 높여야 한다.

미국을 어떻게 바라볼 것인가? 현실적으로 우리에게 미국과의 동맹은 변수가 아닌 상수로 작용한다.

동맹국인 미국에 대한 시각을 '남의 나라'라는 국가 개념에서 '우리 플랫폼'이라는 공동의 마당으로 인식해 보는 것을 제안한다.

사대주의적 발상도 아니고, 소위 국내 태극기 부대가 일관하는 미국 맹

종도 아니다. 오로지 한반도의 영구적 평화 체제 구축을 위한 전략적, 현실적 제안임을 미리 밝혀둔다. 제안까지는 아니더라도 꽉 막힌 국제정세에서 또 다른 신선한 아이디어를 기대하는 의미에서의 브레인스토밍(Brain Storming) 차원이라고 여겨도 좋다.

미국은 그야말로 미합중국이다. 합중국의 의미가 시민권의 기반인 여러 개의 독립적 주(State) 단위가 모여 이룬 하나의 국가를 뜻하기도 하지만, 국가를 개국할 때 다양한 나라에서 각자의 꿈과 희망을 실현하기 위해 모여 만든 세계국가 공동체 의미가 또 미국의 정체성이기도 하다.
물론 초창기 창업자는 영국, 프랑스 등 유럽의 주요 국가들이다. 이후 각국은 다양한 형태로 주식회사 미국의 지분을 늘려오고 있다.

영국, 프랑스, 이탈리아 등 유럽의 주요 국가들은 다양한 형태와 다양한 계층으로 시기를 달리하며 미국 사회에서 자리 잡고, 본국과 소통하고 있다.

영국과 프랑스는 각각 미국을 개국하면서 출발한 미국민을 구성하는 주류국가들이다. 미국 이주의 후발주자인 이탈리아계와 아일랜드계도 나름 탄탄하게 미국 사회에서 자리를 잡았다. 서남부지역 상당 부분의 멕시코 토지가 미국령에 편입되었다. 그래서 남미국가 사람들의 기여와 주장도 미국 사회에서는 통용이 된다. 아프리카계는 노예 형태로 이주했지만, 오늘날 미국을 함께 건설한 기여가 있다고 할 수 있다.

이스라엘은 미국 내 국책 연구기관에 엄청난 규모의 펀드를 제공한다. 연구 결과는 물론이고, 미국 정부의 정책에까지 다양한 형태로 이스라엘의 이익이 반영될 수밖에 없는 구조가 된다.

하와이를 방문하면 하와이 방문객의 50%가 일본인이다. 하와이 이주, 일본인들의 역사도 오래되었다. 일본인들의 하와이 이주가 본격화된 것이 1868년이고, 30년 뒤인 1898년에 하와이가 미국령에 편입되었다. 하와이를 가면 한때 적대적 국가였던 미국과 일본의 강고한 동맹을 새삼 느낄 수가 있다.

이 밖에도 원주민인 인디언과 미대륙 횡단철도 건설에 동원된 중국 노동자 등 다양한 민족과 국가가 모여서 이루어진 미합중국은 그야말로 글로벌 플랫폼 국가라고 할 수 있을 것이다.

유럽을 포함한 세계의 많은 국가가, 미국이라는 플랫폼에서 자국 지분을 넓혀가며 각국의 이익에 부합하는 방향으로 플랫폼 미국을 활용하는 것이다.
미국의 지분을 가지고 있는 주요 국가들은 어쩌면 미국의 몰락보다 미국의 지속적인 성공과 번영을 기대하고 있는지 모른다. 세계 패권 구도에서 미국의 성공이 곧 자국의 이익과 직결되기 때문일 것이다.

이런 구조적 국제사회 구도하에서 현재 벌어지고 있는 미중 간 기술 경쟁, 패권경쟁에서 결과를 예견해볼 수 있지 않을까?
우리도 기왕에 한미동맹 상수라는 현실 앞에서, 국제사회에서의 미국이라는 플랫폼의 활용도를 높이는 방안을 강구 할 필요가 있지 않을까?

미국 내 거주하는 한인과 미국을 움직이는 미국 내 다양한 요소들에 대한 전향적 의미의 투자와 지원 방안을 전략적 측면에서 고민해 볼 필요가 있겠다.
비근한 예가 될지는 모르겠지만, 도시재생의 시대이다. 도시재생의 의미는 내 집의 개념보다는 우리 동네 개념에 더 무게를 둔다. 내 집의 안전성과 편리성, 쾌적성도 중요하지만, 더 중요한 것은 내 집이 소재하는 동네 공동체가 안전하고, 편리하고, 쾌적하면 당연히 내 집도 그렇게 된다는 의미이다.

플랫폼의 시대이다. 도시재생이 이야기하는 동네 또한 플랫폼의 기능성을 강조한 것이다. 미국도 플랫폼 기능 측면에서 바라볼 필요가 있다.
아울러, 아프리카, 남미, 동남아시아 등 도약을 꿈꾸는 국가들이 밀집해 있는 대륙별 다양한 플랫폼을 어떻게 활용할 것인가에 대한 구상도 세심하고 적극적으로 검토되어야 할 것이다. 다양한 플랫폼의 활용성 제고만큼이나 우리 콘텐츠의 활용방안도 높아지게 될 것이다.

전통적으로 남미는 미국이, 아프리카는 유럽과 최근에는 중국이, 동남아시아는 일본과 중국의 자본적 기여가 높다고는 하지만, 기술 시대를 맞이하면서 1인당 GDP가 2,000에서 4,000달러 대에 도달하고 있는 이들 국가들 입장에서는 미래기술을 통해 단기간에 자국의 도약과 성장을 이룰 수 있을 것이라는 판단과 계획들을 마련하고 있다.

국제사회에서 K-컬쳐 문화와 미래기술의 경쟁력이 높은 우리에게도 기회의 창이 열린 것이다. 미국이라는 플랫폼을 비롯해서, 남미, 아프리카, 동남아시아 국가들을 중심으로 한 플랫폼을 적극적으로 활용하는 방안들을 고민해볼 만한 가치가 있다.

이들 플랫폼 국가들과 기술로 성장하고 문화로 연대할 수 있는 대한민국만의 잠재력이 이제는 국제사회에서도 제대로 통할 수 있는 시기가 왔다고 볼 수 있겠다.

Episode 5. 위기(위험과 기회)의 제안 – 스마트시티와 문화올림픽

스마트시티와 문화올림픽,

성장과 번영을 향한 미래기술의 꽃으로 알려진 스마트시티에는 대립과 갈등이라는 날카로운 가시가 공존한다. 미래기술이 가져다주는 풍요가 장래에 돌이킬 수 없는 커다란 다툼의 원인이 될 수도 있음을 의미한다. 가시만 발라내는 신중한 지혜가 필요하다. 문화올림픽이 그 지혜가 될 수 있음을 주장한다.

문재인 정부에서 스마트시티 정책을 제안했었다. 대통령 직속 4차산업혁명위원회 산하에 스마트시티특별위원회 설치를 요청하고, 학계, 기업, 기관 및 협회 등의 민간영역 전문가로 위원회를 구성하였다.

나도 위원회의 위원 자격으로, 법률제정(「스마트도시 조성 및 산업진흥 등에 관한 법률 일부개정법률안」, 2018.7.26. 본회의 통과)과 예산 마련 등 국회가 협력하고 지원해야 할 부분들에 대한 현안들을 추진하였다.
대통령 직속 스마트시티 특별위원회는 세종과 부산 두 곳에 각각 80만 평 규모의 스마트시티 국가 시범도시를 지정하고, 개정한 특례법을 적용하여 기업들이 미래의 다양한 기술을 실증할 수 있는 환경을 구축하였다.
통상적으로 다른 나라들의 경우, 기성 도시에 기술을 적용하다 보니, 기존 인프라와 제도 등이 장애가 되지만, 우리 시범도시는 아무것도 없는 맨땅에 오로지 기술과 제도만을 테스트할 수 있는 특례신도시를 만들다 보니, 기술을 실증할 수 있는 테스트 베드(Test Bed) 확보 측면에서 기술 환경적으로 큰 장점을 확보한 셈이다.

ICT분야 인프라가 잘 갖추어진 대한민국이, 다양한 ICT 기술을 실증할 수 있었던 IT인프라 허브 강국이 될 수 있었던 경우와 유사하다.
그러다 보니, 세종과 부산의 스마트시티 국가 시범도시는 4차산업혁명 미래기술의 연구소이자, 제작소이고, 실험실이자 전시장으로서 역할과 기능을 할 수가 있는 것이다.

아울러 시범도시에서 적용되고 실증된 기술과 제도의 성과를 국내 다른 기성 도시에 신속하고 정교하게 적용할 수 있을 것으로 기대한다.

일반적으로 국가 경제성장의 85%는 도시에서 창출된다. 미래기술이 적용된 미래도시의 설계는 곧바로 국가 경제의 성장을 의미한다. 새로운 도시의 창출은 생산성이 뛰어난 기계를 만드는 것과도 같기 때문이다.

그래서 4차산업혁명으로 대두되는 미래기술의 모든 것이 스마트시티라는 플랫폼에서 실현되는 것이다. 미래기술과 제도 그리고 그 가운데 생성되는 주민들의 라이프 스타일은 미래의 문명을 만들어가는 일련의 과정이 되는 것이다.

스마트시티는 미래기술로 만들어지는 미래산업과 생산성 도약, 그리고 성장과 번영의 성과 등 전체 과정을 포괄하는 대표 용어이다. 스마트시티는 인류문명의 전례 없는 성장과 번영을 가져다줄 수도 있지만, 풍요로 인한 세계 각국 간 대립과 갈등의 균열점이 될 수도 있다.

더 큰 먹잇감의 출현은 그 먹잇감을 차지하기 위한 더 큰 다툼을 초래하게 된다.
이런 갈등과 대립을 완화할 대응방안도 준비되어야 한다. 상호 간의 공감대를 형성하고 이해와 협력의 연대를 만들어 갈 수 있는 그 무엇이 필요 하다.
문화올림픽이 그 역할을 할 수 있을 것이라는 확신이다. 문화는 앞장에서도 언급했지만, 국가 공동체가 오랫동안 공유하고 축적해온 가치관의 총합이다. 각국의 가치관이 서로 공유되고 공감되면 서로에 대한 이해의 폭도 넓어지고 화합하고 연대하는 분위기를 만들 수가 있다. 상대적으로 긴장을 완화하고, 대립과 갈등의 요인들을 줄여갈 수 있을 것이라는 확신의 의미이다. 이러한 확신들은 앞장에서도 언급한 다양한 연구 결과들을 통해서도 확인할 수가 있을 것이다.

2022년 베이징 동계올림픽에 문체부 장관인 필자는 한국선수단 대표로 중국을 방문한 적이 있다.
바흐 IOC 위원장을 만나고, 문화올림픽을 지금 IOC 추진하고 있는 올림픽의 한 영역에 포함시켜줄 것을 요청했다.

올림픽이 지향하는 기본적인 가치가 세계평화와 인류의 공존 공생이다. 지금의 올림픽은 스포츠 활동을 통해 각국이 교류하고 연대하면서 공감대를 모아가는 지구촌 평화축제의 열린 공간이고 인류 화합의 시간인 것이다.

IOC는 4년마다 엘리트 체육 중심의 동·하계올림픽과 장애인 체육 중심의 패럴림픽(Paralympic)을 주최한다. 여기에 문화올림픽(Culturalympic)을 추가하자는 제안이었다.

나의 제안에 대한 바흐 IOC 위원장의 첫 번째 질문은 올림픽이 기록과 순위의 경쟁인데 문화올림픽이 그런 올림픽의 기준을 충족시킬 수 있겠느냐? 는 것이었다.

지금까지의 올림픽은 본래 올림픽의 정신을 온전하게 실현하지 못한 측면이 있다고 말문을 열었다.
올림픽의 정신이 국가 간 경쟁보다 상호 간 이해와 존중이다. 그리고 올림픽은 다양성과 평등을 추구하고, 공정한 경쟁과 스포츠맨십을 통한 인류 화합과 세계평화를 지향한다.
이런 올림픽의 정신을 모두 담아내기엔 지금의 스포츠 중심의 올림픽에는 한계가 있다는 의미였다. 올림픽을 개최한 지 100년이 넘었지만, 인류의 경쟁과 갈등은 좀처럼 사그라질 기색이 안 보인다. 오히려 제1회 올림픽이 개최된 1896년 이후, 1, 2차 세계대전을 시작으로 인류는 더 많은 전쟁과 테러의 공포에 시달리고 있다.

우리 일상과 가치를 담고 있는 국가 간 문화의 교류는 다양성에 대한 이해와 존중, 공정과 평등이라는 올림픽 정신을 기반으로, 인류의 연대와 화합에 기여할 것이다.
문화올림픽은 기록과 순위는 물론이고, 축제와 다양한 퍼포먼스의 형태로 올림픽 참여의 의미를 선수(Player) 중심에서 세계 시민 전체로 확대하게 할 것이다.

4차산업혁명의 엄청난 생산성 도약의 시대를 앞두고, 문화올림픽을 통해 인류가 서로를 좀 더 이해하고 존중하고 배려하는 가운데, 다양한 가치를 공유하고 공감하며 인류 공통의 가치를 모아가는 계기가 마련되었으면 하는 바램이다.
기술과 문화의 두 축으로 세계가 크게 변화하는 대전환의 시대를 앞두고, 스마트시티와 문화올림픽을 통한 성장과 번영 그리고 화합과 연대의 '인류 미래문명 공동체'를 기대한다.

Episode 6. 세계청년대회(World Youth Day)

카톨릭 주관으로 4년마다 개최되는 세계청년대회가 2027년 서울에서 개최된다. 교황께서도 참석하는 세계청년대회에는 100만 명 전후의 전 세계 청년들이 한자리에 모이는 글로벌 축제이다.

카톨릭 신자가 중심이 되고 카톨릭의 정신과 프로그램으로 운영되기는 하지만, 개방성 강한 청년 세대들의 모임이고, 전 세계 모든 나라에서 워낙 많은 인원이 참석하다 보니, 특정 종교모임을 넘어서는 미래를 살아갈 전 인류 세대의 모임이라고 해도 무방할 것이다.

대한민국에는 미래를 살아가는 세대들의 긍정과 부정의 키워드가 모두 담겨있다.
미래 문명을 좌우하는 미래기술의 장이 대한민국이다. 전통적인 ICT인프라 국가인 한국은 미래기술의 포괄적 상징인 스마트시티 최우수 국가 중 하나이다.

문화가 대세인 시대에 한류를 중심으로 대한민국의 문화가 세계 곳곳에 영향을 미치고 있다. 우리 세대가 어려서 팝송과 할리우드 영화를 듣고 보면서 자란 것처럼, 이제 세계의 시민들이 신흥 문화강국 대한민국의 노래를 듣고 따라 배운다. 한국 영화를 보고, 한국 음식을 먹고, 한국의 스타일과 한국어를 배우고 있다. 가치관인 문화를 각국이 교류하면 공감과 연대의 폭도 넓어지게 될 것이다. 이제 세계인들은 한국의 문화, 한국의 가치관을 중심으로 공감대를 형성하고 연대하고 있는 것이다.

기술과 문화의 두 축으로 미래 문명이 결정되는 대전환의 시대에 대한민국에서 세계의 미래세대는 많은 것을 경험하고 교류하며 공감하게 될 것이다.

그리고, 갈등과 대립이 아닌 화해와 협력의 시대를 열어갈 것이다. 전쟁보다 평화를, 경쟁보다 상생을, 차별보다 배려의 세상을 만들어야 한다. 한반도는 인류사에 마지막 남은 이념 대결의 현장이다. 초강대국 한미일과 북중러 갈등의 진앙지인 한반도의 평화는 미래세대 안전을 담보하는 것이 될 것이다.

기술과 문화 그리고 평화의 미래가 담겨진 대한민국에서 2027년 세계의 미래세대 청년들이 모인다.
2027년 서울에서 개최되는 세계청년대회는, 우리 시대의 청년들이 기술로 성장하고 문화로 연대하며 평화를 약속하는 다짐의 현장이 되었으면 좋겠다.

프란치스코 교황께서 선종하시고 장례미사가 있었던 2025년 5월 26일

저녁, 나는 이탈리아 바티칸에서 유흥식 추기경님을 만났다.
교황청 성직자성 장관이셨던 추기경님은 차기 교황 유력후보 12인에도 포함되셨다.
내가 장관 시절 인연을 맺었던 유흥식 추기경님은 교황청 장관이 되시고, 한국의 김대건 신부님의 성상(聖像)을 바티칸 성베드로 성당 한쪽에 세우신 분이다. 2027년 한국에 세계청년대회를 유치하신 분도 유흥식 추기경님으로 알고 있다.

유흥식 추기경님을 찾아뵌 이유는 세계청년대회 서울 개최의 건 때문이었다. 프란치스코 교황님이 선종하셨지만, 일정에는 변화가 없다는 말씀이 있었고, 세부적인 사항까지 고민하며 신경 쓰고 계셨다.

추기경님께 이번 세계청년대회가 한국에서 개최하는 의미가 매우 크다는 것을 말씀드렸다.
대한민국이라는 공간에 전 세계의 미래세대가 모이는 것에 대한 의미를 부여했다. 미래세대의 행사이니 미래기술과 관련하여 한국의 이니셔티브(Initiative)에 대해 설명하였고, 생산성 증대로 인해 발생하는 갈등과 대립을 완화할 수 있는 것이 문화인데, 역시 문화강국 한국의 역할이 필요하다는 것을 말씀드렸다.
아울러, 미래세대가 살아갈 세상의 평화를 위해서는 가장 위험도가 높은 한반도에서의 분쟁을 억제하는 것이라고 말씀드렸다.

한반도는 세계열강 국가들의 대립과 갈등의 진앙지인데, 이 공간의 위험을 삭제하는 것이 결국 미래세대들을 위한 평화의 노력임을 설명드렸다.

교황님의 역할과 미국 트럼프 대통령의 현실적 역할의 중요성을 제안하고, 2027년 세계청년대회를 계기로 미래세대들이 살아가야 할 세상이 더 성장하고, 덜 위험할 수 있도록 모든 노력을 아끼지 않아야 함을 강조했다.

2년 뒤 다가올 세계청년대회에서, 세계의 미래세대가 모두 모인 가운데, 기술과 문화와 한반도 분단의 현실이 공존하는 대한민국에서 성장과 연대 그리고 평화의 미래 문명을 만들어가는 공감대가 형성되기를 소망한다.

Episode 7. 당신이 따뜻해서 봄이 왔습니다

오랜 후배로부터 아주 오랜만에 연락이 왔다. 윤석열이 전국에 비상계엄을 선포했다는 것이다.
순간 전쟁이 났구나… 라고 생각했다. 전쟁 외에 2024년 대한민국에서 전국단위의 비상계엄을 선포할 근거나 이유가 전혀 없었기 때문이다. 과거 서해 교전 수준의 남북 간의 우발적 군사 충돌인데, 윤석열이 이것을 빌미로 현재의 정치 상황을 회피하고 극복하기 위해서 전국에 비상계엄을 선포했겠구나 정도의 예측이었다.

그런데, 아니었다. 전쟁도 폭동도 없었다. 전쟁이나 폭동이 없는 상황에서도 전국에 비상계엄을 선포한다는 것이 도무지 이해되지 않았다.

우리 헌법 제77조에는 대통령은 전시·사변 또는 이에 준하는 국가비상사태에 있어서 병력으로써 군사상의 필요에 응하거나 공공의 안녕질서를 유지할 필요가 있을 때에만, 법률이 정하는 바에 의하여 계엄을 선포할 수 있다고 되어있다.

현행 헌법과 법률을 정면으로 위반하는 행위였다. 그리고 문득, "아… 나중에 윤석열은 전시와 사변은 아니었지만, 이에 준하는 국가비상사태였다"라고 우기겠구나 하는 생각도 들었다.

이 정도 상황이면 군대를 동원한 국가 반란의 수준이다. 윤석열, 이 사람은 자기 살기 위해서는 반드시 이 계엄을 성공시키겠구나 하는 불안감이 엄습했다.

나는 정치권에 처음 들어와 중앙당 사무처 당직자로 근무하면서 조세형 총재권한대행의 비서를 했었다.
당시 조세형 총재권한대행은 5.16 군사 쿠테타와 12.12 군사 쿠테타 및 5.18 광주민주화운동, 두 시기에 모두 잡혀가 고문을 받은 유일한 정치인으로 알려져 있었다. 대부분은 5.16이나 12.12 중 한 번만 끌려가서 옥고를 치르는데, 조세형 의원만 유일하게 두 번의 비상계엄의 상황에서 모두 끌려가 지옥 같은 고문을 받았다고 들었다.

그러다 보니, 내 머릿속에 군인들이 동원되는 국가비상계엄은 고문하고 연결되어 있었다. "비상계엄 = 고문"의 등식이 자연스럽게 내 머릿속에 주입되어 있는 것이다.

전 정부에서 국무위원을 했고, 3선의 야당 의원이다. 게다가 상임위도 국방위 소속이다. 계엄군에게 1순위로 끌려갔을 것이라고 모두가 나에게 말을 했다. 나중에 안 사실이지만, 양정철 선배가 계엄군 체포 명단에 들어 있었는데, 그 이유는 양정철 선배가 민주연구원장 시절, 중국을 방문해서 화웨이 등 중국 IT기업들로부터 선거 개표 결과를 조작하는 기술을 배웠고, 이 기술을 이용해 중앙선관위와 짜고 민주당 국회의원들을 대거 당선시켰다는 시나리오다.

이것이 사실이라면, 거의 과대망상 편집증이라고 해도 과한 수준은 아닐 것이다. 그런데 문제는 양정철 선배가 중국 방문할 당시 동행했던 사람이, 나와 민주당 박정 의원이었다. 계엄이 해제되지 않았더라면, 박정 의원과 나도 양정철 선배와 같이 끌려갈 가능성이 매우 높았을 것이다. 양정철이 선관위와 모의하여 개표 결과를 조작한 사실을 실토하라며 모진 고문을 당했을 수도 있다. 생각만 해도 끔찍한 일이다. 들리는 소리에 의하면 선거 관련 체포한 인사를 고문하기 위해, 망치와 작두, 야구방망이 등의 물품을 준비한 것으로 알려진 노상원에게 끌려갔을 것이 분명했다고 생각한다.

아닌게 아니라 그날의 공포감은 계엄을 경험한 세대들에게는 끔찍한 사건이었을 것이다. 어느 선배 의원은 국회로 와야 하는데 아파트 현관문 열기가 무서웠다고 한다. 나가려고 현관문을 여는 순간 현관문 앞에서 대기 중인 군인들에게 잡혀갈 분위기였다는 것이다. 한참을 주위를 살피고 인기척이 없음을 확인한 후에야, 자정이 넘은 밤길을 30분이나 걸어 나와, 지나가는 택시를 타고 국회로 왔다고 했다. 핸드폰 앱으로 택시를 부르면 개인 정보가 노출되기 때문에 그것도 믿지 못해 먼 밤길을 걸어 나와 택시를 잡아 탄 것이다.

계엄이 선포되고 40여 분 지나 나는 지역사무실에 도착했다. 보좌관은 현재 국회 뒷마당에 특전사 707특임단이 6대의 헬기를 나눠타고 국회에 착륙한 상황이고, 계엄군과 경찰이 국회의원의 국회 출입을 통제하고 있어, 국회 담을 넘더라도 무조건 체포되어 본회의장 진입이 불가할 것이라는 의견이었다. 그래서 보좌진과 나는 일단 지역구 사무실에서 만나기로 했다.

머릿속이 복잡하고 혼란스러웠다. 마치 죽을병에 걸린 사람처럼, “아… 내 인생이 여기서 끝나는구나...”라는 생각과 함께, 내가 그동안 준비해온 모든 계획이 정지되는 것 같았다. 지나간 일들이 주마등처럼 스쳐 갔다. “이러려고 내가 그렇게 아등바등 살아온 건가?”, 문득 치열했던 그해 봄 총선 때가 생각났다. 출간을 코앞에 둔 책을 최종 수정하는 중이었고, 국정감사가 끝나는 12월 말부터 1월까지는 미국 출장계획도 잡혀 있었다.
심지어는 지난 총선에서 낙선한 동료 의원들의 면면도 떠올랐다.
“아… 그들은 운명적으로 오래 살 운명이었구나, 그런데 나는 그렇지 못하구나...”하는 우스꽝스런 생각도 들었다. 맞고 틀리고, 현실적이고 비현실적인 것을 떠나, 그저 내 머릿속에서 스치고 지나가는 잡다한 생각들이 만들어 낸 단상(斷想)들이었다.
아무튼 별별 시시콜콜한 생각이 다 들었던 기억이다.

마침 그날 오전에 사우나를 했는데, 갔다 오길 참 잘했다는 생각이 들었다. 잡혀가면 한동안 집에 들어가기는 어려울 수 있다고 생각했기 때문이었을 것이다.

나치의 만행과 불의에 용기 내지 못하고 침묵하는 행위를 비판했던 어느 독일 목사의 글이 떠올랐다. 나치가 사회주의자, 시민당원, 노동조합원 등을 차례로 잡아갈 때 내 일이 아니라서 침묵했는데, 그 나치가 나를 잡아갈 때 역시 모두가 나처럼 침묵하더라는 글이었다.
나부터 부정과 불의 앞에 용기를 내지 못한다면 우리는 아무도 용기 내지 못하는 사회에 살게 될 것이다. 나부터 남의 어려움에 무관심하고 외면한다면, 내가 어려움에 처했을 때도 아무도 나를 도우려 하지 않을 것이다.

지역위원회 사무실에 도착해보니 보좌관과 비서관이 기다리고 있었다. 이들도 한동안은 예전 같은 일상을 보내기 힘들겠다는 생각이 들었다.

담배를 한 대 꺼내 물고 생각을 해봤다. 윤석열이 선포한 비상계엄 해제를 결의하기 위해, 국회 본회의장으로 민주당 국회의원들이 모여들고 있었다. 경찰 병력이 국회의원들의 국회 출입을 통제하는 상황에서 우원식 국회의장과 이재명 당대표가 국회 담장을 넘어 본회의장으로 들어갔다고 한다. 먼저 국회로 들어간 민주당 의원들이 의원 단톡방을 통해 계엄군과 경찰의 국회 통제 상황을 알리며 국회 어느 쪽 담을 넘으면 국회로 들어올 수 있는지에 대한 의견들을 주고받고 있었다.

이미 상당수 국회의원들이 본회의장으로 들어간 상황에서, 이들이 전부 잡혀간다면 나는 계속 도망 다녀야만 하는 상황이다. 보좌관에게는 도망 다니느니 차라리 체포되는 것이 마음 편하겠다는 말을 하고 이내 국회로 출발했다.

국회로 가는 차 안에서 내 걱정을 많이 하고 있을 아내에게 전화를 걸었다. 집사람은 의외로 담담하게 내 전화를 받았다. 당분간 친정집에 가 있는 것이 어떠냐는 말에, 부모님도 걱정하실 거라며 그냥 집에 있겠다는 것이다. 나중에 들은 이야기인데 아내 입장에서는 본인도 잡혀갈 수 있겠다는 생각에 마음을 굳게 먹고 있었다고 한다.
보좌관인 후배에게 "사람이 한번 죽지 두 번 죽겠나? 하고, 내가 없는 동안 집사람을 잘 부탁한다는 말을 남기고 국회 정문 앞에서 내렸다.

예상대로 경찰이 국회 출입을 막고 있었고, 수 많은 시민들이 국회의사당앞으로 몰려와 계엄군에게 강력하게 저항하고 있었다. 계엄군 차량을 온몸으로 막고 있었고, 핸드폰 영상으로 계엄군들의 행동 하나하나를 촬영하며 주변에 알리고 역사의 기록으로 남기고 있었다. 사실 시민들의 이런 저항 하나하나가 현장에 있는 계엄군들이 윗선의 명령을 어길 수 있는 용기를 내는데 결정적인 역할을 했다고 본다.

그야말로 시민들의 용기도 대단했고, 군인들의 용기도 대단했다. 그만큼 대한민국 풀뿌리 민주주의의 뿌리가 깊고 단단하게 박혀 있음을 실감하게 하는 현장이었다.

매번 국가가 어려울 때마다 가장 용기를 내었던 사람들이 그저 평범하게 일상을 살아가는 일반 시민들이었다. 아주 오래전에도 그랬고, 2024년 12월 3일 밤에도 그랬다. 심지어, 군인들 조차도 계급이 낮으면 낮을수록, 더 정의로웠고 더 원칙적이고 더 상식적이었다.

이번 계엄은 특이하게도 시민의 저항도 컸지만, 군 내부의 보이지 않은 저항도 이런저런 형태로 상당수 있었던 것 같다. 명령에 따라 무장하고 국회에 들어와 국회의사당 본청 창문을 부수고 난입을 했지만, 대체로 윤석열과 국가 반란 주도 세력들의 명령은 이행되지 않았다. 본회의장 문을 부수고 들어가라는 명령도, 국회의원을 체포하여 끌어내라는 명령도 이행되지 않았다. 심지어 명령을 거부하고 부대로 복귀한 지휘관과 부대도 있었다.

계엄 이전 우리 사회에서 가장 신뢰가 높은 직업 1위가 군인이라는 조사를 어디선가 본 적이 있다. 사실 군인들이 딴 세상 사람들은 아니다. 우리의 흔한 일상에서 언제나 볼 수 있는 자녀이고, 부모이고, 선후배이고, 친구이다. 입만 열면 자유민주주의를 외쳐대던 윤석열이 자유와 민주를 정면으로 부정하던 그날 밤, 윤석열만 우리 사회가 공감하며 공유하고 축적해온 기본적 상식과 원칙을 체감하지 못했던 것 같다.

그럼에도 그날 밤은 매우 혼란스러운 가운데 걱정이 앞섰다.
"광주도 처음엔 이렇게 시작했다던데…"

의외로 용기를 내어 저항하던 시민들과 수행비서관이던 후배의 도움으로 국회 담을 넘을 수 있었다. 나를 수행하는 후배는 35년 된 성당 후배이다. 그의 처는 내 친구의 동생이자 내 동생의 친구이다. 국회 담을 넘고 나니 그 후배의 처가 생각이 났다.
국회 담장을 넘으면 얼마 가지 못해 계엄군에게 체포될 줄 알고 있었기 때문에, 나를 따라 국회 담을 넘으려는 후배에게 너는 여기 들어오지 말고 그냥 돌아가라고 했다. 괜히 나 때문에 불필요한 고초를 겪을 필요가 없어 보였기 때문이다. 후배를 뒤로한 채, 어두운 국회 잔디광장을 걸어 본청까지 가는데 뒤에서 후배가 담을 넘어 따라온 것이다. 왜 따라오나 싶기도 했지만, 한편으로는 든든했다.

금방이라도 계엄군에게 체포되는 줄 알았던 본청 앞 분위기는 의외였다. 계엄군의 삼엄한 경계 속에 군인 외에는 아무도 없을 줄 알았던 국회 본청 정문 앞은, 계엄군과 민주당 국회 보좌진이 서로 뒤엉켜 아수라장을 방불케 하였다. 여기저기 고성이 오가는 가운데, 국회 보좌진들과 계엄군이 대치하는 상황이었고, 계엄군들을 향한 기자들의 카메라와 시민들, 보좌진들의 핸드폰 영상 촬영이 계속 이어지고 있었다. 이 영상들은 실시간으로 대한민국 전역을 넘어 전 세계로 전달되고 있었다.

어렵지 않게 국회 본회의장으로 들어올 수 있었다. 본회의장에는 상당수의 국회의원들이 들어와 있었고, 한동훈 국민의힘 대표를 비롯한 국민의힘 국회의원들 몇몇도 들어와 있었다. 국회의원이 아닌 한동훈 당대표가 본회의장에 들어온 이유는 정부로부터 살해 협박을 받았기 때문이라고 했다. 잔뜩 긴장한 얼굴의 한 대표는 본회의장 맨 끝에 서 있었다. 국회의원 신분이 아닌 정치인이 본회의장에 있는 모습 자체가 무척 낯선 광경이다. 그도 그럴 것이, 국회의원이 아닌 자는 본회의장에 들어올 수가 없다. 그러나 계엄이라는 특수한 상황에서 계엄군에게 체포되어 죽임을 당할 것이라는 정보를 듣고는 그나마 국회 본회의장이 가장 안전한 곳이라고 판단했을 것이다.

국회 본회의장 구조는 로텐더 홀에서 본회의장 정문을 입장하면 국회의원들이 휴식하거나 담소를 나눌 수 있는 길쭉한 로비 같은 공간이 있다. 보통은 그곳에만 들어와도 본회의장에 이미 들어온 것인데, 아예 본회의장 안으로까지 들어왔다는 것은 그날의 상황이 정치인들 개인에게는 얼마나 위협적이고 공포스러웠는지 짐작할 수가 있는 것이다.
국회의원 정족수 채운 것을 확인한 국회의장은 본회의 개회를 선언하였다. 얼마 안가서 국회의원들이 술렁거리기 시작했다. 속히 표결을 처리하라는 고성이 이어졌다. 계엄 해제를 결의하기 위해 본회의장 표결 시스템을 준비하는 사이에 계엄군이 국회 본청 창문을 깨고 안으로 진입했다는 전언이 있었기 때문이다. 그러나 우원식 국회의장은 계엄 해제를 결의하는데 한치의 시비가 없도록 절차에 신중했다. 사실, 국회에서 정부가 선포한 비상계엄의 해제를 의결하여도 계엄이 실제로 해제될 것이라고 생각한 순진한(?) 국회의원들은 그 자리에 단 한 명도 없었을 것이다. 당일 현장에 있는 민주당 국회의원들은 국회에서 계엄 해제를 의결하고 난 이후에, 본회의장에 있는 국회의원 전원은 계엄군들에게 끌려나가는 것으로 알고 있었다.

윤석열이 선포한 비상계엄이 위헌이고 위법임을 국민의 대의기관인 국회가 의결하고, 역사의 기록으로 남기기 위함이지, 국회가 계엄 해제를 의결한다고 해서 윤석열이 순순히 계엄을 거두지는 않을 것 같았기 때문이다. 그도 그럴 것이 이미 우리는 이런 상황을 우리의 지난 아픈 역사와 기록을 통해 많이 봐왔기 때문이다.

그러나 이 또한 우리 주권자 국민들의 강력한 의지와 대한민국이 그동안 쌓아온 풀뿌리 민주주의의 역량을 과소평가한 기우(杞憂)에 불과했다.

다수 시민의 강력한 저항과 의지, 상당수 우리 군인의 원칙 있는 소명의식, 민주당 국회의원들의 신속한 움직임 등이 함께 극복하고 일구어낸 위대한 'K-민주주의'는, 전설처럼 그리고 신화처럼 역사에 기록되고 있었다.

헌법재판소에서 재판관 8인의 전원 합의로 피청구인 대통령 윤석열이 파면되었다. 윤석열의 파면은 우리 사회에 깊은 상처와 함께 우리가 풀어야만 할 숙제들을 남겼다.

윤석열의 탄핵으로 대통령이 헌법과 법률을 어기고 불법으로 계엄을 선포한 사실이 확정되었다. 법원에서는 내란에 대한 재판이 진행 중에 있다. 그런데, 내란의 진위와 여부가 재판까지 열어서 판단해야 할 문제인가에 대에서는 다소 회의감이 든다. 국가와 국민에 대한 반역은 논란의 여지가 없는 사안이기 때문이다. 이완용의 매국이 재판으로 확정된 것은 아닐 것이다. 매국이나 반역, 내란 등은 그 사실 자체로 이미 다수가 공감하고 확정적이다.

의원내각제는 시민이 하나의 권력을 선택하는 단일 권력 시스템이다. 우리로 따지면 국회의원을 선출하여 다수 의석을 확보한 정당이 정부를 구성하여 국정을 운영하고, 국정운영을 잘못했을 경우 내각 총사퇴를 통해 권력을 견제하게 한다.
대통령중심제는 시민이 두 개의 권력을 선택하는 분권형 복합권력 시스템이다. 하나는 결정 권력 국회의원이고 또 하나는 집행 권력인 행정부 대통령이다. 시민이 두 개의 권력에 권한을 위임하여 입법부와 행정부가 상호 견제와 균형을 이루며 국정운영을 하라는 거버넌스 체계이다.
그런데, 대통령이 시민이 위임한 또 다른 권력인 국회를 불법으로 군대를 동원하여 무력화 시키려 한다면 그 자체로 반역이 되고 내란이 성립되는 것이다. 그 과정에서 폭력성의 여부는 중요한 요소가 아니다.

주권자가 각각 위임한 권력은 주권자만이 평가할 수 있고, 주권자로부터 위임받은 권력이 주권자의 본질적 권한을 판단하고 집행하는 근거는 그 어디에도 없기 때문이다. 이것은 주권자의 권력에 도전하는 행위이고 민주주의 원칙에 정면으로 배치되는 행위가 되는 것이다.

불법 계엄이 선포되고, 우리 자존심을 더욱더 상하게 만드는 것이 해외 국가들의 우리에 대한 시선이었다. 이 시선은 단순한 자존심의 문제를 넘어 국가의 이미지와 연결되는 문제로 향후, 우리 외교 역량에 상당한 영향을 미칠 것으로 예측된다.

남북이 대치하고 있는 한반도에서 민주주의와 인권은 우리가 북한을 압도하며 명분적 우위를 점유하는 최적의 가치이다. 러시아와 중국 등 주변의 초강대국들과의 관계에서도 마찬가지일 것이다. 그런데 12월 3일 밤 이후, 아시아에서 우리의 이런 가치와 명분적 우위가 일순간에 무너져 내린 것이다.

러시아 외교부 대변인은 한국의 계엄 상황을 언급하며, 한국은 전혀 예측할 수 없는 나라이다... 정상적으로 끝난 대통령이 거의 없다... 한반도 불안정을 초래하는 것은 한국이다... 등의 발언과 함께, 북한의 안보 강화를 옹호하는 주장을 했다. 한반도 리스크의 본질이 북한이 사고 칠까 우려되는 것이 아니라, 예측이 불가한 대한민국이 사고 칠까 봐 우려된다는 주장이다. 대통령이 불법으로 계엄을 선포하고 내란을 조장한 당사국 입장에서, 할 말은 많지만, 딱 부러지게 답변하고 대응할 입장도 시기도 아니라는 사실이 안타까울 따름이다.
그나마, 우리 국민들이 나서서 짧은 시간에 대한민국 민주주의의 복원력과 회복력을 보여주어 다행이지만, 한번 터지고 벌어진 일에 대한 국제사회에서의 신뢰 회복을 위해서는 상당한 시간이 또 걸릴 것으로 판단된다.

중국과 일본, 심지어는 북한까지도 대한민국을 이상하고 위험한 나라로 취급하며 듣기에도 민망한 평가와 발언들을 쏟아내고 있다.

국격이 떨어지고 국가의 신뢰는 바닥이 되었다. 러시아와 중국, 북한으로부터 민주주의와 인권에 대한 훈수를 들어야 하는 지경에 이르렀다. 더 약이 오르는 것은 훈수를 두는 그들에게 우리가 뭐라고 답을 해야 할지 입이 안 떨어진다는 사실이다.
사실 우리는 6.25 전쟁을 시작으로 연이은 군사 쿠테타와 군사독재에 대한 부정적 이미지가 많이 쌓였던 나라이다. 게다가 남북이 대치하는 전쟁 휴전 국가이다.
대한민국은 지난 수십 년간 민주주의의 진전을 비롯하여 경제, 문화, 교육, 기술, 의료, 국방 등의 분야에서도 상당한 성과를 보여왔다. 그야말로 국민들의 피와 땀으로 만들어 낸 소중한 대한민국의 자산이다.

1987년 이후 지속적 성장을 해 오던 대한민국의 민주주의와 단단해진 시민권의 기반 위에 다양한 분야에서 성과와 경쟁력을 갖춰오고 있다. 잠시 몇 번의 역주행도 있었지만, 대한민국의 가장 강력한 경쟁력은 주권자인 국민들이다. 이 경쟁력을 기반으로 우리는 다시 시작하고 있다.
변화하는 대전환의 시대에, 대한민국 국민이라는 최고의 국가 경쟁력 보유국 대한민국은, 더 변화하고 개혁하여 기술로 성장하고 문화로 연대하는 미래 문명의 선도국가, 리더 국가가 될 것을 확신하고 있다.

다시 찾아온 봄, 어느 날…
헌법재판소에서 피청구인 대통령 윤석열에 대한 탄핵이 인용되고, 유난히 화창한 봄날, 봄꽃이 만개했다. 거리마다 현수막을 내 걸었다. 겨울 내내 계엄에 저항하고 결국은 이겨낸 주권자, 국민들에 대한 고마움의 표현을 담고 싶었다.
활짝 핀 꽃나무 앞에 내걸린 어느 시인의 문구가 새겨진 현수막이 사람들의 눈길을 끌었다.

"당신이 따뜻해서, 봄이 왔습니다"

2017년 11월 Smart City Expo World Congress(SCEWC)

2018년 11월 민관이 함께 만드는 스마트시티의 미래 포럼

2020년 6월 대통령직속 4차산업혁명위원회 스마트시티 특별위원회회의

2023년 2월 스페인 스마트시티 네트워크(RECI) 본부에서

2023년 3월 스마트시티 국제 심포지엄 〈스마트시티, 대한민국을 넘어 세계로〉

우고 발렌티 SCEWC(스마트시티 엑스포 월드 콩그레스) 조직위원장과

2023년 3월 스마트시티 국제 심포지엄 〈스마트시티, 대한민국을 넘어 세계로〉

NGING
E EVERYWHERE
일시 2023. 3. 21.
장소 전시 ▶ 3층 로비
심포지엄 ▶ 대회의실
주관 국회의원 황희
LH
트웍스
한국국토정보공사

2022년 2월 장관 취임 1주년 기자간담회

2022년 3월 국무회의 ©뉴스1

2022년 5월 문화체육관광부 장관 임기를 마치며

2024년 10월 국정감사

2022년 5월 문재인 정부 마지막 국무회의를 마치고

2022년 5월 문재인 대통령님, 국무위원들과

세계청소년대회 관련, 2025년 4월 이탈리아에서 유흥식 라자로 추기경님과 함께

당신이 따뜻해서
봄이 왔습니다

민주주의를 지켜주신 국민 여러분 고맙습니다

황희

기술시대 위기와 대한민국 5.0

초판 1쇄 발행	2026년 1월 19일
인쇄일	2026년 1월 8일
지은이	황 희
저작권	2026 ⓒ황희
디자인	카오스 넷 근아
펴낸곳	계문사
출판 등록일	2018년 12월 10일 제1999-000034호
가격	25,000원
ISBN	978-89-6927-010-8 03300